从生活中来，向生命里去。

——王开东

给学生一样的阳光和雨水，但不要求他们长一样高，结一样的果。

·教育家成长丛书·

王开东与深度语文

WANGKAIDONG YU SHENDU YUWEN

中国教育报刊社·人民教育家研究院 组编
王开东 著

北京师范大学出版集团
BEIJING NORMAL UNIVERSITY PUBLISHING GROUP
北京师范大学出版社

图书在版编目（CIP）数据

王开东与深度语文/王开东著；中国教育报刊社人民教育家研究院组编．—北京：北京师范大学出版社，2016．12（2022．12 重印）
（教育家成长丛书）
ISBN 978-7-303-20550-9

Ⅰ．①王…　Ⅱ．①王…　②中…　Ⅲ．①语文课—教学研究—中小学　Ⅳ．①G633．302

中国版本图书馆 CIP 数据核字（2016）第 104396 号

图书意见反馈　gaozhifk@bnupg.com　010-58805079
营销中心电话　010-58802135　010-58802786
北师大出版社教师教育分社微信公众号　京师教师教育

出版发行：北京师范大学出版社　www.bnup.com
北京市西城区新街口外大街 12-3 号
邮政编码：100088
印　　刷：唐山玺诚印务有限公司
经　　销：全国新华书店
开　　本：787 mm×1092 mm　1/16
印　　张：19.5
字　　数：362 千字
版　　次：2016 年 12 月第 1 版
印　　次：2022 年 12 月第 3 次印刷
定　　价：65.00 元

策划编辑：倪　花　　责任编辑：王　强　王　亮
美术编辑：焦　丽　　装帧设计：焦　丽
责任校对：陈　民　　责任印制：陈　涛

教育家成长丛书

编委会名单

总 序

教育是国家发展的基石，教师是基石的奠基者。古人云："国将兴，必贵师而重傅。"兴国必先强教，强教必先重师。党中央、国务院高度重视教师队伍建设。2013 年教师节，习近平总书记在给全国广大教师的慰问信中指出："百年大计，教育为本。教师是立教之本、兴教之源，承担着让每个孩子健康成长、办好人民满意教育的重任。"2014 年，在第 30 个教师节前夕，习总书记到北京师范大学视察并发表重要讲话，指出："一个人遇到好老师是人生的幸运，一个学校拥有好老师是学校的光荣，一个民族源源不断涌现出一批又一批好老师则是民族的希望。"《国家中长期教育改革和发展规划纲要（2010—2020 年）》也明确提出，"有好的教师，才有好的教育"，要"努力造就一支师德高尚、业务精湛、结构合理、充满活力的高素质专业化教师队伍"。"倡导教育家办学"，要创造有利条件，鼓励教师和校长在实践中大胆探索，创新教育思想、教育模式和教育方法，形成教学特色和办学风格，造就一批教育家。"两个一百年"奋斗目标的实现、中华民族伟大复兴中国梦的实现，归根结底要靠人才、靠教育，而支撑起教育光荣梦想的，是千百万的教师。

时代呼唤好老师。有一流的教师，才有一流的教育；有一流的教育，才有一流的国家。出名师、育英才、成伟业，是时代赋予我们教育战线的神圣使命。"所谓大学者，非谓有大楼之谓也，有大师之谓也。"好学校、好教育的最重要标准，就是要有好老师。一所学校、一个地区，乃至一个国家，如果教师有理想、有爱心、有学识、有高超的教育艺术，那么即使硬件设施有些简陋，家长、学生也会心向往之。教师是中国梦的奠基者。教师的重要使命，就是为每个孩子播种梦想、点燃梦想，并帮助他们实现梦想。每一间平凡的教室，每一节朴实的课，都不仅是知识的传递，而且是人类文明精神的接续、人生梦想的起航。正是有亿万个孩子梦想的放飞、绽放，中国梦才更加光彩夺目。如果说中国梦最坚实的土壤是学校，那么教师就是最伟大的“筑梦师”，他们用默默无闻、孜孜不倦的智慧劳动，让每一颗年轻的心灵都与中国梦激情相拥。

倡导教育家办学，造就一批好老师，首先要尊重、珍惜我们的本土智慧、本土创造。教育家不是凭空产生的，而是扎根于自己的民族文化土壤，同时吸收人类文明成果，从而创造出独特而生动的教育实践、教育智慧和教育文明。五千年源远流长的中华文明，不但形成了有我们民族特色的教育理论体系，而且涌现出了千千万万优秀的教育家，有被推崇为“大成至圣先师”“万世师表”的孔子，有“匹夫而为百世师，一言而为天下法”的韩愈，有“捧着一颗心来，不带半根草去”的人民教育家陶行知，等等。改革开放40年来，随着教育改革的不断深入，教育战线涌现出了一大批杰出教师。他们痴情于教育事业，坚守理想信念和教育良知，在三尺讲台上默默耕耘、刻苦钻研，同时以敢为天下先的精神大胆创新，不断进取、不断超越，形成了各具特色的教育思想和教学风格。正是他们的成功探索和实践，创造了具有中国风格的教育经验，丰富了具有中国特色的教育理论宝库。原由教育部师范教育司组织编写，现由中国教育报刊社人民教育家研究院组织编写的“教育家成长丛书”，就是要向这些宝贵的本土创造性的教育经验致敬。

当前，教育领域综合改革正在深入推进，考试招生制度改革的大幕已经拉开，立德树人、培育和践行社会主义核心价值观成为大中小学教育的头等任务。可以预见，中国教育将发生深刻的变革，将从“中国制造”向“中国创造”转变。“没有革命的理论，就没有革命的运动。”没有适合中国土壤、具有中国智慧的教育理论，就不可能为未来的中国教育改革提供有效的指导。我们的教育要向“中国创造”飞跃，必然要首先创造属于我们自己的教育理论，而不是“言必称希腊”或者老是贩卖欧美的教育理论。170 多年前，美国思想家、诗人爱默生发表了著名演说《美国学者》，号召美国知识界：“我们依赖旁人的日子，我们师从他国的长期学徒期时代即将结束。在我们周围，有成百上千万的青年正在走向生活，他们不能老是依赖外国学识的残余来获得营养。”由此，美国迈入精神立国阶段。

如今，我们也面临与爱默生同样的情形。随着我国 GDP 已从世界第二向第一迈进，我们要自觉养成强烈的“中国意识”，独立的中国文化品格，并由此去环视世界，去改造本土实践，去创造属于我们自己的精神养料——这在教育界显得尤为紧迫。“教育家成长丛书”，旨在把我们本土教育实践中蕴含的中国智慧提炼出来，从而形成具有时代意义的中国特色的教育话语体系，再以此去观照、引领、改造中国的教育实践，为伟大的教育改革提供经验、理论支持，也为未来的教育家提供丰富、可资借鉴的精神养料。

让我们为中国教育的伟大未来一起努力吧！

2018 年 3 月 9 日

前 言

见证着中国基础教育半个世纪的春华秋实，代表着中国基础教育教学成果的最高成就——“首届基础教育国家级教学成果奖”，闪耀着李吉林、窦桂梅、吴正宪、张思明、洪宗礼、唐江澎、邱学华、于永正、孙双金、薄俊生、龚春燕等一大批优秀教师的名字。而上述这些教师杰出代表恰恰都是《人民教育》“名师人生”栏目中最受读者喜爱的名师，都是“教育家成长丛书”的作者。

“教育家成长丛书”（以下简称“丛书”），是在第20个教师节前夕，为了研究、总结、宣传和推广我国众多优秀中小学教师的先进教育思想和鲜活宝贵的教育教学经验，培养造就一大批德才兼备的优秀教师和杰出的教育家，促进教师队伍整体素质的提高，根据教育部党组安排，由师范教育司组织编写的一套凝聚着一大批教育家成长智慧的大型教育丛书。

“丛书”自2006年问世以来，不但得到国务院和教育部领导同志的高度重视，而且先后印刷多次尚不能满足广大读者的需求。这其中的奥秘何在?

当你翻开“丛书”，每一部著作都讲述着一位教育家成长的故事。这些著作主要从“成长历程”“思想概述”“课堂实录”和“社会反响”等方面全景式反映其教育思想、教育智慧、专业精神和专业人格的形成过程与教学实践过程。这是教育家成长的基本素质所在。

当你沿着教育家成长的足迹走近他们的时候，你会融入这些带有“草根色彩”、扎根中华教育实践大地、充满田野芳香的真实感人的教育故事中。

当你从“丛书”中，从这些当年和自己一样的普通教师，成长为今天受人尊敬的教育家的成长过程中受到启迪，当你触摸着自己的心，把学生的成长和祖国的未来紧紧连在一起的时候，你会真切地感受到教育家离我们并不遥远。

当你用整个身心蘸着自己的生活积累去品味“丛书”中的每一部著作的“成长历程”时，在一位位名师不断学习、不断超越自我、不断超越学科教学的求索足迹中，你会读懂“教育是事业，其意义在于奉献”的丰富内涵。

当你研读“丛书”中的每一部著作的“思想概述”，和每一位名师展开心灵对话的时候，都会深深地感受到，一名教师对教育独立的理解与执着的追求有多么重要。从一名普通的教师成长为受人尊敬的教育家的过程中，你会读懂“教育是科学，其价值在于求真”的深刻含义。透过“丛书”，你会看到一代代教师用爱与智慧塑造民族未来的教育理想。

随着我们从“知识核心时代”走向“核心素养时代”，教师教育教学活动的视野已拓展到人的生存与发展的方方面面。教师要结合自己的教学实践去感悟“教育理念是指导教育行为的思想观念和精神追求”，应该把爱化为自己的教育行为，让爱充盈课堂，触摸到一个个灵动的生命，让爱产生智慧，让爱与智慧在学生心中留下岁月抹不去的美好回忆，让教育者和受教育者都感受到教育的幸福。这是“丛书”给我们的启示，也是每位教师应有的胸怀和视野。

时代呼唤教育家。为了进一步把我们本土教育实践中蕴含的中国智慧提炼出来，从而形成具有时代意义的中国特色的教育话语体系，以此去观照、引领、创新中国的教育实践并在更大范围加以推广，“丛书”将由中国教育报刊社人民教育家研究院继续组织编写，希望能够在更广大教师的心田中播种教育家成长的智慧，从而出更多的名师，育更多的英才，成就中华民族复兴的伟业。这是时代赋予广大教育工作者的神圣使命。如果广大教师能在每位教育家成长、探索教育智慧的过程中受到启迪，形成自己的教育智慧，则实现了我们编辑这套“丛书”的初衷。

“教育家成长丛书”
编 委 会
2018 年 3 月

目 录

CONTENTS

王开东与深度语文

我的成长之路

我的教育观

走进课堂

社会反响

附 录

我的成长之路

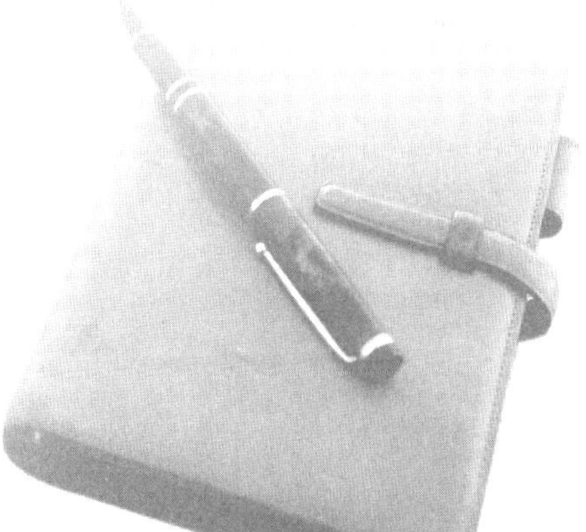

一、斜风细雨不须归

我是20世纪70年代生人。这个年代的人十分尴尬，如钱锺书先生所云，既不能装老，赢得别人的尊敬；又不能扮嫩，和年轻人争一杯羹。既然如此，照照镜子，痛定思痛，何妨看破红尘，摒弃浮名，自去自来堂前燕，一蓑风雨任平生呢?

(一)此情可待成追忆

我出生在皖南一个小乡村，村庄的名字很古怪，字典上也查不到，可是一代代也就传下来了。

村子里从来没有出过读书人，所以，对待孩子们读书的事，父母是没有多大指望的。我们得以享受了很多快乐、很多自由、很多混混沌沌。

读初中的时候，校园是在一片广阔的田野之中。前面是大片大片的荷塘，上课时，常常有淡淡的荷香传来，若有若无；后来到了高中，我很容易就理解了朱自清的通感——仿佛远处高楼上渺茫的歌声似的。

有时候，我们偷偷地去挖藕，即便被发现了，也没有多大关系。农民虽然凶巴巴的，但绝对没有教训我们的意思，甚至，他们的孩子也在我们中间，像鲁迅笔下的双喜。只是藕是没办法带走了，于是回去的时候，我们各自就在心里骂。犹记得“双喜”告诉我，不要看那些大大的荷叶，虽然茂盛粗壮，但可能下面什么也没有；倒是那些小小的荷叶，或者是刚出来的嫩头及尖尖的小荷，下面却常常有“大买卖”。我后来试过，屡试不爽。挖藕的过程，实在也寄寓着人生啊!

学校的正前方有一条人工开凿的渠道，为了在田野中筑公路开土方，把路垫得高高的，防止被水淹没。公路修好了，渠也就出来了。正好那年毛主席去世了，于是，就把这个渠取名“怀念渠”，算是我们乡里的人对主席的哀悼。

渠的两岸都是宽阔的马路，路边种植了白杨树。可能是靠近水源的缘故，白杨树疯长，我在那里读书的时候，每一株白杨树都有一丈多高，就那么笔直地站着，很固执，很抗拒，也很顽强。终于有一回，它们还有幸为我们老师讲《白杨礼赞》而“现身说法”。

荷塘与野花

怀念渠的水很清澈，因为没有污染，也无从污染，那是一个完完全全的纯农业时代，单纯得就像初恋。在渠边不是正规大道的马路上，野野的青草，肆意地坦荡、肆意地招摇、肆意地美丽。

有时候，主要是中午，我们几个同学穿过一座木桥，到那边路上去，找一块草地躺下来。四下里什么声音也没有，只有风从树的缝隙里穿过，偶尔有一片树叶落下来，轻盈得就像一只鸟。明晃晃的太阳照在金黄的菜花上，又折射到我们的脸上，弄得我们的面容若明若暗。可能这时候我们每个人的心里都有了诗情，也有了一种叫“爱情”的东西在萌芽。

于是我开始写诗，只是从来没有拿出来示人。后来就发现有一个女生，我们班学习最厉害的一个女生，常常看我——也许是看屋子外面的白杨树，我常常这样安慰自己。但总是被一个女孩看，于我也是一个巨大的负担。首先衣服肯定不能一个月不洗了；其次，头发怎么说也得理理吧！还有，最严重的反应是我听课受到了干扰，成绩有了一点波动。可能是我那时候的“书生意气”，也可能是我的“步步退让”，她开始冲我笑，笑得天真烂漫，更多的时候，笑得很暧昧、很甜蜜，然后就低下头作沉思状。我不知道自己哪里错了，先乱了阵脚，盼望老师狠狠地惩罚她，但她是年级第一，老师喜欢她还来不及呢！后来，就有了闲话，说她喜欢上我了，我听到这句话，吓得魂飞魄散，一个晚上都没有睡着。于是，心里就恨起她来了，谁知道恨也是一种不能疲倦的感情，因为恨，结果满脑子都是她古怪的模样。

后来，她来借书，具体的书名我已经忘记了。可能是我的书起了作用，反正，上课时她不再看我了。过了好长好长的时间，她来我面前还书。那天她穿着白裙子，像一只蝴蝶。她一反常态，胆怯地说："我把你的书弄坏了，我给你重新包好了。"我大度地说："没有关系！"然后就把封皮一把拆下，在一瞬间女孩的脸成了"红苹果"，我看见一张纸轻轻地落下，像一个精灵在舞蹈。

男孩们一哄而上，抢走了那张纸。我本能地感到那张纸里有问题，但具体是什么，我也很糊涂。男孩们阴阳怪调地读起来……我的头大了，一把把那张纸抢过来，撕得粉碎。然后，我夺门而出，一个人走在怀念渠的林荫道上，肠子都悔青了。我清楚地记得，那天，我，流了泪！多年之后，我听到了刘若英的《后来》，很有感触，也许每一段青春的荒唐都是美丽！

后来，我总算学会了如何去爱
可惜你早已远去
消失在人海

后来，终于在眼泪中明白
有些人一旦错过就不再……

后来，她托人给了我一封信，约我晚上到渠边走走。我终于找到了一个向她当面道歉的机会。我下了很大的决心，虽然没有恋爱，却本能地想承担一个男人的责任。

那天晚自习以后，我一个人早早地等在渠道边，月亮很圆、很白。我的心却一塌糊涂，不知道应该对她说些什么。时间渐渐过去了，月亮渐渐升高，云层的变化很大，一会儿像狗在跑，一会儿像一头牛低着头喝水，后来，又变成一个少女，头上披着红色的盖头……再后来月亮落下去了。她竟然没有来，四下里只有蝈蝈的嘶叫声，一声长于一声。

后来，我才知道她只是要让我尝一尝失望、伤心、等待的滋味，当然，还有漠视她必须要付出的代价。

后来，她转学了，我们学校给她做了很多工作，都没有用。她是一个有个性的女孩！一年之后，她以全乡最高分考上了中专，而我则进了重点高中。

后来，她给我来了封信，并替我买了一些有价值的图书邮来。可我那个时候，把这个看成了糖衣炮弹，看成了她对我的某种示威。而当时的我正在军训，实弹射击中，我五枪打出了 49 环。“男儿何不带吴钩，收取关山五十州”，在这种壮志雄心之下，自然是英雄气长，儿女情短了。为了和她“划清界限”，我把钱算好了，给她邮了回去。她果然勃然大怒，从此，不再理我了。

后来，在她结婚的前夕，我收到她的一首诗，上面泪痕斑斑，没有署名，可我知道是她——一个没有忘记那个艰难的纯真年代，仍然默默挂念着我的那个人。

永难忘初恋的情景
永难忘初恋的热情
我的心已碎
无法清醒
愿与你同在梦中伴行

情深胜过万语千言
情深能缝合往日的不幸
我多么在乎你
不能分离
愿你常在爱的风雨中给我无限祝福
爱情是永恒
是真诚

很长时间，我一直以为是这个短暂的误会，让我在初中一下子别无选择地成熟起来。我一直有一个观点，作为一个语文老师，如果没有多姿多彩的爱情，可能永远是一种残缺。

初中时，还有一个比较好玩的地方，那是一座山，名字很难听，叫猪头山。沿

高中与同学合影

着怀念渠走到头，再顺着这条道走大约 2.5 千米，就到了猪头山。关于这座山还有一个神奇的传说。据说，它本来只是一个特别小的山，状似猪头，然而，不知怎么了，突然间就疯长起来。这种可怕的增长惊动了天帝，生怕猪头山挡住他的视线，于是一怒之下，来到人间，狠狠地踩了它一脚。猪头山受了重伤，两个大大的猪鼻孔里流出两股清凉的泉水，泽被五乡八寨的人。

我所说的绝非虚言，因为这两股泉水，一边温暖，一边清凉。山下的老百姓引下来这两道泉水，弯弯曲曲地从每一个村庄流过，流入每一家门前凿出的一个个深深的池塘。那个时候，爬猪头山成了我们的一大爱好，常常到了周末，我们三两同好，买一些糯米糕和一瓶罐头，出发爬山。

沿着羊肠小道，历尽“千辛万苦”，终于来到山顶，山顶上野花盛开，烂漫得让人心醉。在山顶上，我们大声喊叫，敞开自己的衣服，让风将它吹鼓起来。然后，我们就躺下去，觉得整个蓝天离我们很近，和我们的灵魂靠得很近，我能听到蓝色的呼吸，白云就从我们的脸上划过，还有“妩媚”的风……很多年之后，这一切还在我脑海中有深刻的印象，挥之不去！

此外，各科老师中，语文老师算是最有意思的一位老先生了。除了语文，他还兼教我们动物学，我对他的语文教学印象已不大深刻，只有一次他骂人的场景却经久不忘。

初三的时候，一个复读生插班到我们班。老先生每天都“照本宣科”，可是，那个复读的家伙以前也被“照本宣科”过，自然是轻车熟路，于是，每天抢在老先生之前，把老先生的后半句话抢先说出来，然后，踌躇满志，为之四顾，以显示他的未卜先知。老先生气得不行，眼光常常从眼镜片的上面望出来，盯着他，很有万盛米行账房先生的派头。可是，复读生仍然屡教不改，先生忍无可忍，终于，把他叫进办公室，我因担当课代表，借助取本子的特权，亲耳聆听了老先生的骂人。老先生说：“你真是一个聪明的学生，老师说什么你都知道，但是据我错误的估计，你是从初三下来的，你知其然，而不知其所以然，其实并不然。”老先生一句话中，三个“然”字用得出神入化，让我佩服得五体投地，从此，便下定决心跟着老先生老老实实地学语文了。

后来，听说老先生本是某名牌学校的高才生，“文化大革命”时，因撰写对联“苟全性命于乱世，不求闻达于诸侯”而惹火上身，被整得精神失常。我读书的时候，先生还是冬天穿着单衣，夏天却穿着棉袄，以示自己一身的反骨和傲骨，而夏天和冬天，先生的单衣和棉袄就成了我们校园的一大风景。据说，先生流浪过大半个中国，所以说起各地的风土人情，常常如数家珍。

我们最喜欢的是先生的动物课。比如，先生讲在东北遭遇狼群，很多狼跑起来像小牯牛，而北方人抓狼，简直是一绝。他们会在白天挖好深坑，带好干粮，抱着一个小羊，躲藏到坑里去。上面用一块厚厚的木板盖好，木板上有一个小洞，仅仅让狼的脚能够伸进来。到了晚上，猎人把小羊弄得叫起来，狼循声而来。因为够不到羊，狼只有把脚伸到板里去掏，躲在坑里的人不慌不忙地把狼腿一把抓住。狼一下子进退不得，只有叫起来，这时候猎人一定要沉住气。果然，就有很多狼赶来了。但狼群终究束手无策，而且还感到害怕，终于，所有的狼悻悻离去，猎人从坑里站起来，抓住狼的脚，背起木板，大摇大摆地回家……

诸如此类的故事还有很多很多，我们的眼界和心灵也因此而打开。让我有感触的是，我真正的语文之路，竟然是受这些“旁门左道”启蒙的，也许这些才是语文学习的必由之路吧！

(二)少年壮志当擎云

十七岁那年，我进城读重点高中。看到鲜亮的教学大楼，笔直的林荫小道，我忽然有了一种天长地久的悲哀，因为，我看见了有生以来最高最高的楼。我心里默默念叨：我将在这里奋斗三年，用三年的青春和热血，收获光荣或者耻辱。

高中语文老师是一个庄子式的人物，名叫卞贵平。他的开场是用手轻轻梳理自己头顶上可怜稀疏的一缕遗发，然后慢条斯理地说："人们都叫我小卞(谐音'辫')，我的人就像我的头发一样柔软。"这个经典的场景，常常会在我不经意的时候，"闯进"我的心门，让我忍俊不禁……

除此之外，最有印象的还有两件事。一件是他自叙作为人大代表，曾经与当时的省委书记张恺帆相遇。同在宴席上，恺老听到我们先生说话，朗声大笑："相逢何必曾相识，同是故乡无为人!"先生也端起酒杯向恺老敬酒，说："恺老您老人家——少小离家，老大未回；乡音有改，鬓毛未衰啊!"我们很喜欢听这样的逸事，不仅仅因为新鲜，还因为恺老是我们的家乡人，而且是所有家乡人的救命恩人。后来学《为了忘却的记念》，我才知道这样一件史实。恺老任上海吴淞区委书记时被捕入狱，曾和柔石等同囚于上海龙华警备司令部，柔石等左联五烈士英勇就义之后，墙上无名氏的挽诗就是恺老所作。诗云："龙华千载仰高风，壮士身亡志未终。墙外鲜花墙内血，一般鲜艳一般红。"在白色恐怖的囚牢中，能够对烈士表示哀悼，天下之大，有几人欤?

还有一件事，学校几个青年教师因为分房子，和学校较上劲了。其中就有我们的地理老师，一个桀骜不驯的"狂人"。后来，"狂人"准备辞职，以示对"当局"的抗议，并且在我们班级发表了他的辞职宣言。记得他说："我们为国家培养人才，而我们却住在'中世纪的庙宇'里，暗无天日。'当局'不仅对我们的'公车上书'置若罔闻，而且还妄想搞'戊戌六君子'，于是，我选择逃走！从此以后，我可能发达，也可能在你们家门前摆个小摊，卖卖香烟，一切都有可能，只是觉得对不起你们，可是我忍无可忍！我的辉煌的、暗淡的，光荣的、屈辱的、富有激情的、生不如死的教育生涯，到这里画上了一个大大的句号……"然后，"狂人"在黑板上画了一个大大的句号，句号画好之后，他的手定格在那里，粉笔呈自由落体下落。后来我想起，初中时学了方纪的《挥手之间》，那里面似乎有一段话："主席也举起手来，举起那顶深灰色的盔式帽，举得很慢很慢，像是在举一件十分沉重的东西，等到举过头顶，突然用力把手一挥，然后就停在那里，一动不动了……”

所以，我总怀疑，“狂人”是读过那篇文章的。那天“狂人”占用了“庄子卞”半节课的时间。后来，“庄子卞”进来了，习惯性地用手把自己的那几缕头发梳理一下，然后一字一顿地说：“我虽然有自己的痛苦和不幸，然而，我却不愿把自己的痛苦传染给你们这些正做着好梦的青年！我们今天上《〈呐喊〉自序》，请同学们思考一下，鲁迅的痛苦和不幸具体指的是什么？青年们做着什么样的好梦？为什么鲁迅不愿把痛苦传染给他们?”很多年之后，我一直忘不了这个经典的导入，它和卞老师那头稀疏的头发一道融入我的生命中来！

由于信息和书籍的匮乏，卞老师几乎是我高中阶段与文学接触的唯一媒介。那个时候的文学，总让我想起海子的一句诗——远在远方的风比远方还远。也就是在先生那里，我喜欢上了庄子、孟子、李白、苏轼、柳永……学会了写诗，偶尔也填一些不算正规的歪词，当然，最喜欢的还是对对子，并有幸成为先生最得意的门生。高考前夕，先生送我李白的两个集句：“仰天大笑出门去，直挂云帆济沧海。”只是学生碌碌无为，肯定让先生失望了。

后来，我也常有集句。比如，我集无名氏和李清照的词句为：“愁与水云多，人比黄花瘦。”我还集李贺和石曼卿的诗句为：“天若有情天亦老，月如无恨月常圆。”算是我用个人的方式对先生表达的敬意。

(三)而今迈步从头越

再后来，我糊里糊涂地考入一所师范院校。我曾经戏言：开东此生有三怕，一怕考师范，二怕当老师，三怕回母校当老师。但我没有想到，这“三怕”结果都成了谶语，而且后来屡屡成了朋友们的笑柄。所谓的大学，离家不到三十千米。学校名声不大，但环境特别优美。校园主体部分枕着汤山，汤山也是一座温泉山，山脉分为两部分，南山流出来的是温泉，温度高得吓人；北山流出来的是冰泉，凉得刺骨。这两股泉水流过的镇，就是中国历史名镇——半汤镇。“半汤”，顾名思义，就是“一半是热水，一半是冰水”的意思。这常常让我想起王朔的小说《一半是火焰　一半是海水》。

那时候，我们只需花一块钱，就可以在纯天然的、可调节水温的温泉池中泡一天。常常，我们调节两边的水到最适宜的温度，然后睡在一个竹席编织的“浴筐”中，任凭泉水从身上缓缓流过，所有的疲乏、不快，都从身上流泻而下，随泉水荡涤一清！现在想起来，我就是不学陶谢也不行啊！

大学期间，有两位老师，给我留下了深刻的印象。一位是李尚才，李先生是一个年轻的诗人兼文学评论家，语多幽默、滑稽。李先生有点邋遢，倒霉的是先生的两管裤脚，天天被踩在脚下，常常遭到我们班女生的一致诟病。可先生哪里放在眼里，仍然是我行我素，颇有“我踩自家裤脚，干卿何事”的味道。我至今记得先生讲意象派鼻祖美国诗人庞德的《在一个地铁车站》的情景：

在一个地铁车站

人群中这些面孔幽灵一般显现
湿漉漉的黑色枝条上的许多花瓣

（杜运燮译）

短短的两行小诗，讲了一个多星期，还意犹未尽。先生最得意的文学评论是《丑人贾平凹》，此文把贾平凹和贾宝玉联系起来，评点得头头是道。首先，这两个人都姓贾；其次，贾宝玉是一块无才补天的顽石，而贾平凹也以“丑石”而自喻。再次，贾宝玉生活在大观园里，在女性世界里，逐渐锻造出自己的女性意识、女性视角；而贾平凹也曾因单薄和多病，下乡时被队长分在女人堆里劳动，而这些人生经历，对贾平凹早期小说中的女性意识，起着至关重要的作用……诸如此类的比较还有很多，此文在《文学评论》刊出，让贾平凹大为欣喜，认为此文深得彼心，两人由此还成了很好的朋友。

我从李先生那里承继的东西是：“文章要敢想，更要敢写；宁为鸡首，不为牛后；一家之言、创新之说尤为重要。”李先生1994年做了市长秘书，诗情肯定是抛到九霄云外去了，只不过当初的指点江山和发前人不敢发的评论文章，还在做否？诗还在写否？

还有一位就是林之亭，林先生是一个胖胖的老学究。林公学问精湛，但对现代文学诸多专题并不感冒，每到乏味处，常以匀速直线的声调滑行，于是下面鼾声四起，先生也不以为意。但一旦涉及爱情，老人家就会劲气十足，两只眼睛炯炯有神。犹记得老先生把徐志摩、林徽因、陆小曼的三角恋爱，讲得“天花乱坠”，妙不可言。

1995年毕业前夕，我因大学期间谈恋爱，在学校党组织的最后考察中，被一票否决，从而失去入党的机会。我离校的时候，老先生执意要来送我！先生说：“明年我就要离休了，我为自己卸甲之际，能有你这样的学生，感到高兴。开东啊！人生之路要好好地走，我祝你们幸福，要多多来信啊！”遗憾的是，后来很多年，我因为人生并不得意，所以纵然时常想起先生的叮嘱，可是又无从说起。可是，我哪里有一天忘记先生啊！

大学期间，我收获了爱情，并最终把它培育成了婚姻。大一的时候，我的第一篇微型小说《吃面》一炮打响，进而被六家杂志转载。我一时间成了校园里的风云人物，不但做了学校文学社的社长，还做了校报的助理编辑。就在这个时候，她送给我一首诗。那是一个晚上自习课快下的时候，她轻轻地来到我身边，悄无声息地把它放在我桌上，然后，走了，就像她轻轻地来。诗的题目是《秋意吊柳梢》：

柳梢的秋意
从心头掠过
六月的色泽在残荷的脸颊消亡

一枚邮票经脚尖滑落
远征的友人啊
可知你身后的那片繁茂的森林
遮挡了我对你的深深期望

晚霞已跟随夕阳
飞到山的那一边
一滩滩和着甜言笑语的影子
横在
林中　月下　草坪上　花坛旁

秋风啊秋风
请将我脆嫩的向往
吹到天宇中那个
你熟透的地方

不管怎么说，这首诗成了我们之间的触媒，可以说，没有它就没有我们的今天。可是结婚之后，妻子拒绝承认，只一口咬定是投稿。她当初究竟怎么想的，我至今还是“月朦胧，鸟朦胧”，不过，也只有在心里保留疑问了。

好在女友是一个专一的人。大学毕业的时候，她自身条件很好，完全可以留在城市，学校都联系好了，房子都分配了。可是，为了我这个“运交华盖”的家伙，女友与家庭终至决裂，跟随我分到了一个偏僻的乡村，而且不在一个地方。记得我送她去的时候，学校分给她一间很小的房子，印象中还没有窗户。那个晚上，我们睡在一起，除了一盏灯，什么也没有！夜里，我醒的时候发现，她竟然用痰盂的盖子给我扇扇子，第二天胳膊都肿了……

写到这里，我的眼泪下来了。多好的女人，为了自己的男人和爱情，放弃了优越的条件，抵制了恐惧和黑暗，拒绝了亲情和温暖。这就是我苦命的爱人！

我当时分在一个江边的江南小镇，与妻子的学校相距 15 千米，她的学校也是在江边。李子仪的词：“君住长江头，妾住长江尾，日日思君不见君，共饮长江水。”到这时候才令我有了切身的体会。每个周末，我不顾朋友们“重色轻友”的责怪，骑着自行车，在江堤上狂奔，两岸的碧草和清凉的江风，都随着我的心情在摇摆。那时候我有很多心情之作。比如《水远到底有多远》：

阿媛
你走的时候
我痴痴　痴痴地想
你千万　千万别为我的爱感到忧伤

阿媛
你走的时候
我孤独　孤独地惆怅
你千万　千万别为我永恒的爱
丢了你永恒的理想

阿媛
想到未来
我的心充满累累痕伤
你那你那一句过海漂洋
像一把利剑
穿透了我的胸膛
不……不……不
我不要在虚幻的梦中
我要带你去那蓝色的海洋
让你看一看那洁白的海鸥
它是否有雪一样的翅膀

不……不……不
我不要听那灰色的许诺
我要带你去那绿色的草场
让你看一看那温柔的羊群
它是否云一样的飘荡

这样
你就会懂得
人世间不仅有黑色的暗淡
还有纯洁的爱在闪光

如果　如果命运能让我多爱你一天
我又何惧在山崖
展览千年风雨
数尽万年寒霜

还有一首《怀远》：

那年分配，我与我的伊人隔江相望，常常望月怀远，临风洒泪，受尽了相思之苦。李子仪有“君住长江头，妾住长江尾。日日思君不见君，共饮长江水。”此君知我矣！

人生不相见，
花发思更长。
冷梦喂残笑，
被温育荒唐。

羁鸟难成对，
孤雁不成双。
心随野云渡，
指顾泪千行。

清歌邀冷月，
残影对寒霜。
世事多难料，
情海雾茫茫。

奈何人高远，
天堑更重嶂。
重嶂不能渡，
神仙也着忙。

惟饮长江水，
不睹越女装。
苟能如人意，
富贵若黄粱。

还有一首《有所思》我印象特别深刻，后来用来和学生侃《离骚》，学生大感兴趣！诗云：

淫雨霏霏兮望故乡
故乡不能见兮我心惆怅
云飘飘兮愁予
兰舟欲发兮人欲断肠

唯春草兮碧色
独黄天兮何苍苍
人不寐兮小楼晚栖
星汉皎皎兮明月光

黄金白璧兮粪土
浮云富贵兮愁伤
有愁伤兮无人顾我
想佳人兮何恃要处天南海北方

目眇眇兮轻衣罗裳
皓腕赛雪兮杏眼微扬
杏眼微扬兮我欲归去
我欲归去兮人在水中央。

这样过了两年，我们终于调到一起，我们结婚了。没有朋友，没有亲人，没有祝福。记得那天早晨我们出去，买了一点化妆品，到公园里，我用摩丝把她长长的头发盘起来，然后打的回家。在车上的时候，我把花插在她的头上，把司机吓了一跳，那时他才知道我们原来在结婚，我还心甘情愿地送了他喜烟。

房子是学校分的老式房子，对联由我撰写，书写则由妻子代劳。妻子对自己的书法很有信心，她曾获得大学书法比赛的一等奖。头天晚上，我磨好墨，看妻子大笔一挥，上联用行书写“与清风舞”，下联用狂草写“共明月醉”，横批取小篆“今生今世”。现在想来，仍然浪漫温馨。

后来，我们的结婚方式甚至成了学校的一种模式和风范。对此，我们只有苦笑，最好的解释就是“天知道！”

此后，我的生活开始安定下来，教学热情也渐涨。我的教学完全是另类，常常好剑走偏锋，然而，教学效果却不错。

具体来说有如下。首先，放下师道尊严。我从走上讲台的第一天，就正式宣布师道尊严的消亡。我和学生没有距离，我的开心、愤怒、悲伤，都拿来和学生分享，而学生也乐意和我交心，我也因此走入学生的心灵，懂得了很多教育之道。那些脸若冰霜、高高在上的老师，我打心眼里觉得他们可怜，他们很劳累，但却失去了最宝贵的教育快乐。

其次，鼓励犯错。因为错误，能给我们教训；因为错误，能让我们进步；因为错误，能让我们警醒，而在某个层面上，所谓的正确却让我们一无所获。我把“畏惧错误就是毁灭进步”贴在教室的最前方。我鼓励学生犯错，最终的目的是想让学生摆脱怕错心理，主动参与教学过程。鉴于此，每次回答问题前，我都让学生小声交流一下，提高他们的信心，终于很多学生都能主动参与进来了。而每当学生第一次站起来，我都要及时提醒其他同学给以鼓励。那些没有主动站起来的学生，我每天都用眼神鼓励，还有就是课下“策动”……终于，我把自己的班级打造成一个人人争着说、个个抢着说的活跃班级，让所有的听课老师都觉得是奇迹。

最后，我还创造了“认识、怀疑、批判、吸收”的文本认识观。课堂上，我们共同认识，每个人都来谈自己的阅读体验、阅读收获、阅读困惑，然后怀疑、批判、争论、吸收。我们没有大小，没有尊卑，只有自由自在。我没有想到，陶渊明的“奇文共欣赏，疑义相与析”在我的课堂里变成了现实。

1998年，对我而言是非常重要的一年，如果没有这一年，我会依然满足自己的角色定位。做一个乡里人认同的好老师，与黄土为伴，与孤灯为伴，与书本绝缘，聊天、打牌、打球，整天无所事事。就是在这一年，我通过了全国高等教育自学考试，我毕业论文的指导老师有幸是孙文光教授。孙先生曾是北京大学研究生学生会的主席，二十八岁就随同导师萧涤非先生编撰《中国文学史》，其中明清两朝的两个章节就出自孙先生笔下。可能是天妒英才，先生因才华而卓著，也因才华受到伤害。三十多岁时，孙先生发表《用阶级的观点看〈红楼梦〉》，此文因被毛泽东看中，因而登上了《红旗》杂志的头条，孙先生因此被苏联报刊称为“毛派理论家”。可是，先生是一介书生，哪里知道政治斗争的险恶，“文化大革命”时，先生因此文获罪，从此一生潦倒。

后来，先生专注于奖掖后进，真正的文章是很少落笔了。河南省作协副主席、百花园杂志社主编杨晓敏，中央教育科学研究所所长朱小蔓等人都是先生的高足。先生是大儒，是国内龚自珍研究第一人，这一点我很快就体会到了。第一次和先生见面，谈得很愉快。先生很关心中学语文教学，我也得以请教了许多困惑很久的问题。因为未能赶回去，先生就留我住宿，那个晚上，我睡在先生的书房里，心里感慨万千。从此，我与先生结下了不解之缘。在朝夕相处之中，我悟得很多做人的道理，学会了很多做学问的方法。

在先生的辅导下，我的论文《从崔莺莺、杜丽娘、林黛玉看中国女性的爱情历程》获得论文写作和论文答辩双优秀。2004年，我出走江苏，先生在美食街设宴为我送行，此情此景至今仍然历历在目。

孙先生是一个童心未泯的人。记得先生第一次留我吃午饭，“鬼鬼祟祟”地把我拉到一边，让我猜猜师母给我弄了一个什么特别的菜，我哪里猜得着，先生却不告诉我。到了中午，我才知道，竟然是一盆臭豆腐！先生哪里知道，臭豆腐在我们农村可是家常菜啊！之前，我每次拜访先生，都要送一束花，感觉总不大“般配”。有一天，我灵机一动，就送了一壶臭小菜水，先生大乐！妻子后来常常笑话我，给国家一流研究员送臭小菜水，吉尼斯世界纪录也要被我糟蹋得一塌糊涂！

师母名叫王世芸，特别和蔼宽厚，温柔可亲，而且气度非凡。有趣的是，我和妻子第一次见到师母，两个人都脱口而出叫了“王妈妈”，也许只有妈妈这个称谓，才能表达我们对师母的敬意。师母是形式逻辑方面的专家，但却常常和先生争论文学问题，每每不依不饶，天真得就像一个孩子。后来先生送了我一本香港出版的诗集《天光云影楼诗稿》，正好把孙文光和王世芸的名字镶嵌在里面。我当时脱口而出"天光云影共徘徊"，真是好名字啊！先生忙说："还有一层，还有一层意思。"我们都笑而不言，但却深深感受到先生的伉俪情深。

就在认识先生一个星期之后，我妻子临产，选择了芜湖妇幼保健院。到了时间还没有生产，我非常着急，就打了师母的电话，向她咨询了一些情况。没想到一会儿先生就偕夫人来了，并且主动拿出两千元给我应急，以备剖宫产花销。在"说到钱，就无缘"的当今社会中，先生的举动，灼得我眼热！更何况先生当时和我们还不是很熟啊！后来，孩子出生了，我们执意要先生给他取名字，结果把两个老人害苦了，白天争论不休，晚上商量到点灯。终于，名字取出来了，叫王启元。先生解释说："元是元旦出生，而且'元'这个字最大，元气充沛，万物初始为'元'；'启'则大开大合，有男子汉的气度。另外，从音韵上来看，正好是平仄平。"我们特别欢喜，哪个父母不想给自己孩子取名字呢？但我们当时的想法很简单，就是要让孩子将来接触到文学史时感到骄傲——他的名字是孙先生取的，可以激发孩子的上进心。正是有这一段复杂的思想基础，我后来开展了一项"感恩父母、亲近父母"的活动，我让所有的孩子回家，采访自己的父母，探访自己名字的来历，然后完成一篇心情文章《名字里有故事》，目的是让孩子们深入感受父母对他们的钟爱和期待。此项活动取得了巨大成功，我也因此赢得了很多家长的敬重。

先生的大女儿在华东师范大学出版社任职；小儿子十七岁就考入北大。我不知道先生的小儿子走在父亲走过的未明湖畔，心中会有怎样的畅想？不过，北大中文系毕业的他，并没有选择父亲的路，而是刚过而立之年，便已经在美国获得了传媒学和经济学双料博士学位，并且娶了一位美丽的苏州女孩为妻。

曾经我在张家港买了房子，因为没有钱装修，就直接搬了进去。先生问起来，我就略带夸张地与先生玩笑道："老师，人家是家徒四壁，可我连壁也没有。"先生大笑，说："无妨，无妨，让师母给你画幅画，我给你写几幅字。"我在电话的这头就哽住了……过了几天，画和字都寄过来了。画是写意画，画的是栩栩如生的江南垂柳，"柳"既是江南的寻常意象，又有怀乡思人之义；先生写的是"心远地自偏"，非常朴拙，与陶公的山水田园诗一样清新如洗。先生，你们爱护我就像爱护自己的眼睛，我该怎样报答你们对我至高的厚望！

1998年的第二件大事，就是评选教坛新星，可以说这次评选，对我的影响是终生的。评选分为演讲，教育话题写作，抽课、上课、说课，答辩四部分。先在组里评，然后学校评，每个学校出线一名；再划片多所学校联合评选，推出的人选代表自己的片区，参加全县评选。最后在全县一万多名教师中，取前十名评为“无为首届教坛新星”。

起初，我已声明放弃参加，因为我对自己的普通话十分不满意，还因为我刚刚定级，三级教师的证书还没有下来，可是后来一位老教师的一句话改变了我的想法。他说：“陈老师的声带有问题，我们排除他了；王老师的课上得好，可是没有人能听懂……”说完大笑。当时，我正好来到办公室门前，听完感到了莫大的耻辱，为了不让他难堪，我蹑手蹑脚地回去了。第二天，我改变主意决定参加比赛。我当时的想法很简单，就是要在学校出线，争一口气，然后弃权，不要出去丢人现眼。颇有晋人的“功成不受爵，长揖归田庐”的想法。

很快我从语文组出线。在全校评比中，我上的是《人类的语言》，我的构思是“走进去—跳出来”。先从单元知识中总结出事理说明文的几大特点，给学生方法，以便学生从容地“走进去”；然后，把课文仅仅作为一个例子，引导学生通过自己的力量，读懂一篇真正的事理说明文；最后，我要求每个同学用一句话概括事理说明文的阅读体验。让学生从事例中“跳出来”，抽象出自己的阅读收获。今天看来这个很简单的想法，当时竟然让我获得了一等奖，我终于能代表学校参加比赛了。这时才知道我当时想法的幼稚，学校的重任“咔嚓”一下子落在了我的身上，我能弃权吗？只有硬着头皮往前冲！

过了大概三个星期，评委们终于来了，一共有八个评委，来自东乡的八所学校，而且清一色都是教导主任。下午第二节课作为评比课，上午我抽签抽到一个班级，那是一个糟得不能再糟的班级。中午教导主任偷偷来通知我，为了确保学校荣誉，想来个掉包计，请我把自己班的学生和抽到班的学生对换。我至死不从，在我看来不能获奖只是能力问题，如果那样做则是品格问题了。但是，教导主任依旧不依不饶，我不得已立下“军令状”，一定要拿下这场比赛。可是谈何容易啊！因为每个学校的领导心里都有小九九，而且，这些教导主任绝大多数不是语文老师，怎么样才能赢得他们的认同呢？还有那个捣蛋班的学生会不会积极参与课堂互动？这些都是问题。

中午，我做了一个大胆的决定，把原先准备好的课抛开，我打算给学生上“歧义句”。在我看来，只有“歧义句”才能够让非语文学科的人听懂、感兴趣，而且那些捣蛋的学生说不定也喜欢参与。当时我校附近出了一件很大的事，一个人家办丧事，媳妇买了不少牛肉，怕烧不烂，就买了一些硝加入。然后，把硝随手放在了灶台上。第二天早上媳妇上街去了，来抬重的人，先打尖每个人泡一碗锅巴，放一点猪油，竟把硝当作盐用了，结果造成五死三伤的特大事故，新闻都播出了，学生们也有所了解。下午上课，我就此特大事故导入，先声夺人。我说，这起事故的起因是烧牛肉的人，看到了硝的说明书上写“硝不可轻用”而造成的，同学们说说这究竟是怎么回事？结果很多学生抢着回答。不可“轻用”是不能“轻易使用”，而不是“轻量使用”的意思。我说这种现象叫作什么？学生齐声回答：歧义。然后，我循循善诱地教导，歧义句不仅影响我们表情达意，甚至还能害死人，同学们想不想和老师一道把可恶的歧义句解决掉？学生们扯着嗓子喊：愿意！我知道这节课我成功了，然后，我又激将：“我把歧义句列出来，你们能否找出歧义原因？我将以你的名字给这种歧义类型命名。你们有没有信心?”学生更加亢奋，我于是出示九个例句，学生争先恐后，下面听课的老师也兴致盎然。不多久，多音字、多义词、重音、层次切分等歧义原因，学生们都一一总结出来了。

然后，我在把握歧义原因的基础上，引导学生采用各种各样的方法消除歧义。最后，我精心选择十八道题，让四个组抢答，气氛极其火爆，这让原来的授课老师瞠目结舌！整个一节课，我按照“提出问题(歧义句)——分析问题(歧义句的原因和类型)——解决问题(消除歧义)”来策划，结果获得巨大的成功，八个评委都给我打了最高分。

决赛的时刻到了。我抽到的课文是《友邦惊诧论》，抽到的班级是个中等班。不过，那节课我上得十分轻松。我以“一个成语——有的放矢，一个俗语——打蛇打七寸”为引子，引导学生自主解读这篇精彩的驳论文：“树立什么样的‘靶子’？击中什么样的要害?”整节课上得行云流水。

随后，我在规定的一个半小时内完成了《我的语文教学观》一文，三千多字，基本上代表了我当时所能达到的最高认识。

晚上就是演讲，我的普通话很差，但我没得选择，只有硬着头皮上。用朱永新先生的话来说，就是“大狗要叫，小狗也得叫”。记得我的演讲题目是《班主任工作要“唯新”》。大致意思是说，只有创新的班主任，才会有创新的集体，才会有更多创新的学生。

我从两个方面来谈我的创新体会：第一，正确对待优等生和后进生。我说我准备了三个“镜”。用“望远镜”观察学生的未来，鼓励他们走自己的路。我用“显微镜”寻找优生的缺点，吹毛求疵，鸡蛋里挑骨头，并且当众批评。但私下里我跟优生交心，我说，老师之所以严格要求你们，是因为你是卓越的学生，大有潜力可以挖掘；而且我还有一个担心，如果老师过多表扬你，其他的学生就会妒忌你，不利于你处理同学关系。这样一来，优生自然心悦诚服。而对所谓的后进生，我却满腔热情，努力用“放大镜”寻找他们的优点，当众表扬，隔人表扬(在别的学生面前表扬，让学生传言)，帮助他们找回自信。有时候，我还很动情地和他们说，误谷误一季，误人误一生，我看到的不仅是你们，还有你们的家庭，一个孩子就是一个家庭的未来啊！我怎么会、怎么能、怎么敢放弃你们呢？你们也千万不要放弃自己啊……终于，我们班没有一个后进生，他们都找回了自我，站稳了人生，个个脸上都是阳光灿烂的。

第二，正确处理男女生的关系。为了杜绝男女生“羞答答的玫瑰静悄悄地开”，不少老师费尽心思，割断男女生的联系。我却鼓励男女生大胆交往，在学习、工作、文娱、体育各方面表现自己。每个月，我都要让女生综合各方面的情况，选出最佳男生三名，最佳进步男生三名，然后让女生代表为男生颁奖；同样，男生也选出最佳女生三名，最佳进步女生三名，并为女生颁奖。这样一来，就把男女生的表现力引上了正确的轨道……

演讲到最后，所有学生的身影浮现在我眼前，我情不自禁地说了这样一段话：“1997年，我眼睛受了伤，请假了好长一段时间。回来的时候，学生全部站起来流着眼泪为我鼓掌，并且送了我一张大大的卡片，上面有这样一段话：‘老师，您不会有事的，过去没有，现在没有，永远也不会有！’孩子的眼泪是小溪的流水，幽幽的、平和的、无力的，然而却能折射出孩子纯净的心灵，牵动老师的情感之潮！那一刻，我闭上眼睛，任我的眼泪肆意奔流——选择了教育，真正是到了这个时候，我才感觉无怨无悔。因为得天下英才而育之，不亦乐乎？”

演讲完了，所有的评委呆呆地坐在那里，我的教育故事打动了他们。后来，我才知道我的演讲竟然获得了一等奖。年底，我以总分第三名的成绩，获得“无为首届教坛新星”光荣称号！芜湖市的报纸也对我进行了图片报道，标题是《无为升起一颗

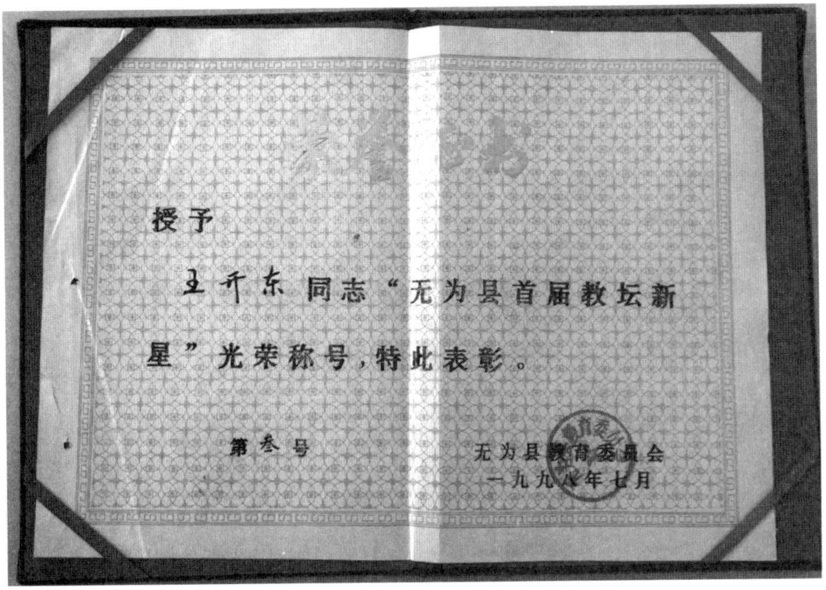

无为首届教坛新星证书

教坛新星》，当时我从教还不到三年！

后来，我才知道，我的入选曾经引发过一些争议。一些评委认为我太年轻，普通话又不标准，弄个教坛新秀当当还可以，教坛新星就打马虎眼了。其实是早有头头脑脑打了招呼，他们心里已经有了人选，教育评选有时候也不见得公平啊！但县教研室的盛书山老师却坚持己见，严格按照程序来评选，我这才顺利摘下了人生中的首颗“星星”。

正是因为这次评选，我认识了盛书山老师，并且在他的引导下，开始了教育教学的研究。后来《语文教学通讯》杂志重点推出的“中学语文异步推进教学法”，就是盛老师和我们研究的成果。盛老师是一大怪人，只要他专心去弄的事情，没有弄不好的。所有朋友对他的评价就是“没有老盛做不好的事”。为了帮助儿子高考，年近五十的盛老师，除了英语学科，把高中其他学科都踩在脚下，包括高中物理、化学，全部手到擒来。一个人担负起儿子的家教，终于把儿子送进了重点大学。后来，盛老师发现网络是一个“好东东”，又在不到两个月的时间里，把自己打造成一个网络高手，我最初在网络上遇见的所有问题，他都可以轻松搞定！我从盛老师那里学到的东西，最主要的就是做人需刚直，做事需咬定青山不放松。

2000 年，我面对全县语文老师作《构建语文的良性循环》的报告，而我高中最敬重的老师“庄子下”就坐在下面，那一刻我心情复杂，我先向我的老师表示感激，然后作我的报告……

很长时间过去了，我都忘不了这一幕，我想将来我的学生上了舞台，我坐在下面，也会一样感慨啊！记得小仲马曾问大仲马：“爸爸，你一生最伟大的作品是什么？”大仲马回答说：“孩子，我一生最伟大的作品就是你啊！”陶行知先生也说：“教师的成功是创造出值得自己崇拜的人，先生之最大的快乐，是创造出值得自己崇拜的学生。说得正确些，先生创造学生，学生也创造先生，学生先生合作而创造出值得彼此崇拜之活人。”而我现在，能够和老师互相欣赏、互相倾慕，这是多么大的一种幸福啊！

1998 年，我所带的班级在中考中大获全胜。也就在这个暑假，学校做出了一个惊人决定，让我接手高二某班语文兼班主任。我知道，我所接手的班级是一盘散沙，就差没有闹到天上去了。所以，学校孤注一掷，把该班的所有老师“连根拔掉”，让我中途上马。我感到了压力，但军令如山。我只提出一项条件，就是学校允许我有自己的想法和思路。那时，我还有一个愿望：我要让学生的思想有自己的跑马场。接手班级以后，我有一周没有上课，而是和学生重点讨论四个话题：你了解你的父母吗？你懂得父母的艰辛吗？你知道农村的贫困吗？你有信心吗？我自己也参与这些话题的讨论，现身说法。我说，母亲曾经和我说过：“我自己把一块钱当成十块钱用，而我拿钱给你是十块钱当成一块钱。”我说到这里的时候，流下了眼泪，很多学生大受感动。他们也纷纷发言，有学生说：“我母亲总要买一些小苹果，让我晚上自习时提神。她总要把它削好，而她自己总是说怕酸，不肯吃，有一次我到厨房里倒水，竟然发现她——她在吃苹果皮……”

类似这样感人的故事，还有很多。我们诉说，我们倾听，我们感动，我们共同在父母的艰辛中穿行，我要让学生懂得感恩、懂得爱。后来，我和学生共同探讨农村的贫困，分析了很多情况，还利用假期和学生一起采访一些家长，贫困深深地刺激着我们每个人。比如，我们当地是棉花产区，但当时有规定棉花不允许异地销售，所以，农民只能卖给当地的轧花厂。所以，轧花厂可以随便压低价格，而农民只有伸着脖子挨宰。农民成了《多收了三五斗》中的旧毡帽朋友。

最后，我问学生你相信自己吗？学生都说——相信自己！我说，那好吧，我们就从今天，从我们这一代开始——把未来掌握在我们自己手里，我们自己改变我们的命运！

对课堂教学我也进行了改革。最大胆的改革是提出高中语文自读课文小组授课形式。很多有识之士都强调，教师不仅要研究教法，更要研究学法；然而，迄今为止，还没有人提出学生也应该研究教法。鼓励学生研究学法自是必然，但“教”与“学”是紧密相连的，不了解教法的规律，学法研究必然大打折扣。相反，如果我们的研究性学习，能够引导学生设身处地研究教师的教学方法，并且通过换位，利用自读课文让学生实践教师的教学过程；再在实践之后的评价中，加深对教与学的认识，那么对教法的深入理解和感悟，势必有助于学法的更新和改进。更何况学生在小组授课中，不仅培养了团队精神，而且加强了合作意识，还体验到老师的艰辛，这些特别有助于和谐师生关系的建立。

班主任工作方面，我以为道德教育不仅是终身教育，而且是其他所有教育的助推器。我始终认为，一旦我们的学生成为一个文明的人，一个大写的“人”，学习和发展自然就成为他们的第一需要。

我的做法是，由学生自荐或民主推选班级的“道德模范”。然后，由班主任聘请这些“道德模范”担任班级的“道德观察员”。道德观察员负责监督班级的道德建设，并向班主任和同学们反映本班的道德建设情况。学生往往反感老师的道德说教，却愿意接受道德观察员的监督，不少学生甚至采用签名的方式，支持道德观察员的工作，并主动向他们学习。事实表明，道德水平的提高还有助于学生降低内耗，提高学习效率，并且有助于他们发展健康的个性，逐步形成健全的人格。

事实证明，我的这些措施取得了重大的收获。高三最后一个学期，我和学生做了一个刺激的游戏。我用一个特大的信封，装好学生给自己设定的目标和梦想。然后，我们师生把它用封条封起来，等待高考尘埃落定，我们再一道揭晓。那之后，我们常常提到我们的梦想，但谁也没有权力打开它，这是我们共同沉睡的梦。那一年，学校还大量植树，我把这项任务承担下来，和我的学生一道植树。我说每一棵树都能够实现一个愿望，我还说：“我想让你们每个人都知道，谁都可以对未来许愿；我还想让你们知道——我在母校留下了美好的东西，它们在这里自在地成长，坦荡地茂盛，我想为你们感到骄傲。有一天你们高飞了，我会和后来的人说，这就是某某植的树，那些树高高地站在那里，它们——就是路标，就是榜样!”我感觉学生所有的激情都被启动，青春也被点燃了。我们教室最前方的标语是——热血注定要燃烧！学生学得很苦，但很快乐。班级同学感情好得不能再好，连家长都对学生的名字如数家珍，每个人都获得了被尊重、被理解、被释放的安全感，那是怎样的一个班集体啊!

其实到高三的时候，我已经很忙，甚至有些不堪重负，因为我还兼了一个复读班。我没有教过高一，半路杀出教高二，这已经让我诚惶诚恐了。可是，现在又加了一个补习班。关于这个补习班，还有很重要的一段插曲。在一个农村中学，能够教补习班，不仅是重大的荣誉，而且还有不菲的经济报酬。所以，很多教师把头削尖了往里钻。到最后，两个原高三的语文老师，差点打起来了。学校没有办法，最后，让补习的学生投票选老师，但让所有人大跌眼镜的是，三十七个学生，有一个学生选某老师，有七个学生选另一老师，竟然有二十九个学生选了我。学校很尴尬，又不能食言，最后，只得让我接替了这个班。我原本也是不同意的，但当我听到一些人的风言风语，特别是那两个老师不断诋毁我，我的牛脾气又上来了，我决定接下来，不管生存还是毁灭!

后来事情的发展，证实了我的猜想。那两个老师很快化干戈为玉帛，“枪口一致对外”，他们封锁了一切教研的消息，不理我了。甚至因为我锋芒毕露，整个教研组都没有人和我说话了，柏杨先生说的“酱缸理论”，在我的身上得到了完美的应验!幸亏我还有课堂，还有学生，还有妻子对我的爱，我才得以扛下来。三个班的语文，一个补习班，两个毕业班，一个班主任，我真感到累了，但我每天都提醒自己不能倒下。

每当晚自习结束之后，我劝说不了我的学生早些回去，只有陪伴。看着一支支蜡烛次第亮起，我的眼睛潮湿了，我躲出去，在五楼上看万家灯火，“远远的街灯明了，好像闪着无数的明星。天上的明星现了，好像点着无数的街灯”。那个时候，我突然想起了郭沫若的诗。我想，这么好的学生，他们有理由没有明天吗?

2000 年高考成绩揭晓，一个接一个学生打电话向我报喜，那一刻，我满眼都是泪水，那一刻我只会说两句话，一个是“好”！一个是“谢谢你”！结果，我们班级高考指标百分之三百完成。而最让我狂喜的是季云峰和周洋，这两个中考均没有达到 400 分的学生，一个考入华东冶金学院，一个考入抚顺石油化工学院，他们用自己的汗水诠释了一句名言：除了自己，没有谁能够把你打倒！

犹记得周洋，这个典型的害羞的男孩，一说话就脸红，他是我们班级最后一个主动起来回答问题的人，但也是最执着的一个学生。后来，远在东北的周洋给我写信，他说："老师，还记得我第一次回答问题吗？那是我这一生中，最重要的一节课，我永远不会忘记老师你用的'开天辟地'这个词。从此，每天我都要和我的惰性作战，但有一点永远不会改变，那就是每一节课我都要主动站起来，回答问题，我要有我自己的声音！老师，像你说的一样，我要做周洋，大写的周洋……"在信的末尾，周洋这样写道："老师，在认识你以前，我是一棵枯黄的小草，孤寂地生长，不想人知道；在认识你之后，我是一棵挺拔的树，时刻渴望暴风雨的来临！"

转眼又是一个新高一了，我整理自己零碎的思想，觉得必须在新的起点上，寻找新的突破。也就是在这个时候，我接触了朱永新先生的"新教育"。可以说，新教育是一扇窗，它让我过去所有的不自觉，一下子自觉起来；所有的混沌，一下子豁然开朗；所有的梦想的迷离，一下子彻底洞明。说起我和新教育的渊源，不能不说到袁卫星。记得第一次了解卫星，是他的一堂关于父母的感恩课，这节课深深打动了我，后来零零散散读了他的《一碗阳春面》《就是那一只蟋蟀》《一堂生命课》，当然也了解到了袁卫星的成长过程。读到了袁卫星的豪言："学校给我搭多高的梯子，我就能爬多高的楼。"而校长回答："你要爬多高的楼，我就给你搭多高的梯子。"特别是读到了朱永新先生到梁丰中学视察，特地来到操场边看袁卫星的场景，我更是心潮澎湃，人生如此，夫复何求？我感觉找到了一个知音，在教学上有了一个和我一样相似的灵魂。也正是因为关注袁卫星，我进而触摸到了新教育，只是那个时候，我在农村，得到新教育的信息少之又少。

2002年夏天，应我的一个朋友之邀，我来张家港游玩，朋友和袁卫星早就相识，他介绍我上了"卫星话语"的网站。这次旅行还有一个最重大的收获，就是我在梁丰实验的网站上，系统地看到了"新教育实验"的五大核心主张。

核心理念之一：为了一切的人，为了人的一切。朱永新认为，教育的目的本来就是为了人的发展，人文精神的核心是关注人的生存状态，关注人的发展空间。要关注学生和教师、校长、家长以及社会上所有人的发展。新教育实验的目标是"追求理想，超越自我"。他认为，参加新教育实验的所有学校的教师都应该有自己的梦，都应该给自己一种挑战自我的勇气，一种超越自我的精神。新教育实验的价值取向是“行动”，只要行动，就有收获。

核心理念之二：教给学生一生有用的东西。朱永新说，目前以成败论英雄、以金牌论英雄、以升学多少论英雄的观点是错误的。新教育实验行动方案的关键是，教一些学生一辈子真正有用的东西。朱永新说自己是苏州大学毕业的，但他并不认为自己比北大、清华的学生差。他说，他甚至可以到北大、清华去做教师、做教授。关键是怎样让学生有一个真正辉煌的明天，而不仅仅是辉煌的今天。

核心理念之三：重视精神状态，倡导成功体验。朱永新对精神的作用高度重视，甚至有点儿夸大。他认为，死人与活人的最大区别就是死人的精神不再存在了。他说，有的人虽然活着，但精神不行，生不如死，与死人没有什么两样。这正应了诗人臧克家的一句诗：“有的人活着，他已经死了。”诗人虽然另有寓意，但朱永新却借此说明精神的重要性。重视精神，就要让人们不断地感受成功，从而不断地相信自我，不断地挑战自我，从一个成功走向另一个成功。

核心理念之四：强调个性发展，注重特色教育。朱永新说，特色并不意味着圆满，但特色就是卓越。企业如此，学校如此，凡事莫不如此。没有自己的特色，就谈不上辉煌。

核心理念之五：让师生与人类的崇高精神对话。朱永新认为，如果说当今的教育对人的问题已经开始关注的话，那么，人类真正的问题，人类的命运，人类文化的发展延续，以及文明的进程，却没有引起足够的关注。文明有可能在我们这一代人身上，或者说在我们这一代教育者的手里走向衰落。我们经常说文化的发展是人类发展和延续的根基。要想让我们的孩子、教师能够真正地融入社会，真正地具有强烈的社会责任感、使命感、正义感，就要与人类的崇高精神对话。他认为，阅读中外名著是对话的最好途径之一。

记得那天晚上，我是用手抄下这五大核心内容的。由于激动，由于对未来的狂想，我彻夜难眠。第二天我就踏上了返乡的汽车，我要利用这个特殊的假期，落实好新教育实验的每一个细节。

在我的实验笔记本上，我写下自己的教育誓言：为了一切的人，为了人的一切，我要以弘扬学生的人文精神为己任，对学生负责，对历史负责，对未来负责。培养学生海纳百川的胸襟和追求卓越的情操，还有天人合一的情怀和自强不息的意志；

敢为人先的魄力和诚信公正的操守，以及浪漫时尚的气质和白璧无瑕的品格。

我的具体做法如下。

第一，经典阅读。

经典阅读带给人的阅读体验，就像林语堂所言“是灵魂的壮游!”接受经典，珍惜经典，是文明的标志，也是创新的开始。

朱永新先生说：“一个人精神的发育史，就是他的阅读史!”这句话特别经典，振聋发聩。可惜那个时候，我没有能够找到朱先生开列的书目，只能凭借自己的阅读感受，给学生列出下列书目：

高一年级

《聊斋志异》	(清)蒲松龄
《围城》	钱锺书
《巴黎圣母院》	[法]雨果
《边城》	沈从文
《秋雨散文》	余秋雨
《平凡的世界》	路遥
《复活》	[俄]列夫·托尔斯泰
《傅雷家书》	傅雷
《美的历程》	李泽厚

高二年级

《红楼梦》	(清)曹雪芹
《论语》	
《红与黑》	[法]司汤达
《罗密欧与朱丽叶》	[英]莎士比亚
《欧也妮·葛朗台》	[法]巴尔扎克
《简·爱》	[英]夏洛蒂·勃朗特
《老人与海》	[美]海明威
《爱因斯坦传》	

高三年级

《诗经选注》	余冠英
《楚辞选译》	
《西厢记》	(元)王实甫
《热爱生命》	[英]杰克·伦敦
《白鹿原》	陈忠实
《人间词话》	王国维
《哈姆雷特》	[英]莎士比亚
《包法利夫人》	[法]福楼拜
《悲惨世界》	[法]雨果
《欧·亨利短篇小说集》	[美]欧·亨利

为了帮助学生阅读，我采取以下办法。首先，通过分解目标导引，加强阅读的定向作用，以此强化学生阅读的动力。其次，强化阅读的成功体验。经常开展读书节、报告会、名篇荐评等活动。一方面检测学生的阅读成效，另一方面就是深化学生阅读的成功体验。成功的体验总是幸福的，而这种幸福，不仅大大消减了阅读过程的艰辛，甚至有可能演变成阅读的乐趣。

我们采取师生共同编写《美文选萃》的方式，效果很好。具体做法是：每两周学生每人推荐一篇自己阅读过的最美文章，并且写上推荐的理由，然后师生把它们编写成《美文选萃》，再由全班同学评选出最佳推荐文章三篇，最佳赏析文章三篇，发一些小小的奖品。这样一来，不仅有效地扩大了学生的阅读量，而且实现了资源共享。另外，学生在写推荐理由的过程中，大大提高了自己的分析和鉴赏能力，而阅读习惯一旦养成，势必会为学生的终生教育提供质量保证。

我还一直认为，阅读是教师的立身之本。只有爱读书的老师，课堂上才能“左右逢源”“如鱼得水”；只有爱读书的老师，才能体验阅读的甘苦，才能和学生产生心灵的共鸣。模仿中央电视台的《同一首歌》，我也开辟了一个板块——同一本书，每隔一段时间，师生都要同读一本书。教师力争与学生有相似的天真，相似的梦想。当然，作为学生阅读的领路人，我还逼着自己多读经典名著的评论文章，用来指导学生，当好学生的引路人。同时还要和学生及时沟通，进行心灵对话，交流阅读经验，分享阅读成果，有时候还仿照中央电视台的《对话》栏目，开展对经典名著的研讨、交锋、辩论。为了活跃气氛，在节假日，我有意识地播放一些经典老电影，开展影展、影评等新颖的活动，来辅助经典作品的阅读。

第二，环境濡染。

人文精神是深入心灵的东西，千万不要忽视环境的濡染。泰戈尔就曾说过："不是锤的击打，而是水的载歌载舞，使鹅卵石臻于完美。"环境濡染，我从以下几个方面入手。

在班级文化上，学生有很大一部分时间在校园内度过，因此，打造班级文化，对涵养学生的人文精神至关重要。班级文化建设，可从氛围营造、环境布置、活动开展几个方面来进行。

在集体之内，我积极营造一种"同行、同心、同乐"的民主氛围。力争做到人人心胸开阔，个个阳光灿烂，让生命获得一种安全感，让微笑从心底流淌出来。让每个个体都赢得统一的尊重，得到同样的重视，获得同等的发展机会；让每个个体都有成功感，都有灵魂的依靠，都感到做人的幸福和快乐。

在环境布置上，我采用"每周一新"的方式，责任到组，每组四人，每周之内，让班级焕然一新。通过张贴大师画像和名言精粹，介绍名人传奇、名人业绩，让班级充满文化气息。同时让素材的提供者，举办一次主题名人的讲座或故事会，让名人的经典事例在学生的脑海中润物无声地潜移默化。

在活动开展上，我坚持一项原则：活动内容由学生讨论决定，不拘一格，唯求实效。可以是经典影片的影评，可以是读书经验的交流，可以是有关阅读的辩论，还可以是文化遗迹的走访……特别是美文荐评活动，深受学生欢迎，成效显著。学生用自己的眼光荐评美文，再把它编辑出来，奇文共赏，疑义相析，大大激发了学生的参与热情。

第三，书香校园。

朱永新先生曾积极倡导"书香校园"。何为书香校园？我的理解是，校园之内，到处书香弥漫，人文气息洋溢，就可称得上是书香校园。如何建设书香校园呢？

从硬件方面，我建议学校图书馆和阅览室，免费对学生开放。我为学生开列书目，写上推荐理由，指导学生阅读，努力使每个学生都成为"读书一族"，成为书香校园里的书香人。

清华大学的老校长梅贻琦说："大学之大，不在大楼，不在大师，而在大爱！"人文的精髓就在一个"爱"字，爱自己、爱别人、爱人类、爱社会、爱国家、爱自然……如何去爱，如何达到"大爱"，当然还要有智慧，这就是"大智"。真正的书香校园，就在于让所有的师生都成为"大爱"和"大智"之人。

第四，引领家长。

很多学生在校园里，往往是乖孩子，可一旦出了校门，回到家中，不少人又成了脱缰的野马，沾染上世俗的恶习。由此可见，很多老师认为学生回到家中就与学校无关的想法，是极其错误的。相反，学校应该引领家庭，发挥积极作用。当然，学校发挥作用，主要还是着眼于学生，通过学生的读书活动，带动父母的读书活动，让父母离开酒桌和麻将桌，让业余活动从庸俗走向高雅。孩子所写的亲情文章，我也请父母参与评价，打破代沟，冲破隔阂，沟通从心开始，感情由此升华，以此营造浓郁的家庭亲情氛围。我还建议学校通过家长会，促进家长之间的交往，定期举办家长联谊会，坦言教育的挫折和辛酸，分享教育的经验和快乐，家长之间的感情加深了，学生之间的感情也更加牢固，这有助于教育的社会化。

第五，轮流随笔。

我们是农村学校，没有网络。于是，我买了四个大笔记本，师生轮流写随笔。因为以往的写作，总是一个人命题，一个口味地改，早已满足不了学生的创作期待。蓄养总是没有放养自在、有野性、有强大的生命力。于是，课后练笔，我采取轮流随笔法，四组四个大笔记本，每天一人，流水作文。后面的同学不仅要完成自己的写作任务，还要对前面的习作进行评价。老师也适时参与，写一些"下水作文"。这样一来，阅读群扩大了，尤其是异性读者的介入，使得学生的写作动机和写作欲望大为增强。而自主命题，自由发挥；写身边事，写心里话；写真情，写实感又使学生如鱼得水、如虎添翼。事实证明，过去不爱写作的人，喜爱写作了；写作马虎的，变得认真了……流水作文，其实质是把学生外在的写作压力，变成了内在的写作需求——因为最优秀的人也渴望被理解，需要倾诉。如此一来，课后练笔，不仅落到了实处，而且焕发出无限的生机。

随着这些活动向深处发展，学生的写作水平突飞猛进。连续两年的读书比赛，全县三千六百多份稿件，我的学生都名列一、二名。2002 年，吴少雷凭借《大钱》一文，获得全国读书竞赛二等奖；2003 年，王欢凭借《人间喜剧》一文，获得全国读书竞赛三等奖。朱明山更是大出风头，凭借《科学，你小心地往前走》，获得全国读书竞赛特等奖，并在2003年暑假，应邀赴北京参加全国中学生夏令营活动，而我也因此荣获全国教师优秀辅导奖。

2004年高考，我又赢来巨大丰收，此时的我已经很平静了。感谢生活，感谢我的朋友和对手，让我用最短的时间，完成了人生的超越。在整整九年的工作中，我有七年被评为先进工作者，六次年终考核为优秀。2003年，我被无为人民政府评为“十佳师德先进个人”。同年，我被聘为芜湖市级高中语文命题员，当时我还只是一个二级教师。可是，就在这个时候，我萌生了出走的念头。

（四）沧海一壶新酿酒

2004年3月15日，一个不同寻常的一天。我在张家港梁丰实验学校，即兴上了《窗》一课，梁丰实验学校的校长陈建平先生当即拍板，欢迎我加盟梁丰实验学校。由于梁丰实验只缺一名语文老师，所以没能解决我爱人的工作。2004年，我爱人一个人在当年高考结束以后，独闯张家港。可能是我已经落实了工作，她着急了，就自己一个人找到了张家港外国语学校，并且获得了上课的机会。她第一次上的是《说木叶》，几位老师感觉不错，然后，又点了一篇课外的张晓风的《春之怀古》，校长也来听了，结果她被录取了。可是，由于这两所学校之间是竞争关系，外国语学校要求，要过来就夫妻二人一起过来。我只得来到外国语学校应聘，上的是《米洛斯的维纳斯》。我个人感觉，这堂课上得并不见佳，但是学校还是接受我了。这样一来，就把我放在一个很两难、很尴尬的境地。当时，梁丰的校长助理葛敏亚——一个和我一见如故的朋友，受学校董事长秦力的委托给我承诺，凡是外国语学校能给我的待遇，梁丰一定不会比它差。但由于我爱人的坚持，我最终还是选择了外国语学校。

在离开家乡的那个晚上，我写下了这样一段话。

“就这么走了吗?”踯躅在熟悉的路上，我一次次问着我的内心，我看到心的影子，在目光无法触及的地方，躲躲藏藏。不是有很多牢骚，很多不快，很多委屈吗？为什么现在都已化解成了热热的眼泪。往日的欢歌，今天的朋友，明朝的梦想，都纠缠在一起——剪不断，理还乱。一个人在操场上来来回回地走

张家港外国语学校

了很久，失落了很久。倒是去年我无心种植的一棵柏树，在操场中野野地生长着。

妻子和孩子早已经离开了家乡，可怜的孩子哪里知道这一去是永不回头啊！小伙伴呢？玩具们呢？孩子，有一天你问起我，我该如何面对？就这样一个人在空荡荡的房中，伤感就像暮色很快统领了天空，感觉自己沉重得就像一条丧家的狗。电话早已经是“捏死”了，今晚我只属于家园、属于老屋，属于我一颗破碎的心。而我一定要拥老屋入眠，做一个纯粹的梦。

屋里已经搬空了，家具们挤在街道的一辆车上等我。就睡在客厅的地上吧！过去报时的钟没有了，不知道为什么嘀嗒声却隐约可闻……我知道半夜就要走，我知道我应该早一点入梦，可是，睡不着。老屋像极了我的初恋情人，在心灵的深处，用忧郁的眼神默无声息地呼唤着我。后来就有猫叫，后来竟然下起了雨……我还听见树叶挥着翅膀从我头上飞过……不知道睡了多少次，也不知道醒了多少回。再就是起来，洗个脸，却发现毛巾没有，镜子没有，刮脸的也没有，一颗心也就没有了。

出门的时候，雨竟然停了，风却很大，夏夜的风居然还有点刺骨。叫醒了门卫，抖抖索索地开了门，一个人仓皇地出去，不想却惊动了村里的几条狗，在后面追得虎虎生风……

这是我回顾自己离开家园时，从心底里流淌出的一段文字。

对于我的出走，很多朋友都不理解，尽管我原先多次说过要走，可是当我真的离开的时候，朋友们还是十分得惊诧、迷茫。因为在他们的眼里，我可是一个成功者啊！可是，又有谁知道一个所谓成功者的郁闷？

无须讳言，促使我离开的主要原因有以下几点。

首先，是孩子的教育。

贫困地区的基础教育特别落后，我终生都深受其害。比如说我自己，因为普通话的原因，失去了代表地区比赛的很多机会。可以说，普通话是制约我发展最大的瓶颈。现在，我绝对不能让我的孩子重复我的老路，还没有竞争，就输在起点。农村小学有很多很多的代课教师或过去的民办教师，他们像陶渊明一样，又上班又种田。很多时候，他们传授的不一定是文明，而极有可能是愚昧。一旦孩子在幼年就种植下愚昧的种子，我不知道他们需要多长的时间才能抚平。所以，当我的孩子到了入学的年龄，我于是喊了声：“风紧，扯呼！”

其次，是竞争的不公正。

2000 年，本地区有一所重点中学，主动向我抛出了橄榄枝。正当我踌躇满志的时候，好运又一下降临到我的身上。县政府办公室看中了我的文章，准备选拔我当县长秘书，下学期就上班，于是我谢绝了那个重点学校。我的梦很美满，准备以后专门从事我所热衷的写作。可是，到了后来，我因不懂“官场之道”而没有成功。

最后，是自我的发展。

人是有惰性的。如果没有外在的巨大压力，没有内在的强烈需求，人可能就失去了上进的动力，可能就会永远处于休眠期。对于家乡，我没有什么要忏悔的，我的青春、热血、拼搏、汗水，我一生中最美丽的年华和最纯真的思想和感动，都留在家乡这块贫瘠的土地上了。我也没有什么要证明的，我该奉献的、我该获得的、我该创造的，我全部做到了。于是，我感到了未曾经历的无聊，常常感到生命的苍白和不真实。而且扎根于同一个环境，一方面使人轻车熟路，得心应手；另一方面也常常使人因循守旧，故步自封。还有，就是新教育的梦想和实践，也对我构成很大的诱惑，如果说我有幸采到一些果子，那么，新教育的启蒙应该是居功至伟。

到张家港之后，我经历了一场精神折磨，我没有准备好，一下子就进入了陌生的环境里。特别是没有电视，没有了 NBA，没有了赛场的激情飞扬，我感到了前所未有的失落。

闲暇的时候，我听音乐，浏览新闻，当然还继续孜孜不倦的人文濡染。2004 年 10 月的某一天，我突然接到了《师道》杂志社寄来的样刊，我在“教育在线”上撰写的《马加爵，你把青春毁给谁》被选中并发表了，而且还发在“新论窗口”上，这是我真正意义上的教育文章。而最让我难以忘怀的，是《师道》编辑部主任田爱录，到江阴参加苏霍姆林斯基纪念会议，亲自打电话邀请我见面。后来我们见面了，同时见面的还有姜广平，在咖啡馆里，我静静地听她谈教育。当然，她还特别关注我们一线教师的生存状况、思想状况。记得田主任和我说，她看好我的潜质。那时，我暗暗下定决心，为了不让关心我的人失望，我一定要努力！努力读书，刻苦做人，做最优秀的人！

随着我在网上写作的增多，我的接触面也大为扩大。我在“教育在线”上结识的第二个人是吴礼明，是他引领我走进《新风教育》，并与《新风教育》的主编江达宽和编辑部主任谷汉霞结下不解之缘的。记得我只在他们刊物上发过两篇文章，他们就认定我，邀请我担任《新风教育》的特约编辑。感激他们，没有这些朋友的厚爱，我可能永远在一个狭小的圈子里坐井观天。

我在“教育在线”上贪婪地吸收，疯狂地攫取。但我发的一些帖子，由于过长，真正关注的人并不多。于是我给李镇西写了封信，谈了一个初次发帖人的苦闷，记得李老师很快给我短信，告诉我如何发帖，并且批评了那几个版主。李老师如此做，让我觉得自己特别小人，于是就此潜下水去，不敢露面。

也就在这个时候，我拜读了朱永新先生的《中国教育缺什么》一文，朱先生犀利的剖析，深刻的教育良知，高扬的教育情怀，让我大为震撼。有一段时间，我总想从一线教师的角度出发，写一篇小文来表达对一个教育实干家的敬意。这就是后来发表在《师道》上的《中国教育缺什么》。我像一个孩子，当天晚上就兴冲冲地把它发给了朱先生，结果第二天我就收到了朱先生的回信。朱先生说：“开东，你写得好，我完全同意你的观点！”应该说，这次鼓舞是巨大的，激动人心的，一整天我都沉浸在喜悦里。我默默地把这个鼓励藏在心里，我要不断进取，不断进步，丰富自己的教育人生。

不久之后，我校姜广平先生在《书屋》发表了《斯大林的文学情结》，我很羡慕。于是不揣浅陋，也给《书屋》投稿。结果，很快收到《书屋》编辑部主任胡长明先生的亲笔书信，在一个信息如此发达的社会，胡先生此举实在让我感动！

胡先生的信内容如下。

王开东先生：

您好！

大作《〈红楼梦〉之奴隶众生相》一文已拜读，写得不错！

我们拟在今年《书屋》第七期上发表。请勿他投，亦请勿在网上张贴。

先生见解不俗，文笔亦好，还望以后多多联系。方便时请告知你的电话号码。以后有新作，望赐《书屋》。

多联系，多合作！

祝

教祺！

胡长明

我至今觉得胡先生对我的鼓励，也是非同寻常的。因为《书屋》是真正意义上的学术杂志，谁不想上《书屋》呢？一方面想上《书屋》，另一方面也考验着我的诚实。因为我的所有文章，都喜欢第一时间在网上张贴，而《书屋》是绝对不容许文章没有发表就事先张贴的。经过几天激烈的思想斗争，特别是在妻子旗帜鲜明的态度下，我给胡先生写了一封挂号信。我陈述了原委，请求胡先生撤下我的稿件。后来，胡先生给我打来电话，表示极大的遗憾，并且向我约稿！尤为让我感动的是，不久之后，《书屋》主编聂乐和先生也给我来信。

开东先生：

您好！收到来信，非常感谢您对《书屋》的关爱。《书屋》是一份受大家关注的刊物，我们给自己定了个规矩，就是尽可能地发原创的作品，不然，大家就会觉得它淡而无味了。实际上，我们在这方面也偶有疏忽，但无一例外，都受到了读者的批评。感谢您对我们这个规定的理解。

盼望您一如既往地支持和帮助我们。

聂乐和　上

正是这一次次的鼓励，挖掘了我的潜能。我感觉自己逐渐强大起来，洒脱起来——自信人生二百年，会当击水三千里！

2005年，我在偶然的一次浏览网页时，看到了干国祥的“海拔五千”(“深度语文”论坛)，对其产生了浓厚的兴趣。后来，我与干国祥成了朋友，并亲昵地称他为“干干”。与干干结识，我认识了一种大气，一种浑厚，一种深沉，一种精神，一种宿命！每每想起他，我会觉得特别愉悦，特别开阔，特别生动。干干是一棵守卫月亮的树，幸亏有干干，我才深切地体会到要做一个精神明亮的人。后来又认识了徐中华，这些朋友的热情、执着与好学，每每警醒我，抓住每一个溜走的时间，挤出每一个空闲，多读书、多思考、勤写作，深思慎取，厚积薄发。

如今我在光阴的流逝里，读着自己的过去，就像旁观一个个不相干的故事。我的眼泪和青春早已经风干在跋涉的路途中，我只记得：我在路上，我在行走！

于是，又记起当初出走路上创作的一首诗。

壮志凌云下洲沙，王者归来尽紫霞。
青天直上揽明月，凯歌已奏五侯家。
故园多年空老泪，东风依旧可桑麻。
南国早见春晖色，横刀立马写物华。

二、我认出风暴而激动如大海

2004年，我和妻子砸碎“铁饭碗”，背井离乡来到江苏南部。

在新教师座谈会上，我引用了《阿飞正传》中的一段话：“这个世界上，有一种鸟，它没有脚，只能不停地飞。一旦落下来，就只能死去。”

我说：“从现在开始，我也没有脚了，也只能不停地飞，飞到我的羽毛花白，飞到岁月锈迹斑斑。”

那一刻，我的妻子在台下热泪盈眶……

当我们抛弃了体制，也就为体制所抛弃，我们重又走进风雨。那一段激情燃烧的岁月，无法诉述，但也无法忘怀。

北京妙峰山　刘群华摄

谁的青春不迷茫！

我始终认为，你不想跪着教书，必须先跪着考试。唯有考试过关了，你才能狂放不羁爱自由。

自从加盟张家港外国语学校，2006 年高考，我执教的学生，跟踪增长率全市第一，收获第一位苏州市文科状元李鑫；2007 年留守高三，再次取得优异成绩，收获第二位苏州市文科状元吕耀晖。2010 届文科班平均成绩为全市所有班级第二名。2013 届文科班平均成绩为全市所有班级第一，而且我班还包揽了全市文科前六名……

正是解决了考试问题，我才能砸碎镣铐。整个高中阶段我都很少布置作业，高三也不例外。我带着学生看书，打通了阅读和写作的隔阂，坚持读写一体化。我希望我的学生不仅是有眼界的人，更是有思想的人。这个世界太贫瘠了，有思想的人很容易脱颖而出。

2008 年，教育局一揽子解决了我们的编制问题。感谢体制外的这几年，我收获了焦灼、恐惧，但也收获了感动。王国维说得好："既要能入乎其内，又要能出乎其外。入乎其内，故有生气；出乎其外，故有高致。"

在一出一入之间，我学会了紧张和放松，幸福和节制，宽容和平和，尤其是悲悯和爱。

(一)读万卷书，不如听一席话

2005 年的一天，我接到《教师之友》编辑干国祥的电话，他对我的一个课堂实录很感兴趣。他说，因为看到我的稿子，他整个人一天都很愉快。

后来，干干飞过来看我，我们如同多年失散的兄弟。

晚上在宾馆里聚餐，陪同的还有姜广平和朱永平。后来喝多了，不知道谁提议，像《十日谈》一样，每个人讲一段自己的隐秘故事，轮流来。于是，一个故事接着一个故事，每个故事都精彩绝伦，超出了小说家的想象。

人生的河流如此壮阔，水天一色，波光浩渺。每个人都有自己的河床，或干涸、或萎缩。但这一天，我们生命的河流，波涛汹涌，互相交织、沟通、汇聚、融合。就如《小王子》中所说："因为互相驯养过，一切都不一样了。"从水管里流出的都是水，从血管里流出的都是血。那个晚上，我们都是"尺码相同"的人，不管未来发生什么，那个晚上代表了所有。

我不得不说，是干国祥打碎了我过去一切虚妄的东西，让我重新来过。重新来过，意味着什么？意味着我有了第二次生命，活出了截然不同的气象。

就读于香港中文大学的学生在机场看到我写的书

干干说："一切阅读史都是误读史。"我不由得浑身激灵，灵感从九天飞来。我的文本解读从此放开手脚，大胆假设，小心求证，一路走来，何其壮也！

干干说："一切野史都是正史。"我又脑洞大开，从此，不再囿于事实真相，而是努力追求事理真相，追求存在背后的价值理性。我似乎获得了火眼金睛，一切妖魔鬼怪都不复存在。

当我满足于自己构建的所谓"体系"时，干干目光如炬："当你拥有一把锤子的时候，你所看到的只能全部是小钉子。"

我豁然开朗，灵台透亮。去弊就是遮蔽，一项超群的技能会遮蔽无数种可能。"无"是最大的"有"，"无"中才能生"有"，《蒙娜丽莎》失窃之后的那一堵空白的墙，就是最大的例证。

我羞愧无言，从此不再以自己的一把小锤子为傲，而是不断地去掌握新的武器。我希望拥有古龙所说的七种武器。这样在任何时候，我都能兵来将挡，水来土掩。而且能够把杯子清空，不存一切前见，某些时候，前见就是偏见。这样我就能客观看待一切，不偏激、不中庸。

(二)灵魂出窍，《突然》中找到自我

一个普通的日子，著名特级教师蔡明老师邀请我做优质课评委。选择了《文汇报》上的《突然》一文作为文本。

为了评价老师的课堂，我认真研读《突然》。

文章的大意如下。一个老人，有一天晚上，早早上床，就在快要入睡的那一刻，突然间醒来，然后非常惶恐。他想，自己刚才"突然"就要睡着了。如果睡着了，那么，自己生命中的这一天，就将永远回不来了，找不着了。这太可怕了！于是，老人爬起床来，拿起一支笔，开始记录这一天的所思所想。写着，写着，老人仿佛突然变得年轻了，精力充沛了，嘴角不时带着笑容……当把沉甸甸的一天记录下来，老人伸了伸懒腰，上床睡觉去了，睡得非常坦然、非常安心。

那一刻，我极度震惊，简直醍醐灌顶！

生命过去一大半了，如果让我回忆，我几乎不能说出任何一天中的任何一个细节。所有的一切都已经被岁月掩埋，被生活的仆仆风尘磨损了。还没好好长大，我们就老了，但我们根本找不到一丝一毫今生今世的证据。

那平淡无奇的一天，成了我生命中的庆典。从那一天开始，我每天都要记录自己生命中的纠结和成长。或长或短，慢慢地，写作成了我生命中的一部分。如果有一天没有写作，我就觉得这一天是空白，这一天白活了，进而觉得虚无恐慌。

生命一下子被点燃了。我来到这个世界上，不是为了燃烧，而是为了照亮！

大量的教育教学感悟喷薄而出，先是写成博客，然后被编辑采稿，最后出版成图书。近六年来，我平均每年要写近两本书。尤其是2010年，我执教一文一理两个班级，每周上二十三节课，还有大量琐碎的行政工作。但就在这一年，我发表了八十多篇文章，出版了《深度语文》和《教育：非常痛，非常爱》两部著作，当年稿费突破十万元。

但重要的不是写作。重要的是我找到了生命的一种方式，这是属于我自己的园林，我在园林里挥汗如雨，什么也不为，仅仅是因为我自己喜欢。

（三）破茧成蝶，生命中不能承受之轻

为了生命不能承受之轻，也为了生命的不能承受之重，我还需要不断地飞。近两年，有两件事对我影响极大。

2013年快要过年时，突然接到外研社王志艳老师的电话，邀请我参编《大学语文》。

我虽然忐忑不安，但咬咬牙还是应承下来了。我天生骨子里就有自信，不怕鬼、不信邪，只要答应下来，就会全力以赴。

《大学语文》最初是全权交给国内某著名教授主编，但由于时间太紧，催得厉害，主编突然打了退堂鼓。作为救火队员的我们，自然挺身而出。朋友是什么？朋友就是在最困难的时候，你能够为之赴汤蹈火的。

那个年几乎都没过。我编第六单元《艺术·审美》，《中学语文教学》的韩振编写第二单元《山水·自然》，我和韩振、志艳几乎日日交流，天天商讨。

终于在正月初十我们大功告成。这一次“急行军”，让我系统地阅读了美学的诸多作品，弥补了自己的一块短板。

在《艺术·审美》中，我率先精选了埃默森的《论美》，先声夺人，对美做了很好的界定；然后选梁思成的《千篇一律与千变万化》，探讨建筑美和音乐美之间的通感；再选朱光潜的《我们对于一棵古松的三种态度——实用的、科学的、美感的》，剖析不同人眼里对美的不同态度，实质上对应着美的不同境界；又选宗白华的《中国园林

建筑艺术所表现的美学思想》，意图通过解剖一只“麻雀”，让我们更深入地认识美、赏析美；最后，选择了徐悲鸿之子徐庆平的《审美需要真诚和自信》，旨在解决当我们面对美的时候，我们需要什么样的心态。此文是徐先生在《凤凰大讲坛》上的演讲稿，全是零散的口语。为了把这一篇妙文介绍给广大学子，我对它做了较大修改，但又努力保持原味。

2014 年 8 月，新书送审教育部，一次过关。9 月推向市场，获得一致好评。

第二件事是到教育部借调锻炼。

对我而言，这是一个重大事件：一是要离开课堂，二是要离开家，三是未来怎么选择。

有感于领导的器重，送别时，从不喝酒的我，那一天喝起了红酒，并且来者不拒……结果，下午就开始头疼，衣服先是被汗湿透了，后来又干了。到了晚上，就发起了高烧。

在爱人的悉心照料下，我拼命喝水。连续一周，退烧了，又发烧；再退烧，再发烧……后来，不发烧了，就转为咳嗽，一到晚上咳得直不起腰。我就在这种状况下，来到了北京。

新的工作，新的环境，我又几乎不能说话。可想而知，这是一段什么样的日子。我是一个农民的儿子，努力做最好的自己，成长为最好的庄稼，这就是我唯一的选择。我怕辜负领导的期望，对不住人家。

在老家的时候，我的一个朋友恃才傲物，总认为全世界都亏欠了他。有一次，我和他直言不讳：我们这种三脚猫功夫的人，是否属于有才华的人，尚且很难说；就算我们有才华，又有什么理由恃才傲物呢？道理很简单，你的才华对你身旁的人来说，一钱不值。从某种程度上来说，你的才华反而伤害了他人。这正是我们应该谦卑的理由。

整整咳嗽了一个半月，才鬼使神差的好了，这是我在北京生活的最初印象。还有一个印象就是加班、加班，再加班。

但在教育部的这一年，对我未来的人生意义重大。

过去我愤世嫉俗，很少有敬畏之心，从来不知道上层领导还那么辛苦，那么勤勉，那么敬业。

在教育部南楼二楼的小会议室里，司长带着我们，常常改稿到深夜。司长统计学出身，既有大局观念，又有学者情怀，做事有一股咬劲，任何事情都要做到极致。改稿中，他时而皱着眉头思考，时而寥寥数语，切中肯綮。每当改到得意处，他还要掰开了揉碎了给我们解释一遍。从中我学到了很多为文做人之道。譬如文章要先处理好逻辑，大开大合；做人要意志坚定，平实地做好每一件事。

分管司长是北京师范大学心理学的博士生导师，当年追他课的人挤破门坎，是名副其实的学术男神。从他那里，我感受到了知识分子的一种情怀，一种厚重，一种大气。

处长年轻有为，是难得一见的行政天才。他狂热地喜爱自己的工作。他对工作的要求极为精细，甚至苛刻，一度让我难以接受。

直到有次和他出差，听他说起家人，他不仅为老人在北京安置住所，还细致到要挑选小区里的住户，让老人有交往的圈子……那一刻我羞愧到极点。尽管处长严格要求我们，但他更为苛刻的是要求他自己。作为一个完美主义者，苛刻只是他工作的一种姿态。我们这个时代现在缺少的不是夸夸其谈的政论家，而恰恰是处长这样的实干家、苦干家和能干家。

另一位处长对人春风化雨、润物无声，根本不像是领导。她是我们办公室唯一的一位姑娘，她把一份女性的温情传递给我们，让我们感到了家的温暖。

还有就是全国顶级专家柳夕浪。夕浪是一个怪人，不大好相处。但这一年中，我们俩结下了深厚的友情。每天晚上我都陪他散步，围着教育部转七圈。他乐此不疲，越战越勇。我坚持到 7 圈就走不动了，他还要耍赖，说我数错圈了。

夕浪教给我最厉害的绝招是学术文章有三句话："理念是灵魂，建模是骨架，案例是血肉。"

其他的还有李进忠，从北京师范大学借调过来的大笔杆子，念念有词间，一篇大稿子就完成了。还有小张和宝华，也都成了我一生的朋友。

应该说，在北京的一年是我精神拔节成长的一年。我不仅学会了为人之道，更学会了处世之法，最重要的是性格变得平和冲淡。

(四)重归课堂，骨子里的文人情结

我借调结束后没有进入机关，而是选择去了苏州中学，这出乎了很多人的意料。我为什么要选择苏州中学呢？

江苏省苏州中学　春雨池

骨子里我还是一个文人，苏州中学的现址是范仲淹兴办的府学，千年延绵，血脉灌注，家国情怀，学术治校……这所学校常常让我想起蔡元培时代的北大，兼容并蓄，学术自由。

孩子们在这里读书，自由选择而独立学习，并且个性张扬。早晨快到八点，高三学生才戴着耳机，三三两两的来校。下午四点半，所有课程全部结束，学生可以以兴趣自主安排。

有学生匠心独具，把《那些年，我们一起追的女孩》《匆匆那年》《致青春》三部影片合在一起，剪接成一部独立的影片。美好的爱情从高中、大学到社会，一以贯之，引起强烈反响。苏中高三学生的《苏中 Style》红遍大江南北，点击率超百万。苏中还有一个学生异想天开，他想举办一个世界中学生魔方大赛，在校长的大力支持下，不但办成了，还吸引了数十个国家的近百名学生参赛……

面对当前教育的“大跃进”，苏州中学素面朝天，淡然相对，平静如水。当然，一所推崇自由和个性的素质教育的学校，是绝对不怕高考的。从 20 世纪 90 年代开始，苏中五次夺得全省状元桂冠。苏中学生的发展潜能更是令人吃惊。近年来，中国有两位科学家，不到四十岁就已在美国独立成立了以他们的名字命名的实验室，这两人全部来自苏中。这是一所培养过王国维、罗振玉、钱穆、吕叔湘等大师的学校啊！这绝对不是血统论，这是一种伟大的精神传承。

江苏省苏州中学` 府学长廊

苏州中学的张昕校长坚守着自己的理想，呵护着苏中的血脉和传统，对抗一切世俗。他“不合时宜”地特立独行，他把孩子当作种子，把教育当作农业。他总是埋头劳作，挥汗如雨。但他绝不是空头理想主义者，他是一个现实主义者，他一步一个脚印地完成了他的所思所想，他把他心目中的理想主义教育做到了极致。

他虽然悲壮，但绝不悲惨。

悲壮和悲惨不同。悲壮者，如同贝多芬的命运交响曲，猛烈撞击着人心。但听到最后，你一定没有眼泪，充溢内心的是澄澈清明、是怒发冲冠，是赴汤蹈火的壮志豪情。悲惨者，则如同阿炳的二泉映月，凄凄惨惨戚戚，阴冷渗透进心灵，进而就是渗透骨髓。你泪流满面，充满内心的是绝望、是死灰、是枯草，是时不我与的黑暗和沉重。

真的，这就是我们的现实，好坏并存。世界就是这样，一类人属于喧哗，一类人注定属于不朽。总有两类人，走在我们的前方。喧哗的一方，人潮人海，万丈红尘；孤寂的一方，踽踽独行，一个人就是一个队伍！

鲁迅说：“过去的生命已经死亡。我对于这死亡有大欢喜，因为我借此知道它曾经存活。死亡的生命已经朽腐。我对于这朽腐有大欢喜，因为我借此知道它还非空虚。”

就让我们都做野草吧，被地火和熔岩烧尽，并且无可朽腐。

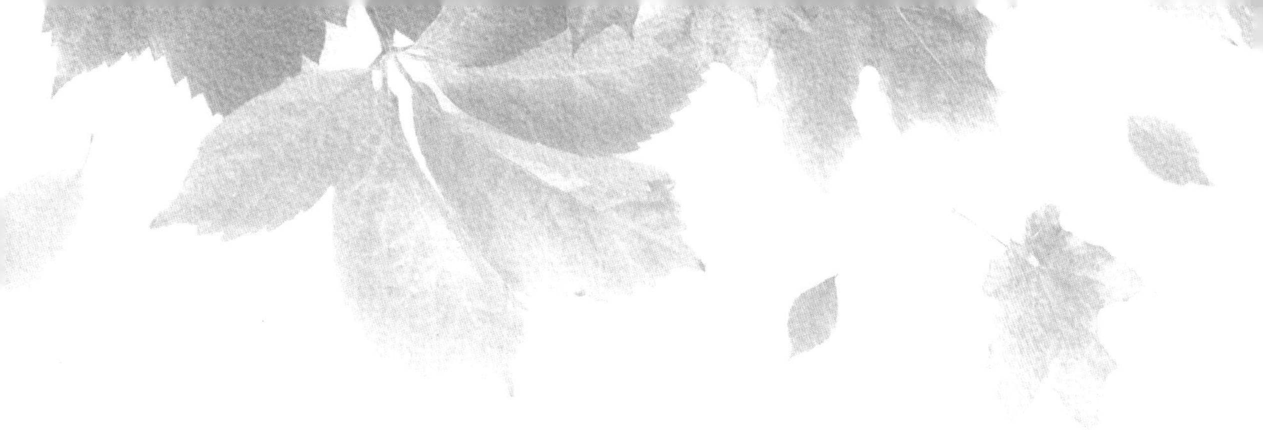

我的教育观

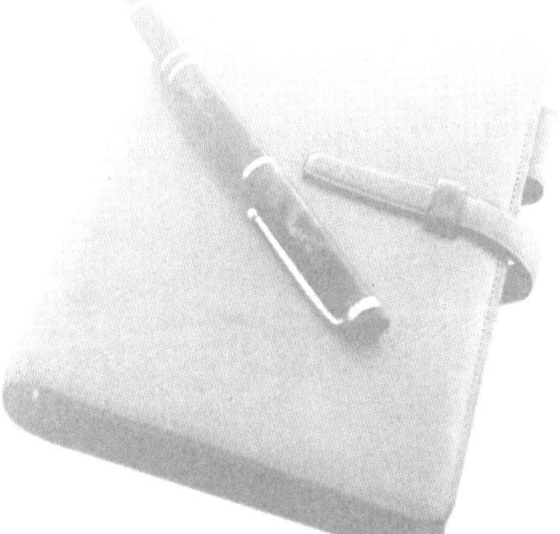

一、把人的教育写在教育的旗帜之上

理想的教育，需要理想的教育思想，而理想的教育思想至少包括以下几个方面。

(一)以学生全面发展为本的教育观

为什么要以学生全面发展为本?

从素质教育的角度来说。

柳斌曾经以“三全”来概括素质教育：抓全体，全面抓，抓全面。对学生个体而言，最重要的当然就是“抓全面”。其实质就是以学生全面发展为本。朱永新老师更是举重若轻，他说：“什么是素质教育？好的教育就是素质教育，还教育本来面目的教育就是素质教育。”那么，什么是好的教育？教育的本来面目是什么？教育的对象是学生，教育的目标是引导学生发展，而且是全面的和谐的可持续发展。如此看来，新教育是在“以生为本”的基础上，提出要以学生全面发展为本的教育观。

江苏省苏州第一中学　学生嘉年华

从未来教育趋势来看。

当前的教育界有两大国际性思潮，一个是终生教育，一个是学习化社会。终生教育是从人类个体纵向的时间拓展角度出发来加以建构的，而学习化社会则是以人类整体的横向空间延展为标准的一种目标和理想。联合国教科文组织国际教育发展委员会编著的《学会生存——教育世界的今天和明天》中指出："每一个人必须终生连续不断地学习。"终生教育是学习化社会的基石。

正是在这个基础和前提下，理想的教育观应该是：培养学生学会做人，学会做事，培养学生的创新精神、实践能力、合作意识。以学生的全面发展为本，以期为学生终身发展打好基础，使他们在将来学习化社会中能够蹚出一条大道。

从学生自身需要来说。

以学生全面发展为本的教育观，是"以学生为本"的教育观。肖川说："基于价值引导和自主构建相统一的教育，从学生的成长过程来说，是精神的唤醒、潜能的显发、内心的敞亮、主体性的弘扬与独特性的张显；而从师生共同活动的角度来说，则是经验的共享、视界的融合和灵魂的感召。"

可以说，没有大视野，就没有大格局。任何头痛医头、脚痛医脚的短视教育，都不可能培养出目光远大、视野开阔的真正的人。

（二）过幸福完整的教育生活的目标观

教育本来就是一种成长、一种情怀，理应是快乐的、幸福的、多姿多彩的。教育打开的应该是一个全新的世界，一个露珠一样新鲜清澈的美丽世界，能把人吸引到更高的层次和境界上去。然而，现实的教育却让很多孩子望而却步。贵州某希望小学，开学不到一个月，那些免费读书的孩子跑了个精光，他们宁愿到山上放牛，也不愿意读书，因为读书一点也不好玩。南京有一个五年级的孩子，竟然希望自己是聋子瞎子，因为那样就不用上学了。还有一个四年级的孩子，新年最大的愿望，就是像爷爷一样，早早退休，不用再上学了，应试教育之弊昭然若揭。

要想过幸福完整的教育生活，不仅要对教育的终极意义和目标有所追求，更要有对当前教育进行纠偏的价值期待。这种理念，其实质是在多元、平等的理性背景下，追求教育终极意义的目标观。

过幸福的教育生活，是让每个学生都享受到自由阳光地照耀。在精英教育向大众教育转变的过程中，面向每个学生，使每个学生各取所需、各尽所能、各得其宜，都得到应有的发展；通过保证每个学生的幸福，保证每个学生给自己赋予生活意义的自由，来保证民族和社会的整体利益，这应该是教育的理想追求。

无限相信学生的潜能，尊重学生的个体差异，倡导学生自主发展。重视学习者自身的学习活动，引导他们主动参与，积极发现问题、探究问题和解决问题，充分表现学习者的选择性、主动性、创造性和想象力。这样的教育，应该会让幸福触手可及。

“完整的”是对原有教育缺失的补救和矫正。传统的教育思想已经黯然失色，教育的主导思想竟然由“全面发展的人”向“专业化的实用人才”倾斜。需知，这种专业化要求所培养的单一知识和能力结构的学生，越来越不适应现代社会的发展。智力和非智力因素全面发展，智商和情商两翼推进，认知情感和和谐统一人格的必然诉求，还有更加清醒自觉的道德观、伦理观和价值观，不仅是培养未来人才的必要，也是个人成长的需求。

以语文为例，就要由原来的“知识和技能”的平面目标，发展到“知识和技能，过程和方法，以及情感、态度、价值观”的三维目标。

教育生活，隐含的寓意是“教育即生活，而且是一种最重要的生活”；另一层含义是“生活也是教育，一种很现实的广义的教育”。古人说，“读万卷书，行万里路”。曹雪芹说，“世事洞明皆学问，人情练达即文章”，这都是“生活就是教育”的直白表达。李镇西老师有“语文生活化，生活语文化”的观点，说的也是这个道理。但是，新教育强调教育生活，并没有把教育低俗化、侏儒化、平庸化，而是把教育当成是一种常态，一种生活的常态。新教育一直强调要引导师生从优秀到卓越，那么，如何追求卓越呢？我以为，就是始终不放弃创新精神和实践能力，并把创新和实践生活化，变成一种习惯、一种常态，让它们融入我们的生命中去。

创新精神是人才卓越化的必备条件，那么，何谓创新精神呢？创新精神其实是一种游走型智慧的生存方式，是不断探求人类求知境界的探险精神。它本能地摒弃任何一个所谓的正确答案，摒弃停泊在任何一个人为的港口，摒弃尊奉任何一个传统的规则。只有具有创新精神的人，才能异想天开、石破天惊，提出新观点，变革新方法；但创新一定不能排斥知识教育，不能拒绝小事。海尔集团创始人张瑞敏说：“什么叫不简单，把小事做好，就是不简单。”

空袋不能直立，无知必然无识，贫乏必然平庸。

(三)让课堂焕发出生命活力的教学观

如何让课堂焕发出生命的活力呢？

关键在于老师，老师是让课堂焕发活力的第一生产力。鉴于此，新教育把自己的逻辑起点放在老师身上，学生退居其次。通过改变老师的行走方式，来带动学生行走。实践证明，任何教育如果没有改变老师的行走方式，没有触动老师的心灵，就一定不会取得成功。只有转换目标培养和评价机制，改变老师的行走方式，彻底改变教学方法，课堂才能真正焕发活力。

(1)注重素质。教学中要强调学生的思维训练，引导学生进行智力挑战，让学生变得更聪明。

曾经有一名数学特级教师面对低、中、高三个年级段，各随机抽取了二十个学生进行测试。题目是这样的：一条船上载了 25 只羊、19 头牛，还有一位船长，要求根据以知条件求出船长的年龄是多少？结果让人大吃一惊，绝大多数学生居然算出了具体结果，只有少数学生对试题的合理性提出疑问。而且质疑者低年级居多，中年级次之，高年级最少。随着学生年级的上升，受教育时间的增加和知识量的扩大，学生的好奇心、想象力、创造力反而在逐渐萎缩，问题意识、批判意识在淡漠，而对教师、书本的依赖、盲从、迷信的程度则越来越严重。这不能不引起我们极大的关注。

(2)尊重个性。教学中要创造条件，因材施教，张扬学生的个性，让个性散发出独特的光彩。“大锅饭”“一刀切”的模式，永远培养不出如丘吉尔和爱因斯坦之类的人。

英国哲学家怀特海曾经指出，把教育的目的规定为“培养专门家”和“急用人才”，这样的教育必然偏重于“知识的分析”和“公式的求证”，由“抽象的概念”到更多“抽象的概念”。这样的教育培养出来的人，可能是专业的，但也必然是单一的；可能是实用型的，但也必然是工具型的。他可能“理解太阳、大气层和地球运转的一切问题”，却不再能够感受到“夕阳西下时那迷人的光辉”。需知没有了情感的独特性和丰富性，就很可能失去另一个最富有创造力的大脑。我甚至怀疑，爱因斯坦如果没有自娱自乐的小提琴，还会不会提出相对论？

（3）学会合作。教学中要注重学生间的交流和协作，培养学生请教他人的耐心和展示自己的勇气，以及说服他人的能力。要知道，一个苹果和一个苹果交换，还是一个苹果；而一个思想和另一个思想交流，就获得了两个思想。还有，一个人如果吃五个苹果，就只能尝到一种味道，甚至还可能因为吃得多而拉肚子，但如果用另外四个去交换，那么就可以获得橘子、杏子、芒果、葡萄，这就是交流合作的妙处。封闭只能落后，合作才能双赢。

（4）懂得创新。教师要大胆创新，不拘一格，但开风气敢为先。同时，要鼓励学生创新，甚至鼓励学生犯错。伊壁鸠鲁说："认识错误是拯救自己的第一步。"只有摒弃了怕错心理，让学生用自己的嘴巴说话，用自己的头脑思考；如此学生才能发别人所不敢发，言他人所不能言。学问千千万，创新价最高。

（5）开展活动。教学要摆脱封闭，拓宽视野，开拓视界，延展到广阔的生活中去，向重过程、重方法、重应用、重体验、重情感、重参与的方向转变。陶知行之所以改名为陶行知，就是要注重实践、认识、再实践的规律。

（6）重视发展。教师要关注学生三维目标的发展，培养出"立体的、大写的、健康的"人，为学生的终生发展提供动力支持和智力保证。正如黑格尔所说："那隐藏着的宇宙本质自身并没有力量足以抗拒求知的勇气。对于勇毅的求知者，它只能揭开它的秘密，将它的财富和奥妙公开给他，让他享受。"了解到这些，我们就会生命不息，发展不止。

二、理想教师的八项修炼

理想的教育，需要理想的教师来实现，而理想的教师需要一些必要的素质和准备，具体表现在如下几个方面。

（一）师德

学高为师，德高为范，永远不要忽视师德的感召力量。

清华附中的一位老教师退休，多年来他培养了无数的卓越人才。母校为了总结他的经验，邀请了所有他带过的学生回来，让他们写下老师对他们一生最有影响的是什么？结果百分之九十的学生，竟然不约而同地写下了最难忘的是老师的眼光。那种默默流淌着尊重、热情、信赖、理解、爱护的眼光，竟然温暖了学生很多年，照亮他们人生的路。而我们有时候恰恰忘记或丢失了一些本真的东西，更多地关注一些实在的利益，如考分和荣誉等。

要知道一两身教大于一吨言传！教师的理想信念、人生态度、价值取向、道德质量、治学方法乃至为人处世的态度等，都会对学生产生影响。

在这个浮躁的社会里，师德，是学生人生价值最后的保护线，是学生心目中最后的桃花源；也是学生保持心灵洁净最重要的理由，更是让学生自觉抵制各种不良思想侵害的最后武器。师德的堕落，必然标志着社会道德水平的整体堕落；而师德的高尚，也是一个民族未来自省自强的希望。

（二）民主

2006年，北京某教育机构曾经做过一个调查：学生最需要老师什么。结果让所有人大吃一惊，学生最需要老师的不是爱，而是尊重——最简单的尊重。由此可见，我们教育中民主的稀缺，已经薄弱到了何等地步。

苏霍姆林斯基这样表述："教育——这首先是人学！"教育者面对的是活生生的人，教育理应充满对人的理解、尊重、信任和感染，理应体现出民主与平等的现代意识。

美国教育家杜威更是认为，教育应该是民主的。特级教师李镇西所理解的"民主教育"，除了指教育者应该具备民主思想和民主精神外，还包括对学生所进行的一系列有关民主素质的启蒙教育。比如，师生关系的平等和谐、权利与义务的教育、自由与纪律的教育，等等。这样理解民主教育，对当前的教育更加具有现实意义。

民主平等，是人格与权利的平等，是尊重每个人的参与权利与决策权利，是尊重差异、尊重多样选择、尊重各自的独特价值。民主平等在课堂上的具体表现是，教师尊重学生，强势学生尊重弱势学生。

（三）个性

你可以有很多缺点，但你不可以没有个性。文艺理论中甚至有"丑得如此精美"的妙论。美学上曾有这样的表述："一个美女在微笑"，即便你的头脑里空空如也，

江苏省苏州第一中学　千年紫藤

可是要说成“一个长虎牙的美女在微笑”，你的头脑里就产生形象了，甚至挥之不去。什么原因呢？“虎牙”就是特点，甚至可以看成是个性，而个性就是魅力。要知道没有个性的老师，往往很难容忍也很难培养出有个性的学生。

我读中学的时候，语文老师个性张扬，特立独行，是很多学生崇拜的偶像。比如，他上课经常读错字，但却坚决不肯承认，反而问我们，“谁规定这个字是这样读的？如果当初规定的是我这个读音，那我现在就是正确的”。这显然是无理取闹，但他就是这种性格，这种个性明显是一种缺点，可是学生就是喜欢。后来，他发挥自己善辩的特长，考取了中国政法大学的硕士，成为一位著名的律师，还帮助我国商人打赢了好几场国际官司。

鲁迅曾说：“有缺点的战士毕竟是战士，完美的苍蝇终究不过是苍蝇。”对老师而言，宁可做一个有缺点有个性的老师，也绝不做一个四平八稳的平庸的老师。

(四)才华

老师作为人类精神火炬的传递者，当然要有才华。“腹有诗书气自华”。只有自己眼界开阔，知识渊博，旁征博引，妙语如珠，才能赢得学生的尊敬和爱戴。学生亲其师，才能信其教、乐其教、助其教。永远不要怀疑老师才华魅力的现身说法和精神感召。

曾经有一次作文课，我布置学生当堂完成一篇作文，学生们很不高兴。有人还小声嘀咕：“一节课写一篇文章，你为什么不试一试?”我装作没有听见，很随意地对同学们说：“你们都在认真写，老师也不能闲着啊，我要和你们同甘共苦。”可能是请将不如激将，压力产生动力的作用。那一天，我文思泉涌，不可遏止，笔走龙蛇，倚马可待，在一堂课之中完成了两篇文章，而且两篇都是文采斐然、字字珠玑。下课时，我把两篇文章往黑板上一贴说：“欢迎同学们批评指正!”学生读罢，一片惊呼之声！从此，他们发奋写作，毫无怨言，而且对我佩服得五体投地。设想一下，如果面对学生的挑战，我当时默无声息，或者用所谓的师道尊严来极力压制，其结果又会是什么?

(五)机智

教学是一门遗憾的艺术。由于教学的任务性和目的性，在实施的过程中，必然充满了诸多不可预知性。这就需要教师充满机智，四两拨千斤，化腐朽为神奇。

举例来说，一天下午，我走进高三(3)班，突然看到在教室正中央的投影仪下，学生用细长的线吊着一个小球，晃晃悠悠地挂在那里。学生都看着我，我却并没有理会他们。那节课讲黄冈试卷的现代文阅读，选文是张家港高级中学郭婧娟的《逃离》，其中有一句话要求阐释：“人生就像荡秋千，总想荡到生活的最高处，但最终却回到起点。”当说到这句话的时候，我在悬挂的小球上轻轻一推，小球荡了起来，荡到了最高，并最终无奈地回到原点。教室里突然响起了热烈的掌声……我敢大胆地说，学生可能会忘记掉老师强调的解题秘诀，但一定忘记不了教学中的灵机一动和吉光片羽。

一位物理老师正在讲万有引力，一块黑板擦掉在了讲台上，学生们哄笑起来。老师灵机一动说：“这再次证明了万有引力的科学性。”于是，学生们会心地笑了。课堂气氛极为轻松，教学效果自然十分显著。

当然，教学机智是建立在对教学规律的深入理解和准确把握，以及对突发现象的敏锐反应和灵活处置上的。这类似改编杜甫所说——“机智”本天成，妙手偶得之。

（六）创新

创新是一个民族发展的灵魂，也是一个人进步的标志。那种画地为牢，故步自封，夜郎自大的人，永远都是井底之蛙，只看见四角的井沿和天空。苏霍姆林斯基说："我熟悉几十种职业的工作人员，但是没有——我对此深信不疑——比教师更富有求知精神，不满足现状，更富有创造思想的人。"没有现成的固定模式，不能照搬别人的经验，更不能年复一年的重复自己，因此，教师必须不断地去创造、去更新自我的思想。

教师的创新有几层含义。首先创新是师生的共同活动，而不是教师单枪匹马的"孤军奋战"；创新表现在教师的职业活动之中，而不是远离师生，另起炉灶；创新要以师生的思维极限作为起点，从对本质的把握转向对可能世界的建构及可能世界的呈现。

就我个人来说，我发现学生到了高年级，越来越不主动。一个很重要的原因是学生长大了，他们爱面子，生怕回答错误会给自己带来尴尬。鉴于此，我第一个提出"鼓励学生犯错"，并与学生共同探讨。畏惧错误就是毁灭进步，而正视错误则是进步的基石。这个小小的创新，给我的课堂带来了生机和活力。可见创新教育的意义之重大。

比如，几乎所有的老师都引导学生研究做题。我却另辟蹊径，让学生研究命题方法，然后自主命题。一旦学生把握了命题的奥秘和规律，做题也就有了保证。再比如，高考背诵篇目的检查，任务重、压力大。我把所有学生的背诵篇目全部上墙，男生在女生面前背诵，女生在男生面前背诵，老师及时总结最新的背诵成果。把男女生的互要面子，转化成良好的教育内驱力，效果极其显著。另外，做班主任的老师都知道，每学期的学生评语，是一项很繁杂的任务；于是，我充分发挥学生互相了解的特点，让学生互写评语，要求既要有缺点点击，又要有优点展示，没想到效果不错。后来，我又发展到让学生用文言文互写评语，永远保持教育的新鲜度和创造性，学生们大呼过瘾。

（七）精气神

这个是从精神面貌上来说的，鲁迅曾经说过："我虽然自有我的痛苦和不幸，但我不愿意把他传染给那些正做着好梦的青年。”面对学生，我们更应该如此，更要以和蔼、热情的态度，亲切、诚恳的语气，激昂、振奋的精神，喜悦、快乐的情绪来对待自己的职业生活。用三个字来概括，教师需要“精、气、神”——精神抖擞、气吞山河、神采飞扬。以生机唤醒生机，以激情碰撞激情，以理想鼓舞理想，以人格塑造人格。

选择了教师，选择了黑板，就是选择了一种站立、一种姿势、一种精神、一种光明磊落的情怀和默默无闻的奉献。

（八）意识

教师意识十分重要，意识的超前和落后能对教学产生至关重要的影响。教师的意识主要有研究意识、自主意识、发展意识、学习意识、自省意识、使命意识、人文意识、开放意识、民主意识、启发意识、活动意识等。

当前最重要的是要完成四个转换。

（1）从实施者转换为开发者、建设者。教师从课程单纯的实施者转换为既是实施者，更是开发者、建设者，实际上教师自身就是课程。从教学实际出发，对学习内容的取舍、整合、重组、延伸、变形、拓展等，这些都是对课程的开发和建设。

（2）从教书匠转换为教研员。教师要从过去的技术层面，上升到研究层面。教师不仅要具有研究的意识和能力，而且要具有开阔的视野、丰富的学识和卓越的教学胆略。鉴于此，教师要研究先进的教育理论和课程开发，以及研究学生学习的心理。勤于反思，勇于实验，不断总结，在探索中与学生一同成长、一同进步。

（3）从独奏者转换为伴奏者。教师由过去的布道者、传教者，变成一个辅助者、伴奏者；要从一个高明的讲授者，变为一个和谐的倾听者。教学中必须以学生为本，教师力争做学生能力发展和心灵成长的引导者、帮助者、促进者。学生的角色也要有极大的转换，学习方式必须要根本性的改变，改变过去照单全收的被动学习，力求主体参与、主动探究和合作学习。

（4）从引路人转换为同路人。教师要由过去全知全能的引路人，变成和学生一道发展的同路人。共同经历学生学习的过程和求知的艰辛，以及阅读的困惑等，只有这样，和谐的师生关系才能建立起来。

三、优秀学生的核心品格

（一）主体性

现在老师的教学方式越来越单一化，而学生的学习方式却越来越多元化。因此，转变学习方式才是一场真正的“学习的革命”。

（1）自发学习。因为学习本来就是学生自己的事情，他们有权利选择自主学习。学生成为学习的主人，在正确动机和浓厚兴趣的指引下，把学习的负担转化为人生的享受，他们就会自发学习，获得积极的情感体验，甚至获得高峰体验。

（2）自觉学习。学习不是一种外力压迫，也不是内在的功利需求，而是学生成长的必然过程。理解到这些，学生就会主动参与，全身心投入。朱永新先生认为：“状态大于方法，方法大于苦干。”此言得之。

（3）自控学习。毕达哥拉斯说：“不能制约自己的人，不能称之为自由的人。”在强烈情感和坚强意志指导下展开学习的过程，不应该由老师监控，而应该是学生自控学习。学生自己选择学习、策划学习、评价学习、合作学习。其中我的“三有六让”学习中，就有很多自控学习的因素。

（4）自创学习。学习是自己的事情。休谟说：“习惯就是人生的最大指导。”首先应把学习当成自己成长的习惯。莱布尼茨说：“世界上没有两片相同的叶子。”每个人的学习习惯也都有差异，因此，自创学习特别重要，适合自己的才是最好的。

（二）接受性

新课程越来越强调探究性学习和研究性学习。这类学习特别强调主体的自我思考和主动探究，通过自我探究和合作学习，发现问题的结论和规律，成为发现者；并在这个过程中，培养自己的创新精神和实践能力，为将来的自我发展和终生教育打下基础。这种学习方式，能使学生在较高层面上进行学习，但这种学习并不排斥记忆、理解等低层次的学习，更不会忽视接受性学习。因为接受性学习是研究性学习的前提，可以说，没有接受性学习获得的知识为依托，研究性学习就是“水中月，镜中花”。然而，现在很多学科的研究性学习矫枉过正，过于强调自我的探究发现，忽视了必要的接受性学习，其危害不容小视。

要知道，人类文化遗产及先进科学技术和知识，主要是通过接受性学习获得的。通过接受性学习，学生可以在较短的时间内掌握大量系统的、完整的、精确的间接知识。并与原先认知结构中的适当知识建立联系，形成较为丰富的知识积累。这种积累，无疑对学生学习的可持续性发展具有重要作用。近年来，美国兴起的建构主义心理学也认为，学生学习的过程是主动建构知识的过程，学生以自己原有的知识、经验为基础(主要是接受性学习获得)，对新知识信息进行加工、理解。由此，建构起新知识的意义，同时，原有的知识经验又因为新知识经验的进入而发生调整改变。所以，学习过程并不是对新信息的直接吸收和积累，而是新旧知识相互作用的过程。这种作用包括知识主体对客体的选择、分析、批判和创新，当然，这种作用更离不开接受性学习获得的知识赞助。

江苏省苏州第一中学　吴文化展示活动

(三)独创性

创新精神一个重要的因子就是独创。没有创见，匍匐在前人的脚下，社会就永远不会进步，人类就永远没有发展。老师没有独创，就会倒在课本下；学生没有独创，就会倒在讲台下。

深圳有一个学生，在地理课上看到人的最佳体温是23℃，而实际上人的正常体温却是37℃，他百思不得其解，询问老师和遍查网络也没有得出结果。但他没有放弃，一直在苦思和探求。功夫不负有心人，有一天的数学课，老师恰好说到了黄金分割点，他马上得到启发，用37乘黄金分割点0.618，正好是22.866，近似于23。一个多年来屡屡被人忽视的问题，有了一个较为科学的解答。最后，在老师的鼓励下，他把自己探索的过程和创见，写成了一篇小论文，并且获得了世界性大奖。这种发现就具有独创性。

(四)怀疑性

怀疑主义是哲学世界的核心。人类从脱离单纯的物质依赖到寻求精神突破的过程中，无时无刻不在怀疑身边的一切，通过怀疑来寻求真理，通过怀疑以达到自己精神层面的提升。斯宾诺莎甚至说，“一切确定的皆否定”。

怀疑，是人类理性的基石，是智慧的起点。

对学生而言，怀疑不是对自己没有信心，而是一种态度、一种取向、一种逻辑上的清醒。理性的怀疑，是智慧的新芽，它靠逻辑去推断，靠实践去检验；最终由怀疑达到判断，由判断达到清晰，由清晰达到理性。

孟子曾说：“尽信书，则不如无书。”亚里士多德也说过：“思维从疑问和惊奇开始，疑是思之源，思是智之本。”

没有怀疑，就没有创新。没有对开普勒的怀疑与否定，就没有哥白尼的“日心说”；没有对牛顿的怀疑与否定，就没有爱因斯坦的“相对论”；没有对资本主义社会的怀疑与否定，就没有马克思的科学社会主义；没有对闭关自守的怀疑与否定，就没有今天的改革开放。但是，怀疑，也要不失理性和尺度，超出这个度，就会走向其反面——怀疑一切，这和没有怀疑一样是不可取的。因为在极端的怀疑主义者眼中，没有什么是确定无疑的，就连怀疑本身也大可怀疑。

适当的怀疑，可以磨亮我们的一双眼睛，不会被假象的灰尘所掩盖。

（五）合作性

从本质上讲，我们目前的中小学教育带有浓厚的竞争色彩。学校是竞争场所，每个人都想胜过他人。这种你死我活的竞争教育，把一个人的成功建立在其他人失败的基础之上。在这样的氛围中，学生们大都缺乏合作意识，更少有利他行为。面对开放的社会和信息共享，这种状况显然是危险的。

合作学习认为，学习是满足个体内部需要的过程。只要满足学生对归属感和影响力的需要，他们就会感到学习是有意义的、有价值的，才会愿意学，才能学得好。基于这种认识，合作学习将教学建立在满足学生心理需要的基础之上，使教学活动带有浓厚的情意色彩。从合作学习的整个过程看，其情意色彩渗透于教学过程的各个环节之中。

合作学习还把“不求人人成功，但求人人进步”作为教学评价的目标，有效地把竞争性情境、个体性情境换算成合作性情境，极大地消除了学生对于竞争失败的恐惧，增强了“利益共同体”的集体荣誉感；从而激发了学生参与学习、乐于学习的兴趣和动机，为他们主体性的培养与发展提供了无穷的动力。

当然，合作学习在突出合作主导地位的同时，并没有否认竞争与个人活动的价值，而是将之纳入了教学过程之中，使它们兼容互补，相得益彰。

世界上最经典的合作案例是英国的甲壳虫乐队，我们归纳出他们的“甲壳虫合作原则”：第一，熟知信任，永不解散；第二，博采创新，与时俱进，高人一等；第三，个人与集体，人人有机会，人人都发光；第四，专才与通才，相互补充，合作供应。甲壳虫乐队创造了无数个乐坛神话，不能不说与他们的善于合作有关。这种合作的典范对学生的合作学习有重要的启发意义。

（六）卓越性

吉姆·柯林斯在《从优秀到卓越》中这样表述：“优秀是卓越的大敌。”要达到卓越，一定要战胜优秀的惰性，让优秀成为一种习惯，而不是一种资本。就像很多人都知道失败是成功之母，却很少有人知道，成功常常也是失败之母。因为优秀，因为所谓的成功，让我们懈怠，让我们失去了最初的豪情和追逐梦想的冲动，让我们在更进一步时猝然跌倒。

谦逊而坚韧是达到卓越的助力。谦逊是一种姿态，因为目光和志向的远大，则更需要显得低调和谦恭；而坚韧则是达到远大目标的最大保证，有了它，就能屡败屡战，胜不骄，败不馁。柯林斯用“窗口与镜子”来打比喻，把成功归于窗外的因素，而把失败归于镜中的自己。李昌钰博士曾说：“每一个成功者都有一个计划，而每一个失败者也都有一个理由。”卓越的学生总是有一个完美的计划，而决不会为失败寻找理由。

四、好教师要有“三要”

每当看到老师挥舞着试卷，怒骂孩子：“我对你这么好，你就用这样的成绩来回报我?”我觉得特别悲哀，这样的爱没有任何意义，反而让孩子看到了极端功利和世态炎凉。这种爱和乡村老太太用稻子喂老母鸡，一旦老母鸡不生蛋，老太太就要恼羞成怒地停止喂食一样短视。

56号教室的雷夫老师说：“孩子，你没有听懂没关系，我会给你再讲一遍，再讲一遍，讲五百遍，一直到你听懂为止。”在这样的环境中，孩子不仅学会了学习，也学会了信任和执着，其实信任和执着也是需要学习的。

我曾半开玩笑地想过，最伟大的“教育工作者”是观世音菩萨，她永远微笑着，从不说一句废话，只用瓶子中的净水灌溉，不管下面浇灌的是乔木还是荆棘，是鲜花还是野草。

好教师的三个境界不是一个普遍概念，而是具有浓烈自我色彩的认识，是我对自己二十年教育生涯的反思和总结。

在扎根课堂二十年之后，我有幸借调到教育部，得以第一次站在课堂之外来审视教育。我觉得好教师一定有“三要”，这“三要”可以概括为好教师的三个境界。

(一)要有爱

没有爱就没有教育，没有兴趣就没有学习。孩子不是工具，是有情感、有温度、有是非感的生命体，是活泼的人。孩子来到学校不仅是来学习知识的，也是来学习

江苏省苏州第一中学　叶圣陶教育思想展馆

做人、学习合作、学习相处的。只有在良好的师生关系下，孩子才能够更好地学习和生活。

教育，不是为教而育，而是为育而教。亲其师，才会信其教；信其教，才能达其育。在温情脉脉的师生关系中，在爱意的笼罩下，孩子才有安全感和幸福感，才会更主动更愉快地投入到学习中。

但这里有一个很大的误区，教师的爱绝不能成为一种手段，也绝不能有任何的功利和交换条件。教师对学生的爱应该是，也必须是单纯的爱。我们爱学生，因为他们是孩子，需要我们的爱和呵护，需要我们搀扶和帮助，如同过去那些帮助和搀扶过我们的老师一样，这是一种爱的传递和接力。

教师的爱绝不能成为一种策略手段，更不能成为一种投资。教师爱孩子，不是为了控制孩子，而是要以极大的爱心、耐心、细心、信心、责任心等去尊重孩子、激励孩子。参与到孩子的成长中，成为孩子成长过程中的重要他人，书写属于师生成长的共同篇章，培养出值得自己崇拜的好学生。

真正的爱，应该敏感细腻，充满欣赏和温暖，如同席慕蓉的诗歌中所说：孩子端着一杯牛奶，摇摇晃晃地走来，像草叶上的小露珠一样。

（二）要有信

这里的“信”，内涵极为丰富，相信、信任、信念，还有信仰。

我常常感受到教育的幸福感，这种幸福感来自一种使命和责任，未来随着自我锻造，还有可能把这种使命感上升为天命。在现实的教育生态下，在自己的生存处境中，发现自己生命的最大可能，就是发掘孩子最大的生命潜能，这些可能和潜能的最大实现，即是天命。天命是至高的创造，但绝不是标准化的生产。天命即信仰。

贵州铜仁支教

对教育的信仰，也可以看成是对孩子的信仰。《语感论》说：“作为心灵，教师未必比学生高尚；作为人，教师未必比学生高贵；作为读、写、听、说的语言主体，教师也未必比学生高明。”我们必须相信孩子、信任孩子，相信每一块顽石中都藏着一尊佛，只需要把不必要的顽石去掉就可以。

没有信任就没有教育。正如苏霍姆林斯基所言：“对人的信任，形象点说，是爱抚、温存的翅膀赖以飞翔的空气。”但是，要老师去坚守去信任却并不容易。

我的观点是不仅要相信孩子，还要信任孩子，甚至信仰孩子，发自内心地对孩子信任。这种信任是对孩子未来成就的坚信，是对自己教育使命的一种信仰、一种升华。无论孩子经历多少反复，重犯多少错误，这种信任始终不改，这种信念始终不变。

一年不行，就两年；两年不行，那就三年，就算孩子离开了学校，你依然要坚信，孩子的未来是光明的。因为我们曾经给他播下种子，给过孩子明亮的东西。经历了未来的风风雨雨和岁月沉沦之后，人会突然顿悟和长大，种子也会苏醒和萌生，于是，拔节疯长，一个崭新的生命和一个全新的孩子诞生了。

这是我的信仰，一个普通教师的信仰，也希望是我们教师共同的信仰。

(三)要慈悲

有了不求回报的爱，有了确切无疑的信念，这一切都还不够，因为这中间还有“执”，慈悲可以去“执”，教师真正的最高境界是要慈悲。

何为慈悲?

慈悲也是一种爱，但不是世俗之爱，而是仁慈博爱，仁慈济物、博爱利生。“慈”就是给予一切众生快乐，“悲”就是要拔除一切众生的苦厄。慈悲心，就是对世间万物予以博大的同情和关爱。仁者无惧，慈悲无敌，一个人无论做什么事，只要有慈悲心、有仁爱心，就不要过多考虑外在因素。譬如不好的教育氛围，愈演愈烈的应试教育，甚嚣尘上的教育名利场，这一切都可以不管不顾。例如，庄子笔下的那条拖着尾巴的乌龟，在自己的泥土中自由自在，用慈悲之心，行不言之教，能做多少就多少，一切随缘随分……

不是每个孩子都能成为最优秀的，优秀是相对而言的。但能让孩子们都尽可能成为他自己，成为最优秀的自己，并且自尊、自爱、自信、自律，而且具有同理心，己所不欲，勿施于人；包容感恩，豁达坦荡，阳光向上，这就是我们心目中的好孩子，这就是最好的教育。

退一万步说，就算这个孩子什么也不会，我们拼尽全力，依然一无所获。但他依然是我们的学生，我们的孩子，我们依然会教下去，不求结果地教下去。因为我们是老师，他们是我们的学生，也是我们的孩子，甚至是我们自身。人本身就是有缺陷的生物，教不会没有什么，真的没有什么，不过是发现此路不通而已，上帝对每个人都是公平的。这里的缺陷，很可能就是某个未知地方的天资和禀赋。医生不会嘲弄一个病人，老师也不能歧视任何一个学生。

我也常常想起自己的挣扎，我能改变什么，我能改变的东西太有限了。但是为什么还要做呢？对世界来说，你只是改变了一个个体，但对个体来说，你改变了他的整个世界。

面对被潮水卷到沙滩上被困的无数小鱼，大人觉得改变不了现状，所以无动于衷，任由这些小鱼慢慢地干死。

但小男孩却在捡水洼里的小鱼，并且用力把它们扔回大海。

大人问：“孩子，这水洼里有几百几千条小鱼，你救不过来的。”

“我知道。”小男孩头也不回地回答。

“哦？那你为什么还在扔？谁在乎呢？”

“这条小鱼在乎！”小男孩一边回答，一边捡起一条小鱼扔进大海，“这条在乎，这条也在乎！还有这一条、这一条、这一条……”

这就是慈悲心，真正的慈悲心就是没有分别心，尽最大的可能去做可能最无用的事，并且无怨无悔。

五、老师是个“大猴子”

我们常常在问，学校应该是个什么样子的，学生应该是个什么样子的，学习应该是个什么样子的……每个人都能给出自己的回答。

但迄今没有谁的回答能够超出林语堂。

林语堂的一个比喻，堪为经典。

他说：学校应该像什么呢？学校应该像一处坚果丰富的大森林。学生应该像什么呢？学生应该像一个个猴子。学习应该像什么呢？所谓的学习，无非就是猴子自由自在的采摘坚果。猴子可以到它想爬的树上去选取和摘食任何果子，然后荡个秋千，跳到别的枝头去。猴子的本性会告诉它哪一个坚果美味可食。

这个比喻的妙处有三。

第一，揭示了理想学校的本质。

如果学校是一个坚果丰富的大森林，那么，这样的学校一定是一个让人迷恋的地方。首先，大森林中树林阴翳，鸟语花香，外在环境怡人，是学习的好地方；其次，大森林中坚果丰富，可供认知的物产丰饶，猴子不仅能采摘坚果，还能学习其他，这一点对猴子多向度的成长非常重要；再次，大森林中的奥秘总是无穷无尽的，可供探求的东西，也总是层出不穷的，大森林始终能够激起猴子的好奇心，有了好奇心就有了一切；最后，大森林是生态的、绿色的、和谐的，在这种环境中学习和生活的猴子，本身就潜移默化地受到影响，这也是教育，而且是最好的教育。

第二，刻画了美丽学生的镜像。

好学生应该像猴子。

猴子有什么特点呢？

生命在于运动。猴子比较活泼，经常是奔跑的、活动的、灵巧的。运动之余，劳逸结合，猴子偶尔也会皱着眉头思考人生。

猴子是聪明的，这种聪明是真正的智慧，而不是如狐狸般的狡猾。一旦解决不了问题，猴子也会抓耳挠腮，冥思苦想，但绝不会半途而废。

猴子的动手能力总是最强的，它们总是严格要求自己，滴自己的汗，吃自己的饭，自己的事情自己干。为了追求美好的月亮，猴子们手牵着手，尾巴勾着尾巴，合作无间，创造性的水中捞月，这与李白的浪漫主义一脉相承。

猴子还是动情的，它们既有“猿猱欲度愁攀援”的喟叹；又有面对凄清风景“两岸猿声啼不住”而伤心不已。而我们今天的学生，在应试教育的折磨下，很多人的情感已经枯竭。

猴子的担当，最让人感动。“山中无老虎，猴子称大王”。想想看，山中不过是没有老虎，那还有许多凶猛动物啊；但因为没了老虎，大家都失去主心骨，全变成懦夫。这时候，猴子却挺身而出，用柔弱的双肩担当起大王的重任，这种以山中为己任的精神，是一种什么精神？这是一种“山中兴亡，我的责任”的担当精神。

猴子还有咬定青山不放松的品质。先扎根于大森林中，采摘坚果，直到最后森林被砍伐、被焚毁，森林的面积不断减少，猴子却一直在坚守，直到最后一棵树倒下，猴子才落寞散去。这比无数饱学之人的人走茶凉和朝三暮四，不知道要强出多少倍。

第三，描摹了高效课堂的特征。

学习的本质就是猴子采摘坚果。

大森林中，意味着这样的课堂是大课堂，氛围是丰富的、多层次的、赏心悦目的；大森林的坚果又是难以穷尽的，不会出现好猴子吃不饱，孬猴子吃不好的现象。

采摘的内容——坚果，坚果是有营养价值，富含维生素的，吃了能够长身体，补脑子。这就有效解决了一个重大问题：学习的东西，必须是有用的。这种有用，不是功利性的有用无用，而是对我们的生命有没有价值和意义。

采摘的方式，注重了猴子的自我选择性，猴子可以选择自己个性化的采摘方式。没有谁人为地规定猴子，用什么样的标准、什么样的手法采摘；也没有人对猴子进行奖惩，设立什么最佳采摘奖，最美采摘手法奖等。这就有效地保护了猴子采摘坚果的内驱力。

保护猴子的自主采摘权，就是保护了猴子采摘的积极性。

说到这里，我突然想起一个问题。学校是大森林，学生是猴子，学习是采坚果。那么，老师呢？老师是什么？

对这个问题的回答，非常重要。

老师不能做猴子饲养员。

和学生课后交流。图中的四位同学中有两位考取了南京大学，另两位分别考取了中国政法大学和南京师范大学

如果是，则一定圈养了猴子，限制了猴子。出力不讨好，饲养员累，猴子也累，可惜现实生活中，很多老师就充当了这样的角色。

诗人非马说：打开笼门，让鸟飞走，还笼子自由。

只有鸟自由了，笼子才能获得自由。

老师也不能做森林看护夫。

知识守卫者是最大的无用者，知识不是稀缺的东西，任何人都能随时采摘，免费获取。森林守卫者，根本无需老师充当。

老师更不能做一个耍猴者。

让猴子向东，猴子不敢向西，在耍猴者的指令下，猴子打躬作揖，丢弃了整片森林，却为了讨取耍猴者手中的一点食物，何其可怜也！如果老师把自己当成一个耍猴者，那也必将被小猴子们耍，那是一定的。

那么，老师应该做什么？

我觉得老师应该做一只大猴子。

带着一大群小猴子，在森林中无拘无束、无法无天，做一个森林里的守望者。

与小猴子们一道经历，经历最初采摘到坚果的欢喜和兴奋，经历第一次品尝到坚果美味的幸福和自豪。这是大猴子生命的又一次成长，心灵的第二次发育。这是最美的教学相长。

当然，在这个过程中，大猴子可能还会给小猴子引路，并提供一些攀爬的经验，示范一些跳跃的技术，鉴别一些坚果的好坏……当然，所有这一切都是在不动声色中发生的。

也就是说，大猴子首先要充当小猴子的铺路人，其次是引路人，然后是一道采摘的同路人；直到最后，一定要做小猴子的陌路人，把整个森林和世界让给小猴子，让它们完全自主地选择大树和采摘对象。

世界毕竟是小猴子的，小猴子成长的过程，任何人没有办法替代。

为了这一份沉甸甸的成长，我们何妨做一个大猴子，用期待的眼神目送，并且，不用追。

六、什么是好的课堂

何谓课堂?

有老师，有学生，是不是就叫课堂?

有黑板，有粉笔，有三尺讲台，是不是就叫课堂?

有人传道、授业、解惑，有人听讲、听理，是不是就叫课堂?

我觉得这些都是外在的表象，都不是本真的课堂。

那么，课堂的本真是什么? 或者说，好的课堂是什么样子?

好的课堂必须有一种氛围。日本的佐藤学先生认为是“润泽”。我的理解，好的课堂氛围必须是湿润的、润滑的、无声的、和谐的；还有，好的课堂还是有光泽的、有恩泽的，能够泽被后人的，有精神滋养的。

好的课堂必须要到生命里去。我主张课堂要“从生活中来，向生命里去”。当然，这里的生活不仅仅是指我们日常的生活，需知教育也是生活，而且是更重要的生活；

江苏省苏州中学 智德之门

但核心一定是要往生命里去的。一切没有进入灵魂的东西，以及没有进入思想和精神层面的东西，都是肤浅的、表层的，都注定没有和自己的知识体系和结构产生关系，因而也不可能整合到自己认识的世界里去。这个时候，课堂教学看上去轰轰烈烈，但是，生命不在场，灵魂不在场，真正的教育并没有发生。

好的课堂必须充满矛盾。世界的本质就是矛盾的，认识事物也是矛盾的，知识的获得和层递都是在矛盾中产生的，因此，课堂的核心必须是矛盾的产生和解决，以及新矛盾的产生和绵延。没有矛盾的课堂是没有张力的课堂，必然是失去挑战性的课堂。好的课堂必须要在“去弊、遮蔽、再去弊”中螺旋式发展，从而达到“去弊、澄清、敞亮”的境地。

好的课堂必须伴随着发现。在“认知激情”的驱动下，努力探索生活世界的生存奥秘，这构成了课堂的魅力所在。发现唯有课堂才能发现的东西，或者重新经历知识原初发现的“惊险”和“战栗”，乃是课堂存在的唯一理由。一个好的课堂，如果不能帮助学生发现那些未知的存在，那它就是一个不道德的课堂。发现是在课堂中唯一的道德表现。

发现的绵延，构成了所谓的课程，或者说是课堂发展史。

好的课堂必须是相对模糊的。我们需要面对的不是一个唯一的绝对真理，而是

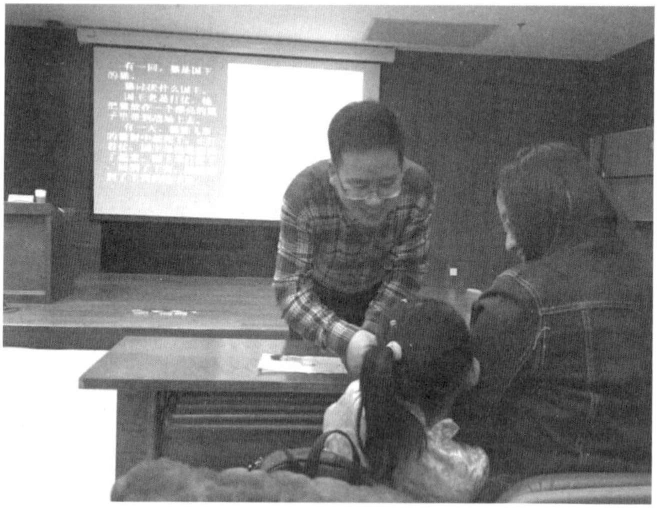

在宁波新华书店给小朋友们上课

一大堆互相矛盾的相对真理，所以，人所拥有的唯一可以确定的，是一种不确定的智慧。然而，在课堂上，我们常常有一种天生的不可遏制的欲望，那就是在理解之前就评判，仿佛我们拥有一个先验的绝对真理。有没有绝对真理，我没办法给出确切的论证，但所有课堂上的绝对真理，只能理解为绝对愚蠢。课堂的本质，不应是一种道德态度，而应该是一种探询。因为世界具有本质上的相对性，这种相对性决定了最高审判官的缺席。那么，谁才是课堂上最高的审判官、课堂上最高的审判官，只能且必须要交给岁月，或者说交给课堂沉淀之后所剩下来的东西。任何外力都没办法代替。代替是可耻的，也是拙劣的。

好的课堂必须要理论化。好的课堂，必须要在反思之后，进行选择、反思、萃取、晶化或改造、重组，使之成为一种理性思维乃至理论成果。这是课堂的后续，但却是好课堂必不可少的一部分。然而，很多教师不重视理论，甚至鄙夷理论、敌视理论。这使得很多的好课在岁月中流逝，湮没于荒烟蔓草间。殊不知这些好课，就如当初的芽儿，历经了奋斗的泪泉，洒满了牺牲的血雨。

马尔库塞说：“理论是不能改变世界的，只有人能改变世界，但理论能改变人。”

理论岂止是能改变人？更重要的是能够指引人、塑造人，这是课堂必须理论化的最重要的理由。

乔治·奈勒说：“那些不应用理论去思考问题的教育工作者必然是肤浅的。一个肤浅的教育工作者，可能是好的工作者，也可能是坏的工作者——但是好也好得有限，而坏则每况愈下。”

每一个教师，每天都与课堂相伴，课堂几乎是我们形影不离的恋人。而对这个与我们休戚相关的恋人，我们真正的理解还很少。原因有三：其一，是钟情不够；其二，是习焉不察；其三，离我们最近的东西，往往离我们最远。正如泰戈尔所说：“世界上最遥远的距离，就是鱼与飞鸟的距离，一个翱翔天际，一个却深潜海底。”

七、课程之外无好课

对于一些就课堂探讨课堂，并且孜孜不倦地研究高效课堂的人，我对他们的执着赞叹不已，却很难保持对他们足够的尊重。原因很简单：课程之外无好课。

这个观点貌似极端，却未必是轻率的。甚至可以说，这个观点将来一定会达成某种共识。

关于课堂，我们曾经走过很多弯路。多少年来，我们通过公开课，或观摩、或探究，不断追求教学方法的变革，但却少慢差费，效率低下。后来，王荣生先生的话犹如当头棒喝：与其关注“怎么教”(教学方法)，不如回到“教什么”(教学内容)。

毋庸置疑，“教什么”构成了教学的主体，是课堂教学的核心，离开了这个逻辑起点，探讨“怎么教”的确是没有意义的。很快，郑桂华老师完成了对语文学科“教什么”的回答。语文教学教什么？语文教学应该教“文本的核心价值”。

但是，问题又来了，何谓“文本的核心价值”？

一方面，不同文体，文本的核心价值趋向肯定有所不同；另一方面，同一文体，在不同地域、不同学段、不同单元，甚至在不同班级中，它的“文本核心价值”很可能是有区别的。就算同一则材料引入不同的文体中，它的材料价值也会大异其趣。例如，孔子韦编三绝，如果是在说明文中出现，很可能用来说明孔子时代的图书是竹简和木牍；而在议论文中出现，极有可能是拿来证明读书是需要勤奋的。

因此，针对“文本的核心价值”，我们也必须要梳理：其价值侧重在内容所蕴含的人文价值，还是形式所蕴含的表达价值，或是提供进行某种练习的材料价值。这三者分别侧重于精神思想、表达智能和阅读程序。我们完全可以根据自己的需要来确定文本的核心价值。也就是说，文本有它固有的价值，这是确定无疑的；但其核心价值很有可能是我们教师所赋予的。

但这一切还只是表象，课堂如果不能上升到课程的层面，再精致的课堂也不值一提，无足轻重。因为它依然是片段的、零散的、杂乱的，缺少课程程序，也即类似的价值杠杆和有效信道，它不可能有效系统地整合进学生的灵魂和生命，它依然独立于我们的生命系统之外，依然油是油，水是水。这样的课堂只是知识的堆砌，是学生“会的东西”，而不是学生“有的东西”，更不是学生“生命中的东西”。

(一)什么是课程

我们很难说课程是什么，但却知道课程不是什么。在课程不是什么的描述中，也许可以看出课程的一些端倪。

比如，我们阅读了一个作家的一篇文章，这并不是课程；但当我们有意识地研

在衡水中学讲课

究这个作家，梳理他跌宕起伏的人生，研读他各个阶段的很多作品，分析和评价他的思想嬗变，以及这些作品和时代之间的关系，这就是课程了。

老师买了一盆花放在教室里，这不是课程；但当孩子们每天给花浇水，细心地观察花，写下茎叶的变化和花香的弥散，以及在弥散的花香中所收获的友谊和成长，这就是课程了。

孙双金老师讲了一首送别诗，这也不是课程；但把很多首送别诗放在一起，研究古人是怎么"送别的"。"以目相送"——"孤帆远影碧空尽，唯见长江天际流"；"以酒相送"——"劝君更尽一杯酒，西出阳关无故人"；"以歌相送"——"李白乘舟将欲行，忽闻岸上踏歌声"；"以语相送"——"莫愁前路无知己，天下谁人不识君"……这就是课程了。

在这样的表述之下，我们再来研究什么是课程。

课程原意为"跑道"或"道路"，最常见的课程定义是"学习的进程"，又简称学程。当前作为共识的课程意义，一般是把课程理解为：为了实现学校教育目标而规定的教育内容的总和。

（二）一线教师眼里的课程

干国祥老师认为：课程就是“道”，就是被我们用脚走出来的道路；课程，就是通过这条道路，走到道路终端的那个人。所有从“道”上走来的每一个人，他们本身就是课程。

在我看来，课程还是一条条线段。有教育的起点，有延展的方向，还有阶段性的终点。课程理当为人的生命成长奠基，人的生命成长由一条条线段编织而成。起点处，是问题，是人的各种可能性；终点处，则是问题的解决，是可能性的实现。当我们穿越了一段又一段的课程，解决了一个又一个的问题，积累了丰富的知识、情感和理性时，我们的生命会变得越来越丰厚，思想会变得越来越饱满，眼睛会变得越来越清澈，这就是课程给我们带来的成长。

与衡水中学校长张文茂交谈

山东潍坊广文中学的入校课程非常有名。作为一门课程，它也有一个发现和形成的过程。入学典礼结束后的一张照片成了这个课程的起点。在那张照片上，孩子们个个神情无助、茫然失措。一个十二三岁的孩子，离开生活了六年的小学，来到了一个陌生的校园，他们没有朋友，不知道将会面临什么，不了解如何度过三年的初中生活。困惑、无助甚至焦虑，都扑面而来。

问题就是课程的起点。如何通过课程的实施，使孩子赢得朋友，获得安全感、秩序感和归属感，则是这个课程的终点。而在起点和终点的过程中，红毯上的妈妈把孩子的手交给老师的仪式，以及此后进行的互动游戏和讲述的故事；以及对校园的实地考察和对规则的接触，不过是狭义的课程内容与过程。

朱永新老师说得好："起点意味着课程实施对象受教育的开始，终点意味着课程目的的实现程度。而居于二者之间的，有计划、设想、方法、途径、资源、评估、修正……这三者合起来，就是我们所说的课程。它必须包含着它的起点和终点，而且目标必须在过程中不断地加以修正，有时候过程本身可能就是目的。"

假如把一个人赶赴婚礼看成是一个课程，那么，重要的未必是婚礼，婚礼不过是意外的奖赏，在此过程中的穿越，可能是最大的课程目的。征途即是真经。

由此看来，小到一次迟到，大到一个人的一生，只要教师带着明确的目标，追求确切的愿景，并自觉地去设计和应对，这就是一个课程。

(三)我的两个课程建构案例

苏教版高中语文必修一第一专题"向青春举杯"，第一板块是"吟诵青春"，由三首诗歌组成。在学习了这三首诗歌之后，我设置了三个微型诗歌课程，带领学生穿越这个课程。

第一个课程是"诗歌的成长史"。从相传为中国历史上的第一首诗歌《弹歌》开始："断竹、续竹、飞土、逐宍"，第一首文人七言诗，第一首格律诗，第一首词……我把诗歌当作一个孩子，看诗歌如何从"蹒跚学步"走向成熟和辉煌，直至今天的些许落寞，这期间究竟发生过什么。

第二个课程是"历史在诗歌里穿行"。结合历史大事，选择经典诗歌烛照历史。一段段历史被诗歌承载，而这些诗歌，也不再仅是诗歌而已，它们既是诗，也是史，堪称诗史。

最核心的是第三个课程"摇曳在诗歌里的人生"。我用经典诗歌编织每个人的人生历程。我们在诗歌里回忆过往，致我们终将消逝的青春，也畅想我们必将迎来的中年和最终垂垂老去的岁月。

童年时期，我选择了《背着书包玩耍》，还有《童年》《同情》《毛虫和蛾子》《孩子给老师的请求书》；少年时期，我选择了《没有一艘船能像一本书》《我辞别了我出生的房子》《热爱生命》《谁终将声震人间》《新月集·赠品》；青年时期，我选择了《偶然》《一棵开花的树》《预感》《露易莎》《公园里》《星星们动也不动》；中年时期，我选择了《如果我能使一颗心免于哀伤》《答复》《秋日》；老年时期，我选择了《晚钟》《当你老了》《沉重的时刻》。

这是诗歌的课程，也是人生的课程。我们在诗歌里穿越，也在人生中经历。人就是要这样美好地长大，并诗意地栖居在地球上。

当然，这样的课程开发需要灵感，更需要精力。有时候，我们也可以因地制宜，通过对单元文本的整合、变通，开发出微型课程。

比如，苏教版高中语文必修一第四专题“像山那样思考”，我们完全可以从另外一个视角，多重观照，把它们做成一个微型课程。

比如，“江南的冬景”中“散步”的郁达夫；“西地平线”下“仰视”的高建群。此两者都是“谛听天籁”，一个通过散步，谛听自己的内心，有一种生的“情趣”，美的“姿态”，活的“神气”，正好烛照出诗人在“江南的冬景”下所体验到的悠闲、温馨和快乐之感，以及“得失俱亡，死生不问”的隐逸的意趣。一个通过“仰视”，借助惊心动魄的三次落日，来谛听自然的回声。但重要的不是落日，而是“我”，一个具有人类生命情节的“我”，在落日下产生的历史感、庄严感和神圣感。

“赤壁”中“说服”自己的苏轼，“西山”中寻找“自我镜像”的柳宗元。此两者均是失意之人，他们对自然的感悟，不过是寻找自我的救赎。

大凡诗人要超脱世俗的重压，常常有两个好去处：一个是看你能否与大自然融合，在自然中望峰息心、窥谷忘反；一个则是在丰富的儒释道思想之中，能否找到知音，了然彻悟。

苏轼选择的是后者，他把儒家的道德文章，以及道家的清静无为和佛家的度人自度融贯在一起，完成了自己的人格塑造。他不需要躲避官场，无论是庙堂之高，还是江湖之远，对他来说都是“外部世界”，他所寻求的是“内心世界”的安宁，“此心安处是吾乡”“也无风雨也无晴”。

柳宗元则不同，他在永州西山中寻找到了“自我镜像”，从而说服了自己。那么美好的西山，何以被遗忘、被遗弃、被冷落、被轻蔑？不就是因为“西山之特立，不与培塿为类”；而才高八斗、学富五车的柳宗元，何以累累若丧家之犬，不容于当世？不就是因为柳宗元的特立独行、人格高迈？西山的遭遇就是柳宗元的遭遇，在和西山的惺惺相惜中，柳宗元的孤傲、决绝，以及不管不顾，还有内心的痛苦和“恒惴栗”的感受，突然得到了缓解、释放，最终“心凝形释，与万化冥合”。

再看，《瓦尔登湖》的作者梭罗，《像山那样思考》的作者利奥波德等，其中所谓的“湖山沉思”，都是指向当前生态的恶化。

梭罗，这个纯粹的自然主义者，他用自身的实践建立起了人与自然的伦理关系。他用了“天上的街市”瓦尔登湖来对照出眼前的污浊。其中的《神的一滴》是对环境恶化的一种忧思、一种辛酸、一种悲悯。

利奥波德则走出了更为稳健的一步，为什么“像山那样思考”？山是自然界中最坚实可靠的部分，它的思考一定是自然的、本真的、生态的。只有山，才能真正了解一只狼的嚎叫。这意味着“人类中心论”的倒塌，大地伦理观开始得到确立。

把这三者结合起来，我们就会构成一个层层递进的人文系统。这样的课程，不仅是学生加强人文涵养的需要，也是学生生命成长的必要。

八、生命，有待于师生共同书写

生命，是一场“兵荒马乱”的奇迹。

正如毕淑敏所说：“常常遥想，如果是另一个男人和另一个女人，就绝不会有今天的我；即使是这一个男人和这一个女人，如果换了一个时辰相爱，也不会有此刻的我；即使是这一个男人和这一个女人在这一个时辰，由于一片小小落叶或是清脆鸟啼的打搅，依然可能不会有如此的我。”“对于我们的父母，我们永远是不可重复的孤本。无论他们有多少儿女，我们都是独特的一个。”

那么，对于老师呢？

每个学生依然是一个不可重复的孤本，失去一个孩子成功的可能性，一万个孩子的卓越也不能弥补。因为，一万个学生的卓越，对一个失去成长可能性的学生而言，毫无意义。

从这个层面来说，教育是一项极其危险的事业。

如何给这项危险的事业增加一点保险？如何使得我们的孩子能够在校园里不那么“生不如死”？如何让儿童脸上有点天真，少年脸上有点顽皮？这是我们教师的责任，也可以说是使命。

我的做法是共生、共读、共看、共写。

(一)共生

共生是植物学中的一个概念，是指两种生物彼此互利地生存在一起，缺此失彼都不能生存的一类种间关系。师生关系也是如此，师与生是相对而言的。没有生，就没有师；没有师，也就没有生。这两者彼此依存，共同发展。陶行知先生说：“师生发展的最高境界，是师生合作创造出值得彼此崇拜之活人。”

如何创造出值得彼此崇拜之人呢？其实质就是在共生中，师生教学相长，互助促进，从而达到生命和谐成长的极致。

人的生命是一个不断书写的故事，每个人都是自己叙事的书写者。

我常常迷恋这样的场景：对老师而言，学生构成了自己在生命中叙事的重要他人；对学生而言，老师也构成自己在生命中叙事的重要他人。师生在共生中彼此编织，互相书写，构筑共同的精神底色，拥有相同的心灵密码。

生命在一次次的相遇和碰撞中反刍、裂变、脱胎换骨。

人生应该是一种不断书写的故事。作为书写主体的我们，要用“坚定的价值判断与选择”为墨，用“执着地持之以恒的努力”为纸，书写我们“终身信守的理想主义”。

(二)共读

在师生生命的互相编织中，经典作品的共读非常重要。

任何一个经典作品的抉择，都有可能改写我们生命的整个叙事，经典是我们生命叙事中的重要一部分。

朱永新先生说：“一个人精神的发展史，就是他的阅读史。”

通常一个人只有几十年的阅历和很狭小的生活空间，很难支撑起个人精神世界的大厦，因此，必须借助阅读来丰富心灵，提升精神品格。阅读什么？当然是阅读经典。

人类的文明和文化，除了少部分以物化的方式延续下来，更多的则是蕴藏在经典作品中。一代一代的人把那个时代的精神，把那个时代的发展高峰用文字记录下来，所以经典作品能够经受住时间的考验而历久弥新，并最终成为我们精神的源泉和营养。而且经典作品，还以经典的方式触及、思考和表达了人类生存的基本问题，其深度和广度令后世难以超越。

经典作品还能烛照人类社会几千年的历史和文化，给人丰富深厚的人生经验。另外，经典作品中包含着对生命价值、生活意义，以及得失荣辱、贫富贵贱、安危穷达、爱恨善恶的深刻思考，积淀着人类几千年来关于人生的思索和生活的智慧，能很好地抚慰人类脆弱的心灵。

因此在《巴黎圣母院》中我们看到了什么是美、什么是丑；在《安徒生童话》里面，我们读到了什么是同情、什么是爱心；在《老人与海》中，我们认识了什么是坚强、什么是韧性；在《基督山伯爵》中，我们读到了什么是恩怨、什么是爱恨……

经典阅读给人的阅读体验，是接受经典，珍惜经典，是文明的标志，也是创新的开始。

2004年开始，我带领四个优秀学生共读经典。她们是李鑫、梅莹、王贤、秦瑶。

我每周都要给她们印一些经典作品，让她们慢慢品读。星期天一早，我们五个人坐在一起。从秦瑶开始，一个一个谈，谈认识、谈感悟、谈疑惑、谈精巧的构思、谈心灵的震撼、谈艺术的美感……我们常常迷醉在美妙的文学殿堂中，沉醉不知归路。每一次交谈完毕，我们都通体舒畅，感觉生命如此美好，感叹可以享受到如此美文。那段时间，成了我教学生涯中难得的一场文学盛宴和精神盛宴。对于这几个孩子，我坚持做到了让她们既脚踏实地，又仰望星空。

一直延续到高考前一个月，我们的这项活动才停下来。

李鑫是这几个学生中最有意思的一个。她常常因为迟到而被老师堵住，在走廊里批评。那个时候的李鑫，一脸的茫然，任凭老师说得口干舌燥，下一次她还是雷打不动地迟到。她还是一个特别有主见的女孩子。

有一次，我去租碟片，正好看见她也在租碟片，我们随便交流了一下。我这才知道，在那么苦累的高三，她每周回家依然要看电影，一次都不落下。《哈利·波特》是她最喜欢的读物，而动漫，她也很喜欢。单薄的语文课，根本不能满足一个富有想象力的孩子的心灵。

有一次，我们讲李白的《春夜洛城闻笛》。

谁家玉笛暗飞声，散入春风满洛城。
此夜曲中闻折柳，何人不起故园情。

我记得李鑫站起来分析她最喜欢的一个字——“暗”。

她说：“第一，‘暗’，照应了这是一个暗夜。在暗夜里，笛声传过来。此诗最大的特点，不在看，而在听。因而月亮自动地‘缺席’了。所以，‘玉笛’要‘暗飞声’。第二，‘暗’，又与玉笛‘玉’的光亮形成一种反差。诗歌需要一种‘亮度’。第三，‘暗’，还指笛声的幽怨、幽微。毕竟是晚上，不宜嘈杂，这是人之常情，下面的思乡，更是一种人之常情。第四，‘暗’，表明这种思乡感情的抒发还是优柔的。也许这是常年在外的人，逐渐形成的一种思乡的表达方式，不是那么激烈，很悠远，并且忧伤。第五，这种‘暗’的优柔的思乡，正好对应着后面‘何人不起故园情’的强烈思乡，突出了《折柳曲》在某一个特定时间对诗人的一种震撼……”

李鑫分析完了之后，全班掌声雷动。

我记得我当时都有一点语无伦次。在优秀的学生面前，老师总有点笨拙，可是，我享受属于我的笨拙。

李鑫的作文，是有灵性的文章，淡淡的文字，犹如清新的柳枝和淡淡的羽毛，有一种意境美。高考语文李鑫考了130分(满分150分)，并且荣获苏州市文科状元，拿到了北京大学的通知书。李鑫还是一如过去，突然被叫到名字时，会显得有点茫然。

也许，一切优秀的学子，都有一个共同的特点，就是对这个世界充满疑问。因为疑问、因为沉思，因而也常常显得茫然。有人问维特根斯坦，罗素为什么退步了。维特根斯坦回答说，因为罗素没有问题了。

这四个孩子，李鑫考取了北京大学，梅莹考取了南京大学，王贤考取了中国人民大学，秦瑶考取了湖南财经大学。

有了这一次共读的经验，下一届我更加放肆起来，带领着我的孩子们，阅读了一本本经典著作，占领了一个个精神高地，享受了一道道饕餮盛宴……而这些孩子们，从此也成了精神明亮的人。

我常常想，就算这些经历过经典洗礼的人，即便没有考取他们理想的学校，又有什么关系呢？他们照样精神丰富，是心灵的贵族，并且在生活中能够承受更多的风雨，因为文学是恒久的依靠。

(三)共看

起初，是为了解决写作难题，我下决心和孩子们一道共看经典电影。

我常常感到疑惑，生活中，几乎没有哪个孩子不害怕写作文，但也几乎没有哪个孩子不喜欢看电影。

我就在想，能不能在这两者之间找一条捷径，既能带领孩子们看电影，又能从电影中寻找归纳写作之道。

尤其是国外的经典电影。一方面，不少导演本身就是哲学家、思想家，洞察人性，艺术追求，细致入微；另一方面，他们耗资巨大，为了收回投资，又逼迫他们“上下求索”。有了这两方面的保证，国外经典获奖影片，每一部都是一个丰富的宝矿，值得深入开采。

因此，从2006年开始，我又开始了高中作文电影课的尝试。

几年来，我带领学生每三周看一部电影。一个个母题的深入发掘，成为一串串闪亮的珍珠。然后，我们把这些美好的东西，编织成一张“夏洛的网”。

我相信，他们能够成就我们的美好人生。

在《肖申克的救赎》中，我们感到，在黑暗中，唯有灵魂发出一束光，希望、勇气、坚持，还有友谊，才能够冲破一切。

在《那些年，我们一起追的女孩》中，我们一起品味青春，或者缅怀青春。“青春不解风尘，胭脂沾染了灰”。但，任何时候，只需回首一眼，就能拂去久落的风尘。

在《死亡实验》中，我们感受到了一种被压迫者的教育学。我们重新认识情景，一个随意的定位，就会使自己入境。人的确是由自己塑造的。

在《周渔的火车》中，我们认识那个叫爱情的东西。有时候，我们拼命爱着的东西，未必是爱上的那个东西，只是爱上爱情。我们常常走得太远，忘记了我们为什么出发。

而在电影《九死》中，我们真切地感受到了死亡和无助。未知死，焉知生？当死亡突然来临，我们往往才更靠近生存的本质和真谛，然而现实中，我们为什么那么善于浪费？

在《西西里的美丽传说》中，我们见证了一个孩子的成长，有时候美丽就是一场战争。人有时候，不是憎恨一种意识形态，而是嫉妒一种真正的美。

而在《唐山大地震》中，孩子们也很好地理解了 23 秒和 32 年之间的巨大反差。家园可以重建，而心灵上的坍塌，则需要用一辈子来偿还。

在《阿甘正传》中，我们认识到阿甘美国式的奔跑，这是一个国家成长的寓言，小人物也可以改变历史。

最最激动人心的，是伊朗电影《小鞋子》。这是一个民族对一个理想的坚守和执着。然而，在岁月的长河中，我们还有多少人能够持之以恒地为一个隐约的梦想而奔跑？

第七届名家人文高端论坛暨名师课堂研讨会

(四)共写

吸纳多了，撑了，痒了，产生感动了，就想写。一写，一呼众应，而且余音不绝，自然就一发不可收拾。

共写，成为我们生命中最美好的事。

每个课前，我们都有一名学生，到讲台上朗诵自己的作品，我们管它叫“疯狂语文”，一点都不逊色于李阳。

另外，我们班级每一组都有一个漂亮的本子，大家轮流写随笔。后面的人，不仅要把自己最美的才华表现出来，还要负责点评前面同学的妙文，有的还要给前面的人配画、配诗，我自然也是其中的一员，不过，由于比较笨，我的文字常常被很多学生批评。我如夫子，累累若丧家之犬，灰头土脸，但，那有什么关系呢?

家长也忍不住了，有时候也捋起袖子，下下水，凑热闹，不过，他们照例能赢来一片笑声，就像孔乙己来了。

后来，我们又玩大的。开始每天都要轮流命题，大家口头作文，体验古人出口成章、倚马可待的感觉。而我在座位间穿来走去，信口点评，难免胡诌，如诸葛亮舌战群儒，这是最受学生欢迎的课。

为了避免学生只看到丑，而看不到美，我让学生用最幽默的文字，只允许描述同学的优点，并且嫁接成一篇文章，那是全班同学送来的最好祝福。如假包换，全国只此一家，别无分店。

比如下面的这一篇传记，就是用全班同学的文字嫁接而成的，也成了这个孩子高中阶段最好的礼物。

或许，若干年后我们会忘记生命中的许多人，但有一个人我们是不会忘记的，他就是“铁人”宦树松。

铁人宦树松

松松，来自原高一(4)班。因为军训时老是与教官叫板，教官看他不顺眼，一会儿叫他做俯卧撑，一会儿叫他跑100米，一会儿又叫他快跑50米(而且限6秒内完成)。结果他每完成一个任务，都不会吭一声，而且50米仅用5.8秒，顶着烈日跑操场20圈面不改色，连做200个俯卧撑，也好像没事一般，轻松得让一旁的李主任目瞪口呆。教官问:“你是铁人吗?”从此，“铁人”之名流传至今。

铁人，一米七五不到，皮肤稍黑，脸上有韩星宋承宪的影子，他的胸肌与腹肌极其完美，是我们班唯一有资格穿紧身背心的人。曾经在厕所里，很多人抢着拍他的裸照，留作纪念。每年运动会，全校敢同时报1500米与3000米长跑的就只有他，跑3000米之前他还敢踢半场球。

他不光肌肉铁，意志更铁。铁得让很多老师适应不了，叫苦不迭，常常是脸上乌云阵阵，甚至会大雨倾盆。可以说除了不喜欢上课，他什么都喜欢，喜欢吃，喜欢穿，更喜欢玩。

他最爱吃鸡爪。一节课下来，书也许一页没翻，地上的鸡骨头已是一大堆。老师受不了，只好让他用纸包了带回办公室，交给他家长看，家长陪着一脸的无奈，说这是他早已形成的习惯。之后，每每提到鸡骨头，老师们却再也气不起来，反而笑得开了怀，从此他又多了一个“鸡骨头”的绰号。

“铁人”吃东西吃得特别干净。在同学想扔掉不想吃的东西时，他会生气地说：“不要扔，拿来给我吃，我最讨厌浪费粮食了！”“铁人”凶悍的外表下藏着一颗善良的心。看不惯生活中的是是非非，喜欢打抱不平。昨天晚自习，我无意发现他的脸部眼角留有指甲与拳头的痕迹，条纹弧形深浅各异，青紫不一。

在武术上他最崇拜李小龙。常将李小龙明星照上的“李”换成“宦”，他的双节棍会让一大批书呆子大跌眼镜。球场上的他更是神采飞扬，据说他的球衣是从巴西空运来的。当然他和他的“发烧友”十有八九会被从球场扭回班级或遣送回家，谁叫你在学习的时间溜出去?

下课的时候，他总是跑来跑去，慌慌张张，好像总是在赶时间。比如说，在上课前一分钟，他才会如梦方醒地跑向卫生间。

他的桌上乱得一团糟，不是垃圾堆，胜似垃圾堆，开学不到二十天，不读书也能破万卷。课对他来说就是梦游，他很幸福地趴在书堆上。老师也不愿去叫醒他，因为他醒来常会带来破坏，吃吃苹果，挠挠头皮，抠抠脚指头什么的，脱鞋也罢，有时他还脱裤子，脱了长裤换短裤。

偶尔他也翻翻时尚杂志，嘴里常常念念有词：“越看越火，每件都要900多，我的衣服才九十几！”

他有卓别林一样的搞笑天赋。很多人都误认为他的大脑搭错了神经，花许多智商在搞怪上：他会在班级最安静的时候突然冒出一句，弄得大家大笑不止；他会应课件里的机枪声响而轰然倒地；他会因一件新球衣兴奋几天几夜；他迟到的次数多，理由也多，不是没有闹钟就是肚子痛；他总爱大声唱那首《枫》：“缓缓飘落的枫叶像思念，我点燃烛火温暖岁末的秋天……”

所有的校纪班规体罚对他来说都如同未过耳的东风，再狂的风也无力改变他澈蓝的心空，再大的雨也不能泛起他静若止水的心波，因为他是——铁人！

这样的传记，我们班级每个人都有。

到了高二，学了《史记》中的人物传记，我们立马“不抽大烟，改抽白面”了。所有的传记，全部重新书写，而且一律用文言文。轰轰烈烈的古文运动，在21世纪中国的一个课堂上重新兴起了。

黄丽云传

陆蓓蓓

黄丽云者，沙洲三兴人。云喜读屈平《楚辞》，乃号为天问，以表高山仰止之情。余亦自号九歌，以相娱乐。丽云与余同窗一年有余，然二人性情大类，虽一二春秋，而相亲甚厚。

丽云身娇玲珑，彼行路之状异于众。常摆手翼于后，每站定，啾啾鸟语，珊珊可爱。或面吾，脸骤大若银盆，吾常吓退数步。彼知吾惧怖，以后多吓吾，吾见多仍怪之，彼大笑。实不知吾乃特意为之，引彼为笑耳。

丽云尝自语其人曰：“眼热心冷。”余实不然。吾常穷于作业，每百思而不得其解者，莫之难者。是以丽云循循善诱，教予不厌其烦。吾学有进者，多赖丽云之助也。吾大胃口，每餐毕，腹果然，然一二时辰，面有饥色。丽云察之，慷慨与吾面饼。吾尝怪曰：“汝饱乎？安能多遗吾？”丽云莞尔笑曰：“吾乃神人也。岂不闻‘神仙不食人间烟火’？吾修辟谷方术，不同凡人也。”吾闻之愣然，既而大笑。彼之善心与抽风，于此可窥一斑。

吾长彼一岁，然其心思之缜密，才思之敏捷，吾辈不可及。丽云善作文，议论尤甚，常多于师长。其文约，其词微，隐大道于细末，读罢拍案而不自禁赞曰：“真乃妙文也。”彼素自谦文粗陋，理无以发，实过之。丽云察物入微，常倚窗凝神，若有所思而有所得者，随笔录之。顾其为文，实真情流露，不矜不矫，无怪乎能舞幽壑之潜蛟，泣孤舟之嫠妇。

《红楼梦》者，古今第一小说也。《红》之言曰：“其静若何，松生空谷；其文若何，龙游曲沼；其神若何，月射寒江。”其天问之谓也？

弘一法师临寂言：“君子之交，其淡如水，执象而求，咫尺千里。问余何适，廓尔适言，华枝春满，天心月圆。”人生能得一知己若丽云者，不亦乐乎？

如果，让我来给教育下一个定义，我想说，教育，就是一场相遇。或者，教育，就是一场分享。

在有限的时间里，我们猝然相遇，然后，或交叉、或重叠。但在此过程中，我们分享了我们的人生，我们也因此拥有了别人的人生。我们彼此交织，成了彼此生命中的一部分。

九、深度语文：重拾母语教育的尊严

按照常理，语文学科应该是学生最有兴趣、最拿手的优势学科；然而，12 年语文学下来，看不懂文章，不会写作的学生比比皆是。

吕叔湘先生所说的“语文教学的少慢差费”，迄今非但没有改变，反而沉疴渐重，病入膏肓。语文教学已经到了最危险的时候！

所以然者何？

作为基础教育最大的学科，学习语文的性质至今尚未取得广泛共识。“工具论”者只注重双基夯实和应用能力的培养，其结果是语文越来越窄化；“人文论”者轻视文本价值，拼命倡导人文精神的熏陶，其结果是语文越来越泛化。

新的《普通高中语文课程标准(实验)》试图糅合着说：“工具性与人文性的统一，是语文课程的基本特点。”

但问题是，工具性和人文性能否实现主观的、外在的、简单的统一？如果能统一，它们内在的必然联系是什么？统一之后走向何方？如果不能统一，工具性和人文性究竟是何种关系？我们应该如何梳理这种关系以指引自己的教学？

其实，工具性与人文性之争基本是伪命题；但要命的是，这种论争掩盖了语文教学要解决的真正问题，如语文知识的问题。即使工具论者，也没有厘清哪些是真知识，哪些是伪知识，哪些是核心知识，哪些是边缘知识；这些知识来源于何处，其合理性依据是什么，凭什么要传授这个知识，或不传授那个知识，以及如何传授，等等。人文论者则片面强调语文教育的人文属性，但对人文属性与语文教育的关系又缺乏有效梳理，五花八门的人文主张，因为缺少学理依据，穿凿附会，贻笑大方。

深度就是高度　张家港外国语学校学生运动会

在这样的背景之下，当前很多老师的语文教学要么执此一端，死不悔改；要么随波逐流，莫衷一是。肤浅、单调、煽情、浅层次滑行……不教，学生还有一点兴趣；教了，反而味同嚼蜡。语文学习的无趣、无味、无效，已经到了“人神共愤”的地步。学生的语文学习兴趣不断削弱，语文的学科地位也不断下降，连于漪老师也忧愤地说：“语文已经沦落为小三子、小四子、小五子了。”

正是在这样的情境之下，我们发起了民间“深度语文”研究活动，希图重拾母语教育的尊严。

（一）何为深度语文

深度语文的“深度”，不是简单地追求深奥和深刻，而是立足于学生的认知水平，紧扣文本，在教学中不断地遮蔽、去蔽，再遮蔽、再去蔽。对学生进行思维训练和智力挑战，使文本的存在意义不断涌现，让学生时时刻刻都有发现和创造的快乐，不断获得学习的高峰体验，努力追求学生可能达到的最大的认知高度，以此破除肤浅和平庸的学习所带来的倦怠感。

“深度语文”强调理解存在、语言与教育三者之间的关系；强调将语文视为存在的方式与本质，将存在视为语言性生存，将语言视为存在的唯一实体；强调诗与思在语文中的重要地位，追求诗与思结合，或者“径由思抵达诗”。

(二)深度语文的全课程体系构建

1. 以“发展必备品格和关键能力”为本的教育观

深度语文从“人才培养”转向“人的教育”，其终极目的在于“人”：解放人、充实人、提升人，使学生在接受教育的过程中，逐步形成适应个人终生发展和社会发展需要的必备品格与关键能力，成为具有“文化修养、社会担当、灵魂自由和思想独立”的一代新人。为此，必须要重建教育观。

重新发现“学生”。“学”有两层意思：一是自觉，二是仿效；“生”是“学”的内容。“学”“生”者，小而言之：“学”“生活”之解决、“生存”之保障，“生命”之延续；大而言之：“学”人民“生”活、社会“生”存、国民“生”计、民族“生”命。

重新定义“老师”。深度语文认为，老师应该做四种人。首先是铺路人，其次是引路人，再次是同路人，最后是陌路人。教学的过程是老师主体性不断弱化的过程，最终达到“不教”，使学生自会读书，自会做人。

重新认识“课堂”。课堂的中心，是一个问题的提出、理解及解决的过程；是解决问题的工具和知识被探索、被发现的过程。如果没有将“问题—知识—真理”作为课堂教学的核心，没有师生完整而真实的相遇，没有真理重新被发现的“璀璨”和“炫目”，教学就不可能真正发生。

深度语文认为，好的课堂必须建立在三个论断之上。

第一，错误价值论。

错误的价值无可比拟，应该鼓励学生大胆犯错，其目的是让学生摆脱怕错心理，积极主动地参与教学。因为错误能给学生教训，能让学生警醒，还能推动学生实实在在的进步。

第二，学生视角论。

真正好的课堂，不是来源于教师视角，而是来源于学生视角。一切从学生的需求出发，以学定教，课堂就会有声有色，就会事半功倍，就会有出人意料的精彩。

第三，体验至上论。

美国缅因州国家培训实验室，对被试学生施以各种指导方法，学习二十四小时后，分析材料的平均保持率。其研究结果表明：讲授占百分之五，阅读占百分之十，视听结合占百分之十五，示范占百分之三十，讨论占百分之五十，实践学习占百分之七十五，向其他人讲授或者是所学内容立即运用占百分之九十五。

该实验得出的结论证明：学生实际运用或者体验老师的教学过程，乃是最高效的学习，没有体验就没有高效的学习。

2. 以“思维训练、智力挑战、生命发育”为导引的目标观

把存在主义哲学引进语文课堂，强调经由“思”抵达“诗”，在教学中不断遮蔽、去蔽，再遮蔽、再去蔽，从而使文本的存在意义不断涌现。

(1)深入的文本解读。深度语文文本解读有四个层次。第一层是知人论世，通过现实环境和作者意愿来解读；第二层是“作者死了”的纯作品解读法；第三层是原型结构解读法；第四层就是通过读者反映的理论来解读。

(2)深层的教学设计。教学设计是一种结构重建，是教师教学智慧的集中体现，应由浅入深、由低向高、由单一而多元。深度语文注重文本和“我”的互相驯养，强调“从生活中来，向生命里去”。

(3)深厚的语言习得。深度语文将语言视为存在的唯一实体，通过替换、删减、变形等多种方式，引导学生涵泳语言文字之美、风物人情之盛、思想和精神之广大。

(4)深切的情感体验。通过语言唯一存在的载体，努力把“我”代入“入境、入情、入心”的境界，“在清水里泡三次，在血水里浴三次，在碱水里煮三次”，深切体验文本背后的情感激荡。

(5)深刻的思维训练。没有智力挑战和没有思维训练的语文，就会逐渐走向肤浅和平庸，就会味同嚼蜡。深刻的思维训练，是保持语文新鲜度和挑战性的不二法门。

(6)深远的人文关怀。语文不仅是一种符号系统，更是民族精神和智慧文化的结晶。语文教育应该在“物质产品”和“精神产品”的生产上，培养起学生浩渺宽广的精神世界，以及远大辉煌的文化理想，还有对人类命运的终极关怀。

经由“思”，抵达“诗”的境地，一切都会豁然开朗，存在的意义就会不断涌现。

3. 以“三有六让”焕发课堂生命活力的教学观

建立“三有六让”式的课堂教学方式，确保课堂焕发生命的活力。“三有”即“有趣、有情、有理”；“六让”即“目标让学生清楚、疑问让学生讨论、过程让学生经历、结论让学生得出、方法让学生总结、练习让学生自选”。

所谓“有趣”，就是要教给学生有意思、有意义的东西，确保知识的鲜活有趣。

所谓“有情”，就是要发扬文学感受力，与作品情感共鸣。教育是艺术，是艺术就有情感，就有审美感受力。

所谓“有理”，就是要提高逻辑推导力。教育是科学，是科学就有理性，就有逻辑推导力。

好的语文课堂，是“情”“理”交融的课堂，既有文学的阐发，又有科学的概括；既有艺术的具象，又有科学的抽象；既有文学的“结晶”，又有科学的“结论”。

目标让学生清楚。目标要明确、具体、集中。明确，才能起到定向的作用；具体，才好落实；集中，才便于组织教学。目标之间还要紧密联系，这种联系，不仅是知识上的联系，还应该是逻辑上的关联和认识上的深入。

疑问让学生讨论。问题是前进的号角，提出问题比解决问题更重要。唯有发动学生提出问题、讨论问题，才能取得教学上的胜利。

过程让学生经历。强调学习的过程，并不在于让学生得出什么结论，而是要让学生立足于长期的、大量的、平凡的、琐碎的探究过程，养成严谨的态度和批评的意识，以及独立的精神，还有相应的合作能力和实践习惯。

结论让学生得出。不能让学生做结论的见证人，而要让学生做结论的证明人。教师只以平等的学长身份，参与学生的发展，绝不越俎代庖。

方法让学生总结。教师总结的方法再好，还是老师的方法。学生总结的方法再笨，也是学生的方法，哪怕是失败教训的总结，对学生都有百利而无一害。

练习让学生自选。练习分层，让学生各取所需。这里的练习不是知识的重复，而是课堂的延伸，是在巩固所学的基础上，提出新问题，进一步把触角深入未知领域中去，让学生拾级而上，享受成长的快乐。

4. 以“视点—质点—远点”为逻辑的过程观

以深度语文的“认识、怀疑、批判、吸收”的文本认识观为依托，我创造了“视点—质点—远点”的课堂架构，以破解当前语文教学的肤浅和庸常的弊端。

(1)视点是庖丁解牛式的切入点。视点牵一发而动全身，常在文章关节处、动情处、升华处，或者是矛盾纠结处，抓住这一点突破，常常能切中肯綮、事半功倍。好的视点给人的感受是：“初极狭，才通人，复行数十步，豁然开朗。”

(2)质点是教学要抵达的最高峰。质点有本质之意，是教师通过视点切入所要抵达文本价值的核心高地。

深度语文需要长久地磨炼

每篇课文都存在很多教学价值点，对全部价值点予以关注和教学，不仅不可能，也没有必要，所以要抓“语文核心价值”。文本不同，核心价值不同。同一文本，学生不同，核心价值的选择也可能不同。

(3)远点是文本的灵魂深处。“质点”之后怎么样？这是一个很现实的问题，很多优秀老师在这里遗憾地停住了脚步，很多优质课到这里戛然而止。其实，我们还可以往前再走一步，看一看“质点”背后的“远点”。

5. 以“审美—审智—审心”为阶梯的境界观

课堂首先是审美的，其次是让孩子变得智慧，最后还要深入精神的层面，让孩子灵魂充盈。“审美—审智—审心”，分别对应着“感性—理性—灵魂”。这是语文教学“术与道”相结合的三个境界。

艺术情感无非三个层面，情感的表层是感觉、感知，情感的深处是智性和理性。审智比审美更富于才智的挑战性，也更具有超越和颠覆现成话语的可能性。

注重审美到审智的过程观，就是要以对话、实践和创新为抓手，强调学生的思维展现，展示学生的学习过程，引导学生由审美向审智转化，让学生的心灵舒展，把课堂变成审美的灵性的智性的，从而激发出学生的创造力。

譬如“红杏枝头春意闹”，一个“闹”字，化视觉为听觉，让人联想到蜂围蝶绕、春意盎然的美好场景，这就是审美。但审美有时候解决不了问题，比如为什么“闹”字用在这里好？能否有更好的词替代？如果“闹”字能用，“吵”“打”也都能用吗？审美解释不了的时候，就必须要审智。

从心理原因来看，“吵”“打”带有厌烦和贬义的色彩，不符合春意盎然的喜庆；从联想的逻辑来看，“吵”“打”和红杏风马牛不相及，“闹”字则不然。红杏—红火—火热—热闹，几步联想，一气呵成。由此可见，“闹”既符合词语的陌生化，又契合联想的心理，绝对是“中国好修辞”。

从审美到审智，从感性到理性，如果仅仅这样理解深度语文的教学，仍然是危险的。也就是说，审智不是我们追求的最终结果。

傅雷在《给傅聪的信》中有这样一段话，意味深长：“关于莫扎特的话，例如说他天真、可爱、清新等，似乎很多人都懂得；但弹起来还是没有那种天真、可爱、清新的味儿。这道理，我觉得是‘理性认识’与‘感情深入’的分别。感性认识固然是初步印象，是大概认识；理性认识是深入一步，了解到本质。但艺术的领会，还不能以此为限。必须再深入进去，把理性所认识的，用心灵去体会，才能使原作者的悲欢喜怒化为你自己的悲观喜怒，使原作者每一根神经的震颤都在你的神经上引起反响。否则即使道理说了一大堆，仍然隔了一层。一般的艺术家偏于理智、冷静，就因为他们停留在理性认识的阶段上。”

从审美到审智，再到审心，从语文教学的层面来看，我们可以把它分为三个阶段：感性—理性—诗性。一切体验必须要用心灵去体会，才能真正地融入血脉。这时候，知识不再是外在于我们的知识，而内化为我们丰富生命的一部分，我们就将成为真正精神明亮的人。

譬如教学《活了100万次的猫》，整堂课我设计了三个问题。“猫为什么不再起死回生?”“这是一个有关什么的故事?”“这个故事与我何干?”三个问题梯度鲜明，尤其最后一个问题的探究，让所有人感同身受，猫的故事就是我们的故事。所有的故事都曾经发生过，所有的故事都是同一个故事，所有的故事都是我的故事。

6. 以“问题绵延”走向未来的课堂模式观

没有问题就没有教学，以问题的绵延为抓手，可以构建走向未来的课堂教学模式：话题—探险—对话—冲突—建构—绵延。

(1)话题。主题向话题延伸。由于过去的知识单元，逐渐让位于主题单元，主题单元的包容性和广阔性，给我们提供了一个开放的话题领域。

(2)探险。阅读是作家和读者的一种对抗。对作家而言，写作是一场冒险，尽量要出乎读者意料；对读者而言，阅读是一次探险，就是要把作家带给我们的意料之外转变为情理之中。

(3)对话。课堂上的对话具有很多的特殊性。作者、文本、编者、教师、学生，众声喧哗。这种对话，是一种多边的、多重的、互动的和立体的对话，是思想碰撞和心灵交流的动态过程。

(4)冲突。文学作品充满了冲突，这种冲突给文章带来了巨大的张力。教学应由冲突引起，并围绕冲突展开。教学的过程是冲突的形成、展开和解决的过程。没有冲突，就没有教学。教师要精心创设冲突情境，让学生不断产生问题，问题就是冲突。

(5)建构。新知识、新观念的到来，必然使原有的知识结构失去平衡，而失衡自然是反常的、不稳定的，它必然要在一个新的过程中，通过激烈斗争达成一种新的平衡。这个过程就是和谐的建构过程。

(6)绵延。绵延是我取自博格森的一个概念。在博格森看来，生命是由时间绵延而成的，世间万物都在时间的绵延中变化创新。人作为最高知性的生命体，正是在课堂中，在这种绵延的变化创新中实现自我价值。

好的课堂，绝不是竖起一座精致的墓碑，而是种下一棵树。让问题伴随每个学生，用时间来浇灌，相信这棵树未来会郁郁葱葱，枝繁叶茂。

以上，我总结了深度语文的教学主张。正如郑板桥所说："非不欲全，实不能全，亦不必全也"。

好在理论是灰色的，探索之树长青。

十、重构语文教学体系

从来没有哪一门学科像语文学科这样复杂，也从来没有哪一门学科如语文学科这般简单。

说它复杂是因为语文作为基础教育最大的学科，有关它的“性质”至今尚未取得共识；说它简单，原因是一个“性质”不清的学科，没有逻辑起点，却照样在教育的洪流中自足自立，这是让人难以想象的。

于漪说：“在语文教育观念体系中最为核心的是性质观。它统帅语文教育的全局，决定语文教育的发展方向，由此而引发出目的观、功能观、承传观、教材观、教法观、质量观、测试观、体制观等一系列观念。”

分歧归分歧，不管是哪一派，都会把“语文性质”作为课程目标、教学目的、教学方法的原则和根据。从语文的“性质”出发，建立语文课程体系，确立教学目标和教学方法。

遗憾的是，语文的性质不清、属性不明。没有根基，如何构建语文教学的大厦？因而，这些年，有关语文工具性、人文性的大讨论，一直没有停息。

“工具论”主张语文教学以语言知识训练为中心，其结果是导致语文教学越来越技术化，语文负载越来越窄化，语文形销骨立；“人文性”作为对“工具性”的反驳，主张语文教学中要注重人文精神和人文思想的熏陶，其结果是语文逐渐被泛化，原先的咬文嚼字、文本解读和品味涵泳，逐渐被丢弃，语文成了空中楼阁。

正是在这样的背景之下，我们避免陷入无谓的争论，而是立足课堂，试图重建一种新的语文教学体系，以破解当前语文教学的两大弊端。

(一)视点

何为视点？视点不属于“道”，“道”是理念，是对方法和工具的使用，是价值理性。视点属于技术层面，属于方法、工具，但有必要把它上升为工具理性；没有“道”统领的视点，就不是工具理性，只是工具。

然而，寻找到真正的视点殊为不易，不仅需要眼光、需要功力，还需要一点灵感。

执教《合欢树》，我寻找到视点：以合欢树为连接点，抓住不同的对象和合欢树的关联，层层深入，探究文本的深刻内涵。母亲与合欢树的关联如以下五点：

第一，文章前半部分是怎样写母亲的？（母亲各个阶段的特点、变化，以及变化的原因。）

第二，母亲与合欢树有什么样的关系？在母亲的眼里，合欢树代表什么？

第三，母亲去世后，我和合欢树有着什么样的关系？在我的眼里，合欢树代表什么？

第四，那个孩子和合欢树又有怎样的关系？在孩子身上，合欢树代表什么？

第五，我们的合欢树？（读完文章之后，合欢树对我们的生命有着怎样的意义？）

执教《今生今世的证据》，我则以“寻找文章脉络句”来结构课堂，学生很快找出如下四句话：

第一，这些都是我今生今世的证据啊！

第二，我走的时候，我还不知道曾经的生活有一天，会需要证明。

第三，即使有它们，一个人内心的生存谁又能见证？

第四，当家园废失，我知道所有回家的脚步都已踏踏实实地迈上了虚无之途。

在把握脉络的基础上，深入其中的关键词，外在的证据有哪些？证据能够证明什么？内心的生存谁能见证？最后，很自然地得出结论：

外在的生存，是物质的存在，有村庄做见证；内心的生存，是精神的世界，有家乡做依凭；当村庄改变、家园废失，我们的双脚必将踏踏实实地走向虚无之途。

原来，文章不是在探讨故乡和村庄，而是借探讨故乡和村庄，探讨存在的意义和价值。

（二）质点

何为质点？质点有本质、高质、纯质之意，是教师寻找到视点之后所要抵达文本价值的核心高地。

语文学习对象具有整体性、丰富性、隐秘性的特点，而课堂教学的内容又具有单一性、局部性、明晰性的特点，这两者之间构成了矛盾。对文本中包含的全部价值信息予以关注和教学，不仅是不可能的，也是不必要的。必须对其有所选择、有所舍弃，包括一些极其重要的内容。

而当前的语文教学明显对教学内容的选择关注不够，没有把研究文本的核心价值内容放在首要位置。王荣生老师一针见血地指出，当前语文教学的问题，不是怎么教的问题，而是教什么的问题。

在一篇课文存在许多教学价值点的情况下，教学设计不仅应该关注文本的核心价值，更要抓住“语文核心价值”。重点挖掘课文中隐含的语文学习价值，甚至要关注不同学生的不同特点，选择不同的文本核心价值。重点训练学生对语言的感受能力和表达能力，重点完成语文课应该完成的教学目标，而适当弱化文本中可能隐含的其他教育价值，尽量把“语文课”上成真正的“语文”课。

我在上《威尼斯商人》时，没有把莎士比亚作品的语言赏析作为核心价值内容，也没有把这部经典喜剧当作喜剧来赏析，更没有带着学生品味夏洛克作为四大吝啬鬼之一的形象来鉴赏。我只是引导学生提问：夏洛克如此吝啬，为什么不要二十倍的赔偿，非要一磅肉？根据合同中的契约，夏洛克要求一磅肉是否合理？究竟是什么使得一个吝啬鬼变成了一个复仇的恶魔？

通过对文本的深入解读，我们发现莎士比亚身上的傲慢和偏见，伟大的莎士比亚成了欧洲反犹太大军中积极的一员。

夏洛克是犹太人，当时英国社会规定他们不允许拥有不动产，他们居无定所，只能在生意和高利贷中获得安全感。金钱是他们安身立命的东西，这就是这些人吝啬的由来。

但这些高利贷者自然与常常借贷的商业资本家产生矛盾，这背后既有商业资本与封建性的高利贷之间的矛盾，更有很深的种族歧视。

夏洛克是种族歧视的受害人，他根据契约合理合法的要求报复，不过是被压迫者的反抗。在完全没有话语权的社会，夏洛克勇敢地站了起来，宁肯遭受损失，也要追求公正，敢于报复。他代表的不是他自己，而是一个被侮辱、被损害的族群。尽管他是一个吝啬的商人，但他的坚持和不软弱，对于现代的观众而言有一种不可言说的魅力。仅从这一点上来说，夏洛克的精神是高尚而又庄重的，是完全值得我们尊重的。

（三）远点

文本的语文核心点是质点，质点的深处是远点；远点的深处，则是灵魂深处。

为什么这样说呢？我们不妨探究一下，作者的文章为何而写？

孔子说：“诗可以兴、可以观、可以群、可以怨。”这当然是说对诗歌的欣赏；但欣赏与创作密切相关，实际上这四个方面谈的也是创作。白居易说得更加明白：“文章合为时而著，歌诗合为事而作。”所有的文章都是彼时、彼地、彼人的某种情感和某种倾向的表达。韩愈则说：“不平则鸣。”故要“我手写我心”。但是，真正做到直抒

江苏省第一中学 学生午读

性灵的人并不多见。一是人自身的伪装，所谓“文如其人”只能是一种愿望；二是藏在灵魂深处的密码，往往并不被当事人所知晓。

孙绍振先生在《解读语文》一书中曾谈到过这种有趣的心理现象。他说：“人的心理是个丰富多彩的立体结构，隐藏在深层的和浮在表面上的，并不一定很一致。在一般情况下，深刻的感情是隐藏得很深的，连人物自己都不大了解。只有发生了极端的变化，心理结构受到突如其来的冲击，来不及或者永远无法恢复平衡时，长期潜在的，与表层情感相异的情感，才可能暴露出来。这时，人物好像变成了跟平时相反的一个人，可是，从根本上来说，他却更是他自己了。”

所以伟大的小说家，总喜欢“把人物打入第二情境”，在一种失去平衡的情况之下，主人公深层的情感会被暴露，进而成为人自我发现的有效管道。主人公如此，作者亦然。正是因为这些原因，所以，文本阅读有必要深入远点之中。

远点第一个要义是要深入作者的灵魂深处，辨别个体的意识和无意识。

在执教《金岳霖先生》时，我以“直笔、闲笔、曲笔”解构全文。通过“直笔”写了金先生的“童趣、风趣、雅趣、士趣”。而闲笔不闲，“比如联大的许多教授都应该有人好好地写一写。”这既与前文“西南联大有许多很有趣的教授”相呼应，又巧妙点出金先生只是西南联大人文群像中的一个，进而探究西南联大的教授精神，深入挖掘作者的言外之意。再看曲笔，当讲到金先生的得意门生王浩时，作者突然冒出一句："当然，金先生的好学生不止一个人。"这是一处曲笔。金先生的好学生不仅是王浩，首推之人当属殷海光。可是，1949 年殷海光去了台湾，金先生曾公开怒骂过他。但殷海光在台湾创办了《自由中国》，他的人格魅力、文化关怀和社会关怀，以及他所代表的道德力量，成为台湾人的精神偶像，并最终成为"思想的受难者"。1972 年，殷海光的弟子陈平景，受老师去世前的重托，绕道美国和中国香港来到北京看望师公，送上殷海光的遗著《中国文化的展望》。77 岁高龄的金岳霖先生只看了一刻钟，就老泪纵横，泣不成声。那么，金先生的眼泪为何而流？这正是作者曲笔的言外之意。

再有一个曲笔就是"除了一本大学丛书里的《逻辑》，我所知道的还有一本《论道》。其余还有什么，我不清楚，需问王浩。"

如此推崇金先生，为先生写文做传，却对金先生不清楚，这岂非咄咄怪事？只能理解为曲笔。因为金先生有限的大作都完成于 1948 年之前，此后的成就寥寥，这又是为什么？

盖因历次风潮已经磨平了一代大师的棱角。晚年的金先生，虽然成为时代的红人，但已失去了当年的独立精神和自由思想。路是自己选择的，金先生当然有责任；但在时代浪潮的裹挟之下，知识分子想要独善其身，何其难也。当此时，金先生的"名士"可能还在，但"风度"早已无存了。这就是汪曾祺先生为何如此怀念西南联大学术的自由和精神独立，为何鼓励更多人写写他们的深层次原因。

远点的第二个要意是深入到文化深处，挖掘作品的民族心理。

民族不同，盖同人面，各有其别。因此在阅读教学中，如果能够从文本延伸到民族文化心理，并形成两种民族文化心理的比较，这对学生认识人物和提高鉴赏水平，肯定大有帮助。

在执教《一个人的遭遇》时，我寻找到了三个台阶，拾阶而上，并最终深入到民族文化心理。

第一步：战争对所有的普通人都构成伤害；第二步：战争构成的心灵伤害，永远无法愈合；第三步：纵然自己伤痕累累，依然要给战争中的孩子筑起人道主义的大厦。

在这三步之后，课堂学习达成了质点。师生总结出索科洛夫在绝望中有希望、眼泪中有坚强、谎言中有大爱、苦难中有人道主义的光辉。按理说，到这里文本的阅读和探究可以结束了，但我继续深入，提供了两个材料，探究文本的远点。

莫斯科阅兵：1941 年 11 月 7 日，苏联举行红场阅兵。没有任何通知，从西伯利亚赶来参战的苏联红军从列宁墓前经过，直接开赴前线。英国《新闻纪事报》说："通往莫斯科的要冲鏖战正酣，而莫斯科却组织了一年一度的传统阅兵，这是英勇和无畏的榜样。"

斯大林格勒保卫战：德军包围斯大林格勒二百多天，市民宁肯冻死也不砍掉一棵树，剧院照常灯火通明，学校照常上课……在这场意志的较量中，德军完败。

学生在看了这两则材料后，深入理解了索科洛夫的性格，在他的身上完全拥有这个民族的性格烙印。尽管他们经历了天灾人祸，一次次成为孤儿，但他们不屈不挠的民族血性，以及悲悯情怀，让人感动。

深入挖掘了索科洛夫的性格形成的土壤和根源，把索科洛夫的行为和思想扎根于俄罗斯民族深厚的民族气质中，我觉得还不够，进而在俄罗斯和中国文化的比较中，反思我们自身。

战争给我们这个民族也曾带来了深重的灾难。第二次世界大战中，我们伤亡了三千多万优秀儿女，付出了巨大的牺牲。但是，我们却从来没有认真反思过战争。我们没有一部堪称伟大的战争作品，没有塑造出一个堪称典型的战争形象。最让我失望至极的是，我们在战争作品中少了一些人性的光辉，少了一些人道主义关怀，尤其是对待孩子。

在《瓦尔特保卫萨拉热窝》中，那个钟表匠收拾好摊子，回家拿起了武器，穿好风衣，准备去战斗。他的十岁的儿子喊道："爸爸，我也要去。"钟表匠告诉自己的儿子："孩子，有人要战斗，有人要等待。"这就是一个男人、一个爸爸的立场。

然而，十三岁的少年英雄王二小掩护乡亲们撤退，并且把敌人引进包围圈，结果王二小被敌人的刺刀刺死，摔在巨石上。

我们成立了儿童团，孩子们拿起了红缨枪，承担着最危险的任务。

海娃的爸爸让海娃送鸡毛信，如果被鬼子发现了，谎称放羊的，海娃九死一生。

他国的战争文学中让女人和孩子走开。我们有些作品则是让儿童冲在最前方。一旦被发现，他们可能会面临危险，如果让儿童面对世界上最穷凶极恶的敌人，对孩子们来说这又是多么惨痛和悲哀的经历啊!

如今，我们又在重拍《小兵张嘎》，极力渲染张嘎的英气和嘎气。而敌人自然又是愚蠢的、荒诞的、不堪一击的，但我们却同这样愚蠢的敌人抗战了十四年。我们总是把屠夫的凶残化为一笑，这是我们真正的悲哀。

最后，让学生带着问题离开课堂，我又推荐了两部伟大的作品。一部是苏联经典小说《第四十一个》；另一部是奥斯卡获奖影片《英国病人》。

远点的第三个要义就是单元整合，尤其是对母题的深入解读。

如能以母题为支点，建立起微型课程，则是最好不过的。比如苏教版的《家园》板块，我就把它整合成一个微型课程。

老舍的《想北平》，体现出一个老北京人对故乡的深切情感。因为战争拉开距离，这种感情更为强烈。

韩少功的《我心归去》，是作者在国外考察期间的一种强烈感受。国外蓝天碧海，森林城堡，犹如童话；自己的家乡浮粪四溢，肮脏不堪；但金窝银窝不如自己的狗窝，我心依然归去。因为互相驯养过，滴过汗、流过泪，故乡才是自己的独一无二。

柯灵的《乡土情结》，将目光转向定居他乡的海外游子。他们身上所打下乡土情结的童年烙印，不会因时间和空间而改变，乡土情结因此上升为故国情结。

曹文轩的《前方》，转向哲学思考，无论人在哪里，哪怕是待在家里，本质上都在路上。人是被抛在路上的一种生物。前方是什么，怀着这种期望和绝望，人负重前行，这是人的宿命，也是人的使命。

刘亮程的《今生今世的证据》，则从存在主义哲学的层面来思考，我们来过这个世界吗？谁能够给出明证？我们住过的村庄，村庄会改变、物会改变，记忆会模糊、会消失，人也会消失，连存在本身也会消失。所以，这种寻找充满绝望，我们双脚必将踏踏实实走上虚无之途。但当我们窥见了美与痛，并把它书写出来，反而成就了永恒。也就是说，当我们经由思转为诗的时候，我们就获得了存在的价值和意识。刘亮程的《今生今世的证据》注定比刘亮程活得更加长久。

远点的第四层含义则是原型结构的辨认。

结构主义告诉我们，世界不是由物构成的，而是由物与物之间的关系构成的。这种关系，我们姑且称之为结构。结构主义总是把作品放在很多作品当中，从它们的关系中寻求意义。很多类似的主题，都有一种相似的原型结构。因此，探究结构的原型，也就成了远点的题中之旨。

十一、未来课堂——探究发现知识的历程

凡能思考的前人皆已思考，我们所能做的就是重新思考。教育不可能不发生变化，但教育又不可能不遵循规律。在我的眼里，教育只有真假之分，没有新旧之别。

但是针对核心素养概念的提出，针对新课程改革的一些理念，尤其是来自世界教育改革的潮流的冲击，我把未来的课堂模式，设置为六个步骤，即“话题—探险—对话—冲突—建构—绵延”。

（一）话题

注重话题，要在两个方面下功夫。

1. 主题朝话题延伸

由于过去的知识单元逐渐让位于主题单元，而主题单元又具有包容性和广阔性，从而给我们提供了一个开放的话题领域。教师可以通过组合、删减、变形、改写等方式，来实现话题的最大拓展，引导学生看到事物的两面性，认识世界的多元性，提倡包容性，承认差异性，鼓励个性，增强批判性，鼓励创新性，反对僵死性，提倡灵活性，让学生形成丰厚的人生积累和文化积淀。

2.“只读”向“可写”转化

“只读”和“可写”，是法国当代结构主义大师罗兰·巴尔特提出的一对概念。“只读”又叫“作者文本”，“可写”则为“读者文本”。“作者文本”使读者成为多余，“只剩下一点点自由，要么接受文本，要么拒绝文本”，读者只能以“屈从的”态度面对文本；“读者文本”则赋予读者一种角色和功能，让他去发挥、去贡献，要求读者自觉地阅读文本，“参与”并意识到写作和阅读的相互关系，给予读者以共同创作的乐趣。

新课程很好地借鉴了“作者死了”的观点，把“作者文本”演化成“读者文本”，读者的地位大为提高。读者不仅是一个“读者”，还可理所当然地在作品中，“写入”自己的看法和见解，这不仅是被允许的，而且是被鼓励的。

（二）探险

有人认为写作是一场对抗，是作家和读者的对抗，作家要尽量提出读者所不能知的隐含事实，要最大程度的陌生化。

既然作家写作是一次冒险，那么教学当然就是一场探险。探险中总是存在着未知和刺激，我们始终不知道将来的那个领域有什么在等待着我们，教学也就有了长久的乐趣。

鉴于此，教学中要注重两个问题。

第一就是“溶洞理论”。

微格教学法中溶洞理论认为：溶洞里的石头奇形怪状，千姿百态，十分迷人，因为它能激起游人丰富的想象。一旦贴上标签，一锤定音，就会切断游人的联想和想象，必然损失溶洞的魅力。因此教师的导游角色也不能适应教学的需要了。教师应该是一个同路人。

第二是美国作家海明威的“冰山理论”。

“冰山理论”认为：冰山之所以雄奇神秘，是因为它有八分之七藏在水里，只有八分之一露出水面；教学之所以有活力，是因为教师把八分之七隐藏在情境中，只将八分之一的知识情境展示给学生，让学生去感悟和揭示，这个过程就是探险的过程。

在共同探险的过程中，教师还要不断地对知识进行遮蔽，努力把学生“搞糊涂”。需知没有知识的遮蔽，就没有探究学习。教师把学生“搞糊涂”，再由学生把学生“搞清楚”。“先糊涂，后清楚；再糊涂，再清楚”，在这种循环往复、螺旋上升中，对学生进行思维训练和智力挑战。

（三）对话

什么是对话？什么是真正的对话？对话的目的是什么？对话应当遵循什么样的原则？怎样才能有效地开展对话？厘清这些对教学中开展对话很重要。

从狭义上来讲，对话是人与人之间一种特定的交流和沟通方式。这种方式突出了参与各方的平等性和彼此之间特定的人际关系的形成。参与者有表达意见和观念的自由与权利，以及个体思维与集体思维的本质等众多方面。

江苏省苏州第一中学　师生登山学习活动

对话不是东拉西扯、海阔天空，也不是证明我对你错、我赢你输，更不是互相妥协，彼此让步，搞一个折中的结果。

对话的本质在于推究真理，绝不对真理做任何折中。它不在乎谁赢谁输，也不关心对话能否达到什么样的结果：它追求的是平等、自由、公正地进行交流和沟通，谈话者之间互相尊重彼此的人格、观点和信念，能够形成充分的友谊和信任。每个人都认真地倾听他人的意见和想法，每个人都彻底表达出内心深处最真实的想法和看法。然后，让不同的观点和意见彼此碰撞、激荡、交融，从而让真理脱颖而出。对话的目的是为了实现最自由、最彻底、最无拘无束的交流和沟通，并在对话的过程中去探索和发现真知灼见。

对话作为一种教育原则，从简单的意义来讲，强调的是师生的平等交流与知识共建；从深层意义讲，它挑战我们关于师生的关系、知识本质，以及学习本质等方面的思维成见、定见和主观认定。

对话的内涵十分丰富。新课程要求我们，通过对话，走进作者的情感世界，走进作品的人物灵魂，走进大师所营造的艺术氛围，感受灵魂的高贵和思想的纯真，以及艺术的震撼和精神的历练。在具体的对话中，教师引导学生在关注文本创作的背景中，通过语言文字媒介，与文本对话、与作者对话、与作品中的人物对话。因为这些文本是经过时间和岁月淘洗的经典，因此，和文本对话，实际上就是和经典对话、和大师对话。通过对话，学生濡染了经典，走近甚至走进大师的心灵世界，枯燥的文化为之栩栩如生，狭窄的视界因而豁然开朗。学生一旦打下坚实精神的底子，势必增强对话的能力和思维的辩证，在未来一定能够指点江山、激扬文字。

课堂上的这种对话具有很多的特殊性。首先有教材编者的挑选，要知道选编也是一种解读；还有教师的指导，指导也是一种解读；还有很多学生交流来的“哈姆雷特”。因此，这种对话，是一种多边的、多重的、互动的和立体的对话，是思想碰撞和心灵交流的动态过程。

（四）冲突

文学作品，最大的特点就是充满冲突，这种冲突，给文章带来了巨大的张力。比如戏剧，有人说，“没有冲突，就没有戏剧”；比如小说，也总是在冲突的情景中把人物打入第二情境，人物性格才能够突出地表现出来的；还有诗歌，也总是在冲突中才展现出诗歌的婉曲美。

教学上，没有冲突，就没有教学。教学由冲突引起，围绕冲突展开。教学的过程就是冲突的形成、展开和解决的过程。教师要精心创设冲突情境，把学生搞“糊涂”。让学生不断产生问题，问题就是冲突。高质量的问题，有利于充分调动学生参与和探究的积极性，还有利于推动教学顺利完成。

从学生的角度来说，在学习的过程中，总有着认知上的冲突和建构上的冲突。良好的教学，就是在这种动荡的冲突中，达到重新和谐的知识生成的。

（五）建构

建构主义认为，学习活动包含四个因素：学生的背景知识、学生的情感、新知识本身蕴含的潜在意义、新知识的组织与呈现方式。学习活动要发生则必须满足两个条件：学生的背景知识与新知识有一定的相关度，新知识的潜在意义能引起学生的情感变化。

在对知识的看法上，建构主义者认为：知识并不是对现实的准确表征，它只是一种解释、一种假设。科学的知识包含真理性，但不是绝对的唯一的答案，需要学习主体针对具体情况和具体情境进行再创造。另外，建构主义认为，知识不可能以实体的形式存在于具体个体之外，尽管某些知识得到了较普遍认可，但并不意味着学习者对这些命题均有同样的理解。

在首届圣陶读书会上追星评弹“第一人”盛小云

在认识论上，建构主义认为，人作为认识的主体，不是对现实的“复制”，而是根据自己原有的经验，以自己个性化的方式，对现实进行选择、修正，并赋予现实特有的意义。因此，认识不是来源于现实本身，而是来源于主客体之间的相互作用，这一点正是建构主义在认识论上的飞跃。建构主义的认识论是能动的反映论，它对认识个体的主体性给予了前所未有的关注，为科学处理教学过程中的帅生关系，充分发挥学生的主观能动性提供了认识论方面的理论依据。

新的课堂，可以说充分关注了学生的知识背景和情感变化。开放性话题的引入，有助于每个学生从自己的背景知识入手，参与到讨论和交流中去。而探险的过程能够始终保持学生积极的情感。对话中要悬置自己的思维假定，似乎和建构主义强调的“前见”有矛盾之处。但千万不要忘记，在对话中，发现自己的思维假定(个人意识、个人无意识，集体意识、集体无意识)，然后，在对话中不断修正谬误，至少可以达成相对清晰的认识或临时性的共识。

在建构的过程中，在师生共同探险、共同对话的旅程中，矛盾冲突必不可少。而建构的过程和新知识达成的过程，恰恰就是在矛盾中产生的。新知识、新观念的到来，必然使原有的知识结构失去平衡，而失衡的自然是反常的、不稳定的。它必然要在一个新的过程中，通过激烈的斗争，达成一种新的平衡。这个过程就是和谐的建构过程。

（六）绵延

绵延是我取自博格森的一个概念。在博格森看来，绵延是一种不能用知性和概念来描绘的，只能用直觉来把握的、不可预测而又不断创造的连续质变的过程；是包容着过去，而又朝向将来的一种现时的生命冲动。

也就是说，生命是由时间绵延而成的，世间万物都在时间的绵延中变化创新。人作为最高知性的生命体，正是在课堂中，正是在这种变化创新中实现自我价值，从而获得更大的充实感。时间的绵延就意味着发明和新形式的创造，就意味着一切新鲜事物连续不断地产生。

外在世界之所以千变万化，其根本原因在于构成世界终极本体的时间绵延是川流不息的。“对有意识的存在者来说，存在就是变异，变异就是成熟，成熟就是无限的自我创造。”从这个层面上来看，课堂的结束只是空间授课的结束，而在时间的绵延中，下课只是一个新的开始，是过去之物连续不断的一个前进过程，它与未来连接，并且在前进的过程中不断壮大。

问题是思维的发动机。思维，永远从问题开始，而答案，却成了思维谋杀的刽子手；思维，在找到答案时往往突然死亡。因此，要保持绵延的态势，就要保持新问题的不断产生。从这个角度说，课堂是让学生“自己带着问题来，生出新问题去”。如何让学生在离开语文课堂之后，不离开语文呢？答案是让问题伴随着每个学生，在绵延中潜滋暗长。

十二、我的流年我的光

——中学语文电影课课程素描

《圣经·创世纪》记载："上帝说，要有光，于是便有了光。"

"光"是上帝带给人类的第一份礼物。在枯燥单调的语文课堂上，电影也是照亮学生的一束光，光影世界是教师带给学生的最好的惊喜。从电影这个端点出现，像射线，射向无限可能的"诗和远方"。

电影不是一种事实，而是一种价值；不是一个现实，而是一种可能。

我对电影刻骨铭心的感受，来自于童年。

有一次，我妈妈的娘家放露天电影，我们一大家都去了。可老天不遂人愿，到了晚上却停电了，我们心急如焚，可电就是不来。我眼皮子老是打架，实在撑不住了，妈妈只得安排我在舅妈家先睡。我叮嘱妈妈，电来了，一定要叫我。

后来，在半梦半醒之间，我突然听到一阵大笑，猛然间惊醒过来，外面就是电影的放映声……

我忘记了开灯，也不知道灯在哪里，连滚带爬地下床来，摸到门边，却发现门是被锁住的。

农村的大门是有门扣的，中间有一道很大的缝隙，我拼命地想钻出去；可是，脑袋卡在中间，我再拼命钻，脑袋又卡上了，我再钻、再钻，尝试了很多次，脑袋上全是汗水和血水……

耳朵里，只有我舅舅家场地上传来一阵一阵幸福的笑声……

后来，当大人们回来的时候，打开门，我匍匐在门下，身下一滩泥水，已经是"半死"过去了。

我一直以为，露天电影的那个晚上，我的童年消逝了，而且永远没有找回来。

正是因为这样的际遇，我对电影总有着特殊的感情。

电影可以改变人生，至少可以丰富我们的人生。米兰·昆德拉在《小说的艺术》中这样说："小说考察的不是现实，而是存在；存在不是既成的东西，它是人类可能性的领域，是人可能成为的一切，是人可能做的一切。"小说家通过对现实的不断颠覆和背叛来追求无限的可能性。

电影也是如此。人的一生是短暂的，短暂的人生无法重来、无法复制。人生不打草稿，只要我们选择了一种人生，就失去了无数种人生的可能。幸亏我们还有光影世界，它通过对现实人生的一种背叛，给我们提供了另一种人生走向，并在一种对照中，让我们体悟和品味人生，或共鸣、或惊惧。

《中学语文电影课》书影

在这样的历史渊源和现实认识之下，我带着学生看电影，并逐步建立起自己的电影课程。首先是从课程需要出发，精选影片。我选片的标准有五条：一是世界范围内公认的经典电影，主要是各大电影节的获奖影片；二是适切学生认知水平的影片，争取每一部都能引发学生的深刻共鸣；三是创作手法独到的电影，为破解作文埋下伏笔；四是具有伟大的人性光彩，引导学生树立积极的人生观和价值观的电影；五是对青春、爱情、人生、战争等某一母题深入探讨和反思的影片。其次是师生共享电影，把语文阅读课和校本课糅合在一起，形成固定观影时段，一次一部电影。

再次是老师组织电影评论课。从成长镜像、文本解读、母题积淀，尤其是写作破解方面入手，引导学生深入研讨，为文本解读、文章写作以及文化素养的积累打下基础。最后是推荐两部互文性的电影作为拓展，印发一些经典影评和引发反思的材料供学生继续研讨，并组织学生撰写影评。

(一)亲子共看，镜像寻找

因为我执教的高中的孩子和我儿子年纪相仿，电影课的起点就从我儿子入手。我把儿子从语文作业中彻底解放出来，每到周末，我们一家三口拥被而坐，观看我精心挑选的电影。《小鞋子》中看到一个小男孩艰难的承担；《放牛班的春天》中看到了一个生命就算在“池塘之底”也能绽放；《肖申克的救赎》中看到了安迪在不可能坚持之中打开了希望的通道；《那些年，我们一起追的女孩》中感受到了友谊与爱……

亲子共看中，我更注重人物形象，尤其是壮怀激烈的人物形象。人的成长首先是价值观和人生观的成长。我希望电影中的形象能够成为我孩子成长中的自我镜像，孩子能在这些人物身上发现自己、唤醒自己、警醒自己，从而获得巨大的精神力量。

以伊朗电影《小鞋子》为例，阿里就是一个很好的镜像。在帮妹妹修鞋时，阿里弄丢了妹妹的小鞋子。由于家庭贫困，阿里决定不告诉爸妈，但承诺一定要送妹妹一双漂亮的小鞋子。首先，在灾难到来的时候，阿里选择了承担。好在兄妹上的是复式课堂，两个孩子可以轮流穿鞋子上学，但是需要在学校和家之间奔跑着换鞋子。其次，就是对小鞋子的寻找。经历千辛万苦，阿里终于在另一个小女孩脚上找到了小鞋子，但那个小姑娘比阿里还要贫穷，看着她放学一回家就牵着一个瞎子乞讨，善良的阿里主动放弃了。然后，就是创造。暑假阿里陪爸爸一起打工，他要用双手给妹妹买一双小鞋子，并成功说服了爸爸。结果由于自行车跌下大堤，爸爸摔伤了，花了所有打工的钱，阿里的愿望又泡汤了。最后是竞争，阿里参加了镇上的长跑比赛，三等奖是一双小鞋子。小小的倔强的阿里，用惊人的毅力超过所有的人，然后又小心地放过一个，再放过一个，他要确保第三名，但阿里突然间跌倒了。看着一个又一个人超过了自己，小阿里彻底疯狂了，他爬起来，风驰电掣，超过一个人又一个人，第一个冲过终点……冠军的奖品是书包，小鞋子的梦想再次破灭。

这就是阿里，永远敢于担当的阿里，这也是伊朗这个民族的性格象征。我希望阿里成为我孩子不服输的自我镜像。每个人内心中都有一双“小鞋子”，为了心中那一个隐隐约约的小鞋子，越过一个又一个界限。然而，在生命的某个阶段，我们每个个体终将被锁定在某个位置上，我们的脚步随之慢下来，并最终停止，不再寻找。心中那个“隐约的概念”逐渐模糊不清，直到完全隐没在岁月之河中。

但倔强的阿里拷问着我们的良心，生为宇宙之精华、万物之灵长的我们，是否浪费了自己的生命？

（二）解读文本，互文人生

电影文本与其他文本很不相同。其他文本都是干枯的、死的文本，电影文本却是丰富的、鲜活的，能把我们的情感和体验真切带入的一种文本。

在这样的文本中，老师带着学生解读的既是文本也是人生。我们可以知人论世，研究电影的编剧和导演，以及文本发生的时代背景，并与这个导演过去的作品比较观赏；也可以坚持以“作者死了”做纯作品解读；还可以链接互文性的电影，破译作品的原型结构。当然我们更可以通过观众反映理论，通过观众的影评来拓宽眼界，深化思想认识。学生在观影过程中，不断猜读、不断自我否定。这样，学生的认识丰厚起来、心灵润泽起来、情感细腻起来。阅读电影，就是解读文本，积淀人生。

比如《拯救大兵瑞恩》，宁愿牺牲八个战士，就为了拯救一个大兵瑞恩，究竟值不值得？如果说为了告慰瑞恩母亲的心，那么其他八个士兵谁没有母亲？

比如《苏菲的选择》，我们也一定不能放过这样的追问：苏菲最终为什么放弃作家，选择那个化学疯子，以至于殉情而死？她为什么要做这样的选择？这种选择的逻辑是什么？如果不这样选择，道理又是什么？这种层层剥茧的追问就是文本解读。

印象最深的是《这个杀手不太冷》中，对杀手始终带着的那个“盆栽”的解读，这次整整花费了一节课时间。

玛婷达：你很爱你的盆栽，对吧？

莱昂：是的，它是我最好的朋友。它永远都快乐，从不发问。而且它很像我，它没有根。

玛婷达：如果你真的爱它，就应该把它栽到公园的中央，它就会长出根来了。

莱昂：是的。

玛婷达：如果你希望我长大，我才是需要被灌溉的。

莱昂：你说的没错。

然后，莱昂就拿着灌溉盆栽的水壶，拼命要给玛婷达浇水。玛婷达尖叫着到处躲藏，然后淘气地把一大盆水浇到了莱昂的身上。

这个经典的桥段，意味深长。

莱昂是一个孤儿，没有根，他没有选择，他根本不是在杀人，他只是在谋生。

玛婷达也是一个孤儿，也没有根。正如她两次所说，如果你不留下我，我今天晚上就会死，我不想死。第一次是对莱昂说，第二次是对校长说。

于是，盆栽成了这两个人的隐喻。莱昂是玛婷达的根，玛婷达也是莱昂的根。两个没根的人对盆栽的侍弄，实质上就是两个人的互相灌溉。

于是，我们看到玛婷达教莱昂玩猜电影人物的游戏，不断提醒和暗示，简直诲人不倦。玛婷达还利用业余时间教莱昂写字，莱昂规规矩矩地写，一笔一画。当老东尼认为莱昂不识字，不宜把钱存在银行，莱昂吞吞吐吐，但却自信地说，我现在认识字了的时候。这一浅层电影情节背后更深层的隐喻是，玛婷达治疗了莱昂的人生疾病，她的灌溉是人生灌溉，让莱昂得到了爱，也学会了爱。

莱昂也是如此。他教导玛婷达不说脏话，不允许抽烟，每天喝牛奶，不在街上和陌生人说话。为了复仇，教她怎么射击，穿着比地板颜色更深的衣服，戴帽子防止感冒；不着急把瞄准镜打开，想象自己就是猎物，和他一样运动，判断他下一个动作的幅度，然后一枪致命。但不要打他的脸，好让商家验货。训练她成为杀手，却不允许她报仇，这是对她最真的爱。最后莱昂亲自出马，干掉了杀害玛婷达弟弟的凶手。在执行任务之前，他找了老东尼，告诉自己一旦遭遇不测，就把自己所有的钱都交给玛婷达……

当莱昂独闯警察局，把玛婷达救出来。玛婷达扑过去，跳起来，搂住了莱昂的脖子，莱昂也疼爱地抱住她，抚摸她。这是生死离别的重逢。

正是在这个晚上，玛婷达换上了莱昂买的裙子，居然有一种成熟的妩媚，她给他倒牛奶。

玛婷达：你喜欢吗？

莱昂：是的。

玛婷达：那就说出来啊。

莱昂：我喜欢。

玛婷达：你知道吗？女孩子的第一次是最重要的。这关系到她往后对性的态度。这是我在我姐姐的杂志上看到的。我的朋友们告诉我她们的第一次都很不愉快。因为她们的对象并不是她们真正爱的人。她们只想炫耀自己的性经验，之后，做爱对她们来说就像抽烟一样。我希望我的第一次是美好的。

莱昂：玛婷达，不行。

玛婷达：为什么？你有心上人了？

莱昂不得不和玛婷达说了最隐秘的往事，家族声势显赫的恋人，为了自己被她亲生父亲枪杀，自己为恋人复仇，被迫离家出走……

流泪眼对流泪眼，断肠人对断肠人。

玛婷达放弃了自己的请求，但要求莱昂和自己睡一张床，她服侍莱昂躺下，给莱昂脱掉鞋子，指导莱昂安心把头放到枕头上，然后，她把莱昂的一只大胳膊伸展开，自己躺下去，弯曲莱昂的胳膊，让他搂住自己。

玛婷达第一次和一个男人睡在床上，睡在一个男人的臂膀中。这也是莱昂作为杀手，第一次在床上睡觉，不是在椅子上睁着一只眼睛。那一夜，他打呼噜了，他成了一个正常人。

假如没有互相灌溉呢？

莱昂不过是一个职业杀手，闲暇时，喜欢侍弄心爱的盆栽，独自看一场旧电影……

玛婷达也只是一个问题少女，无聊时，坐在楼栏上抽烟，看同龄人应该看的动画片……

玛婷达后来的新生来自莱昂的灌溉。一个杀手，居然救人，这是爱的力量。但玛婷达的新生却必须要以莱昂的死亡为代价，悲剧总是把有价值的东西毁灭给人看。

最后玛婷达回到了校园，她把莱昂的盆栽种植在操场上。盆栽是莱昂，它是玛婷达对莱昂的念想，他们俩终于在一起了。但盆栽也是玛婷达，校园是玛婷达的归宿，玛婷达也有根了。两个漂泊的人都有了坚实的贴近泥土的根，每一个爱里面都有着伤痕。

这样细致的文本解读，一旦迁移到课文中，可想而知对学生的影响将有多么强大。

(三)围魏救赵，破译作文

多年来，作文教学成了最老大难的问题，全国没有一套成体系、成序列的教材，好多老师摸着石头过河，有的老师干脆不教。作文教学已经到了最危险的时候。我常常想，很少有孩子真正喜欢写作，但却很少有孩子不喜欢看电影的，能不能把看电影和写作结合起来，开设高中作文电影课，用电影来指导孩子写作呢?

任何一部伟大的电影都是一次伟大的写作。导演为了一部电影呕心沥血，甚至倾家荡产。导演当然会把自己的人生哲学，把自己对情感和生命的寄托其中，对主题的挖掘和开拓更是不遗余力。

毫不夸张地说，任何一部电影，都包含了文本写作的全部手法，任何电影都是文章写作的一个全息系统，尤其是伟大的电影。因此，我巧妙地通过作文电影课，一部电影解决一大难点，然后连累而及，逐渐累积和夯实作文写作的方法。孩子喜欢电影，热议电影，自然在电影的评析中，学会了文章做法。生命就这样丰富起来，进而光彩照人，明艳无比。文章就这样丰盈起来，进而倚马可待，下笔千言。

我的高中作文电影课设置了10部电影。

(1)多维视角——一朵花里的天堂

多角度叙事——《罗生门》的扑朔迷离

(2)多层聚焦——踏倒垒桥三块石

失火的天堂——《小鞋子》中的自我拯救

(3)对比叙事——一半是火焰，一半是海水

不只是成长——《莫斯科不相信眼泪》中的对比手法

(4)物化移就——和自己在一起

丧钟为谁而鸣——《熊》告诉我们什么

(5)悬念迭起——努力把读者卖掉

谁是谁的道具——《第39级台阶》的追魂悬念

(6)荒诞手法——寻找遗失的戈多

我们往哪里去——《秃头歌女》中的黑色幽默

(7)反弹琵琶——琵琶起舞换新声

新翻杨柳枝——《甘地》的平庸和伟大

(8)意出尘外——石破天惊逗秋雨

把不可能变成可能——《西雅图不眠夜》中的“一听钟情”

(9)意境构造——我们为什么创造意境

纯真呼吸着纯美——《云中漫步》中的意象寻觅

(10)人性探究——永远没有答案的追思

和叛国者的心一起跳动——《英国病人》中的人性挣扎

以第一部分的“多维视角——一朵花里的天堂”为例，我是这样安排的：

【训练内容】

多角度叙事

【观看电影】

《罗生门》

【电影研讨】

电影中有七个人物：武士武弘、武士妻子真砂、强盗多襄丸、行脚僧、砍柴人、下人、衙吏、女巫——死去武士的灵魂。

故事围绕着武士武弘被杀展开。公堂之上，被控杀人的盗贼多襄丸，武弘之妻真砂，召唤武弘灵魂的灵媒、目击证人行脚僧等人接受审讯。他们的供词大相径庭：

强盗多襄丸说，他本不想杀死武士武弘，因为武弘的妻子真砂很容易就被自己骗奸了，然后真砂要他俩决斗才把他砍倒的。

真砂说，她晕倒在丈夫怀里，丈夫是被他手里的短刀误刺而死的。

武弘的灵魂说，是妻子唆使多襄丸杀他，他感到羞耻而自杀的。

而证人卖柴人却说，多襄丸和武弘是在真砂的挑唆之下才交手的，最后武弘被刺中而死。

同一个事件，竟然有如此不同的解释。武弘怎么死的，越到最后，观众却越糊涂。每个人的证词都只是一种可能，只有一点毫无疑义，那就是人类自私的本性。这种自私人性的真实流露，超越了风俗、习惯，成为人类共通的真理，给我们强烈的震撼。

【写作提示】

一个事件，一般只能有一个视角来讲述，以保持一贯性；但也可以大胆地将其拆开，换成不同的视角来叙述，这就是多角度叙事。

从写作的角度来说，黑泽明的《罗生门》是聚焦式的——针对同一个事件，诸多人各执一词，意见越多，真相往往越难被发现。要知道每个人都有趋利避害之心，他们自然要有意识地规避，无意识地改写，甚至还自然地遗忘。这时候，也许我们需要海德格尔的“去蔽”为武器，才能发现真相。但这个时候，真相也许并不重要，重要的只是艺术的效果，还有对人性的深刻揭示。

第二类是叠加式的——每人讲述一个方面，形成有效补充，互相补白，叠加达成。在多人的共同努力之下，事件逐渐丰满完整清晰起来。福克纳的《喧哗和骚动》就属于这种类型。

还有一种，就是在同一个事件的叙说过程中，叙说视角不断变化，而故事依然按照正常的逻辑循序渐进地发展。之所以转化视角，只是一种冒险，寻找一种最佳的叙事效果，而把规则丢在一旁。

【学生佳作】

虎子的那点破事

王佳佳

虎子是谁？在三里屯，方圆十里，一打听，没有谁不知道。就因为虎了娶了这一带最水灵的女人。但新婚头三十天，媳妇就卷铺盖回家了。这个事件，像太空中的神舟七号，一下子抓住了人们的眼球。

为什么？头一回，老王把我神秘地拉到一边：

“听说了吗?”

“什么?”

“虎子把他媳妇赶回娘家了。”

“哪家的姑娘?”

“就是年头我们去老吴家，你夸他女儿天仙也似的那个闺女，头个月嫁了。”

“哦，顶好的姑娘，怎么就被赶回去了？她男人也真下得了狠心。”

“听说好像是和局里新来的小徐好上了，被虎子撞到了，就给赶回去了。”

“那姑娘也真不自爱。”

“谁说不是，今天的话，你撕了脸也不能跟第二个人说啊！你知我知就好了。”我满口应承。

晚饭刚开，我就忍不住：

“听说了吗？虎子把他媳妇赶回家了。”

“虎子，哪个虎子?”妻起了兴。

“就是娶了花魁的那个虎子。我也不识得。”

“哦”未等妻发话，妈抢了个先。

“那个虎子，我知道，活像一个小开，现在的小青年，真不是个东西，媳妇刚娶回一个月，炕头还没有焐热，就相上新好了。媳妇气得跑回娘家，他也不顾不管，还是刘妈骂得好‘狗杂碎！’”

“妈，你尽听那些老妈子嚼舌头，那哪是啊。分明是那个姑娘不自爱，跟局里新来的小徐勾勾搭搭，虎子受不了，才给赶回去的。要不那姑娘的娘家，哪有不折腾的理？你说是不?”

“嗯，儿子说得有道理。”妈显然是受用了。“刘妈就爱掰嘴皮子，明天得给她出出洋相。”

“我说你们呀，长没长脑子。”一直沉默的爸爸发话了，“都是道听，都是途说。”

“哟，你这老头子知道个啥?”妈在一边冷嘲热讽。

“嘿嘿”，爸阴险一笑。“好歹我也是局里下来的，有门有路，平时回局里喝个茶点个烟什么的。那新来的小徐我也见过，脸长得跟砖头似的，显矮显黑，一无身份，二无背景，漂亮姑娘哪家看得上他?”

“那也有道理。”我没见过小徐，但我相信爸的老道。

“那可不一定，保不准人家姑娘就相中了小徐的哪一点?”妻开始发难。

“我看哪，”爸沉思了一会，作分析状，“应该是李局，是李局和人家姑娘好上了。小徐是帮李局做事的，算是个牵线人吧。就是李局，八九不离十了。”

“对啊，听你这么一说，还真入了这个理。”我表示赞同，“李局风流倜傥，权钱兼备。确实可以吸引漂亮姑娘，新娘子出轨，也就不稀奇了。”

爸笑了笑，冲着妈道：“就是嘛，就是嘛，你儿子都同意我了，你还有啥话。果然是中心人物的话有分量啊。哈哈哈。”他为自己的成就有点飘飘然。

“就你能耐，有本事咋不去干刑侦。”面对爸的嚣张气焰，妈赶紧灭火。

爸收束了一下激动的情绪：“说归说，家里传传好了，不好出去乱讲的啊。”

“那哪能啊。”我们应下了。

从外地办事回来。同回的还有一个王姓乡亲。

“知道那个虎子的事了吗?”公车上山百无聊赖，他首先发问。

“那哪能不知道啊，都传遍了。”

“有一点我被弄糊涂了，到底他媳妇是给了李局还是给了那个小徐?”

当然是李局，我如是分析一番。

“喔，听你那么一说，也真有道理。”他笑笑，“爱瞎编乱造的人真是无聊。”我不怀好意地笑笑，算是有了同感。

“你们在说什么那么开心?”后座探过来一颗好奇的脑袋。

我打量了他一下，有点眼熟，“我们啊，在说三里屯一件带彩的事。”

“什么事呀? 我也是三里屯的。”

“老乡啊!”我顿时有了亲切感，“以前没见过啊?”

“也许见着了，不打招呼罢了。什么趣事啊?”他显得兴味盎然。

“我们在讲一个女人红杏出墙的趣事。”

“哪家的媳妇?”他兴奋得满脸通红。

“就是那家……”

那个男人突然一下子低了头，无语。

评析：这是一个很好看的故事。但重要的不是故事，而是叙说故事的方式。这是一篇典型的采用了《罗生门》式的聚焦叙事手法的微型小说。围绕着新娘子回家，各个人都进行了活泼泼的猜想，但整个事件的真相反而被遮蔽。人性在意淫中被照亮，欧·亨利式的结尾更是把讽刺发挥到极致。

(四)深挖母题，建立信仰

经典影片中还包含了所有的生命母题。比如故乡、战争、青春、爱情、友谊、选择、等等。我们深挖一个个母题，做成了微型课程。

比如，我们由斯皮尔伯格的《战马》，引申到他的战争三部曲的前两部《拯救大兵瑞恩》《辛德勒的名单》。对战争母题有了更深入的解读。学生陈裔宁说："战争无所谓正义与否，无所谓爱国与否，也无所谓种族，只要是战争，就充满着罪恶。战争带给人类的只有家破人亡。苏联诺贝尔文学奖获奖作家肖洛霍夫也说，他的战争作品中没有一个坏人，唯一的坏人就是战争本身。"

卢莹同学还引入莫泊桑的《蛮子大妈》："那么温暖善良的老太太，她甚至把侵略者都当成自己的孩子来疼爱，给他们做好吃的，烧水洗澡，而那些普鲁士士兵也一样尊敬这个异国他乡的老人。但当老人得知自己的儿子战死，善良的老太太突然变成了冷酷无人性的恶魔。她让士兵们多搬一些柴草把他们住的房子围起来，说这样可以保暖。然后在夜里抽走了梯子，锁死了房门，放起火来，把四个普鲁士士兵活活烧死。一方面是四个士兵伤心刺耳的呼号；另一方面是蛮子大妈的镇定、安静和满足。想想还有比这更变态、更可怜、更让人心痛的残酷吗？战争对人性的扭曲和摧残无过于此。"

但很多时候，战争不过是一些当权者的私利，斯皮尔伯格对此也有深刻的揭示。

在《战马》中，仅仅是为了一匹马，英国兵和德国兵就可以冒着生命危险走到一起，他们天衣无缝地合作解救了这匹马。这个世界上没有什么解决不了的问题。一切打着幌子的战争，背后都是阴谋和欲望。但把马解救之后，这匹马究竟属于谁？这很可能又是一个引发冲突的事件，两个普通的战士通过猜硬币的方式一下子就圆满解决了。这个世界上，只要通过对话，没有解决不了的事，只有不想通过合作和对话解决事情的人。

钱铂依这样总结："在斯皮尔伯格的电影中，有时候人类被谴责，有时候人类被威胁，有时候人类被安慰；但电影总是不忘探究一种存在主义的神秘命题，我们是谁？我们往哪里去？斯皮尔伯格的答案一如既往的光明。我们是人，人性总有缺陷，但不至于丧失希望。经历了无数磨难挫折，哪怕是战争，我们总能收获救赎的力量。”

伟大的战争母题，让学生洞察了战争的性质，开始对战争具有了理性认识；也促使学生深刻反思战争对人性的扭曲和摧残，但他们又始终对重建人性的光辉充满信心。

在这之后，我们又链接一系列互文性的战争电影，构成战争系列，深入母题的内核，引导学生在合适的时间与合适的伟大影片相遇。这些相遇，一定会成为学生生命中的重要事件，一定能拓展学生的阅读视野，加强学生的人文素养积淀。

我常常想，看过《肖申克的救赎》和没有看过的人，他们的人生怎么可能是一样的呢？一个被伟大情感和思想震撼和洗礼过的人，可能再也不能被格式化，或者就算被格式化了，他们也能清醒地认识到自己的处境，保持一种内在的完整。

我的母题电影的观影目录为：

教育：《三傻大闹宝莱坞》《放牛班的春天》《国王的演讲》

战争：《战马》《西西里的美丽传说》《苏菲的抉择》

励志：《肖申克的救赎》《阿甘正传》《小鞋子》

青春：《那些年，我们一起追的女孩》《致我们终将逝去的青春》《山楂树之恋》

爱情：《棕榈树》《罗马假日》《雏菊》

伦理：《死亡实验》《九死》《返老还童》

对于不满足的同学，我还制作了观影阶梯目录。（见我的《高中语文电影课》）

苏珊·桑塔格说：“电影的诞生是个奇迹，奇在现实竟能如此奇妙地瞬间再现。电影的全部就是在努力使这种神奇感永存和再生。”

电影课，给学生打开了一扇窗。有清风、有朗月，也有温暖和力量。通过剖析电影的叙事表达方法、情节架构、人物塑造及其所蕴含的人文精神内涵，我们从文字到文学再到文化，从素材到思维再到思想，最终打通了阅读和写作的通道。既获得了解析文本的独特视角，又提高了学生的人文素养和写作能力。

电影的无穷魅力，似乎已经掀开了一角。没有电影的语文课堂，是有缺憾的语文课堂，没有电影的人生，不值得一过。

十三、用教师写作带动学生写作

中学生有两大怕：一怕周树人，二怕写作文。

前一怕，可以通过删减周树人的文章，让学生“眼不见心不烦”；后一怕，估计还要长久地怕下去。

岂止学生怕作文，教师们多数也怕作文。

很多学生作文，包括一些优秀习作，让人无语。分析说理能力、逻辑思辨能力，极其匮乏。严重一点说，这么多年来，作文教学基本上是做无用功。学生的作文田地，几乎就是一片不毛之地。

比如写《感谢自卑》，学生就会大谈自卑的妙处，我们要拥有自卑，我们要防止自信。哪里有一丝一毫的理性思维？导致今天这种局面的原因很复杂。

第一，高考作文导向难辞其咎。

一些命题者善良地认为，一个高中生，在短暂的时间里，能够写好一篇不错的记叙文就好了；至于议论说理，那是大学的事，应该让高校去弄。这个错误导向，成了高考作文教学的风向标，贻害无穷。

第二，老师们短视训练推波助澜。

一方面是高考的导向，这是现实的利益考虑；另一方面是作文的文体不限，这是冒险后的风险保障。有了这两条保障，一线老师们只管放心大胆地训练学生记叙文，一招鲜，吃遍天。但这一招究竟鲜不鲜？能否吃遍天？老师们就懒得管它，只管吃定高考这一关就行了。

但是事与愿违，作文是一个系统工程。想想看，一个没有说理能力的人，他的叙事描写水平，又能高到哪里去呢？更何况，对记叙文而言，重要的不是事件，而是事件背后的意义。而一个没有分析鉴赏能力的人，他的审美趣味和欣赏水平又会怎样呢？那些蕴藏在事件背后的哲理和味道，又如何能够挖掘出来？

第三，作文教学观念陈旧，理论落伍。

当前针对作文教学，全国找不到一套教材，全部都是摸着石头过河，凭经验办事。有的被淹死，有的干脆不下水，有的干脆不教，靠天收。更要命的是，当下流行的一些作文观念，极其陈旧，而且浅尝辄止、语焉不详，对作文教学非但没有指导作用，甚至以讹传讹，混淆黑白。

于是，各种各样的声音出现了。较有代表性的有：老师自己都不写作，如何能够教好学生的作文？

但是，令人困惑的是，不少喜欢写作的教师，他们教出来的学生，作文水平也是“王小二过年，一年不如一年”。

那么，教师写作和学生写作，这两者究竟有什么关系？教师写作对学生写作究竟会有什么样的启示？这个问题很值得探究。

事实上，我认为教师写作和学生写作关系不大，理由如下。

(一)写作即系统

结构主义认为，世界不是由物组成的，而是由物与物之间的关系组成的。写作即系统，系统就是一种关系。一个系统之内，具有共同的心灵密码，畅行无阻；一旦超出系统之外，就会鸡同鸭讲，处处掣肘。教师写作和学生写作就是两套不同的系统，很难兼容。

教师写作属于私人写作，学生写作属于考场作文，两者的关注点和指向性大相径庭，写作目的和阅读受众也截然不同。两者根本不可能等量齐观。

有一年有家杂志邀请一线老师参加高考作文写作，绝大多数老师得分一般，一类卷基本没有。岂止是老师，很多作家一听说要写高考作文，也是头皮发麻，浑身发冷。

有一年全国高考作文，借助四个图形的区别，得出一个命题“答案是丰富多彩的”，要求学生作文。

《北京青年报》就此采访了肖复兴、莫言、池莉、秦文君、陈村、冯骥才等作家。

冯骥才说：“这个题目有点像智力游戏，不是作文题目，先给一个结论，再让考生通过作文印证结论，不可能产生原创，不能启发考生想象的空间，没有针对生活的感受和思索。如果讲哲理的话，也是非常浅薄的哲理。如果让我做，肯定不及格。”

陈村说：“如果让我做，我没想过。这样的题目很难进入情境。”

秦文君则说：“现在让我做这种命题作文，已经不太适应了，我写命题作文得分不会太高。”

事实也正是如此。

《北京青年报》在考试当天曾邀请五位作家撰写同题作文，尽管没有限时，算是极为宽松了。但经某高考资深阅卷专家认真批阅后，竟然有四篇文章不合格。

还有为这个评分打起笔仗的。

《实话实说》栏目主持人崔永元，曾经邀请著名特级教师王栋生给科学家何祚庥、棋圣聂卫平、作家魏明伦写的三篇高考作文打分。王老师下手比较狠。给何和魏的作文打了不及格，巴蜀鬼才魏明伦的文章竟然只得了30分，巴蜀鬼才气急败坏，到处喊冤叫屈……

其实，作家得不了高分，并不难理解，也不是什么丑事。专业写作和考场作文，是两个不同的系统。比如文贵含蓄，考场作文你岂能含蓄？非但不能含蓄，而且还要认真点题的。

高考作文命题具有一定限制性和目的性，不可能不设定范围，让考生随意乱写。除了文字表述，还有考察判断力、价值观的内涵在内。每一道高考作文题，都有自己的价值追求，而且越来越“专业化”，没有经过专门训练的人，确实无从下笔。

更要命的是，高考作文命题的价值追求，重感性、重审美、重抒情，常常陷入一元的、片面的抒情惯性之中。感性抒情式命题长期占据统治地位，一味强调真情实感，忽视了真知灼见；理性命题则被打入冷宫，因而难脱“小我”范畴。

教师和作家写作，基本上是以哲学和人生思辨为主，追求分析、批判、理性和反思，关注社会和人生等重大命题。两种不同的思维方式，两种不同的价值追求，两套不同的系统，很难兼容，因而他们的写作也很难对学生产生实质性的影响。

(二)写作即生活

写作即生活，教师生活和学生生活截然不同，两者的写作很难关联，也不大容易迁移。很多时候，教师的得意之作，未必是学生的喜爱之作；而来自学生身边的稚嫩之作，尽管不入老师的法眼，却很为学生所喜闻乐见。原因就在于此。

但很多时候，我们误以为写作是技术问题，以为解决了写作方法，学到了写作技能，学生就能下笔千言，倚马可待。但事实上，写作技巧只是一个指头的问题，甚至连一个指头都算不上。这些年，我们教授的写作技巧还少吗？为什么一到正式写作之中，学生就只能干巴巴地说一些地球人都知道的废话、套话、假话、空话呢？独抒性灵的文字，发人深省的言论，启迪智慧的篇章，却累届而不见。阅读学生作

江苏省苏州第一中学　叶圣陶雕像

文，常常让我们“怅然心中烦”，甚至有“拔剑四顾心茫然”之叹。

其实，道理很简单：作文即生活。

素材的累积，是生命记忆的衍生。不管是真实的来自实践的记忆，还是从阅读中，从那些一代代物化的经典中得出的间接生活，都是我们生命中不可或缺的素材和营养。

材料的分析，则是对生活与生命的阐释。用我们自己的生活和生命去解读材料中的生活和生命，这是生活的交叠，也是生命的交融。每一次的材料分析，都是生活的一次丰富和生命的一次重生，人不可能两次踏进同一条河流。这不仅是客观的河流在变，更重要的是主观的人的意志随时在更新。所以，重要的不是材料、不是事实，而是阐释，用自己的心灵之眼和生活的阅历去阐释。

笔墨的流淌，则是情感与思想的激荡。处于真正的情感之中，应该达到无我的境界。这个时候没有观察者，只有观察。摒弃了一切前见，只有当下、只有存在，如海德格尔所言，存在不断涌现。

一个严肃生活的人，一个理解生命的人，何须积累材料，何须分析材料，他的生活就是材料，他对生命的理解就是分析。所以，他提笔就写，他的喜怒哀乐，思考忧虑，性情气质……尽在笔尖流淌。这样的文字，一定是性情文字；这样的文字，一定色香味俱全，烟火气息浓厚；这样的文字，也必定是有温度有热度有灵魂的文字。因为生命在场，灵魂在场。他写的就是生活、就是生命，他为生命和灵魂而写作。这样的写作，哪里是雕虫小技的技术写作可以相比的呢？

然而，我们的学生何曾有过自己独立的生活？何曾有过自己对生活和生命的深入思考？甚至连自己独立对文本思考的权力和技能都失去了。想想看，一个连自己生活和生命都毫无体验、绝无感受的人，却让他去体悟他人的生活、感悟万物的生命，这岂非天方夜谭？失去了生命的支点和价值基础，我们的学生怎么可能写出真正的生命文字呢？

站在这样的角度之上，思考教师写作和学生写作之间的关系。我们就会发现，教师生活和学生生活尽管很多时候重叠在一起，但是，教师生活就是教师生活，学生生活就是学生生活。两者根本不可能相提并论，也不大可能产生多么大的共振和共鸣。最重要的是，教师的生活和生命也是残缺的，教师的写作也很难有生活的肉感和生命的骨感，这样的启发就更是等而下之了。

(三)写作即常识

如果说写作即生活，那么，要想写好作文，自然要深入理解生活，体悟生命。

这就需要回到原点，尊重常识。什么是常识呢？常识就是关于生活和生命最基本的认识。

人首先要满足生理的需要，衣食住行，吃喝拉撒……其次是安全的需要，不仅是身体的安全，还有心理的安全，心灵自由发展的安全；再次是归属和爱的需要，人是群体动物，必须生活在一定的类别之中，互相辨认，彼此皈依，才会有归属感，才会有爱与被爱的温暖；最后还有尊重和自我实现的需要，人在自我肯定中获得生命的价值。

不管是“绿色的生活”也好，“拒绝平庸”的生活也罢，这些生活都需要有效实现，这是我们生而为人的权利。

个体需要层次的提升，就是自我的不断完善。生命无非就是一个认识自我，发展自我，完善自我的过程；而一个人活着，其实就是一种自我成全，并在此基础上成全他人与社会。

所有的故事都曾经发生过，所有的故事都是同一个故事，所有的故事都是我的故事。“你站在桥上看风景，看风景的人在楼上看你，明月装饰了你的窗子，你装饰了别人的梦”。这就是生活的辩证法。

当这些生命常识，转化为我们的生命伦理，深入我们的骨髓，成为我们生命中的必须，我们就能趋向于严肃合理的生活。而当我们以当事者的身份参与这个世界，我们必将发现，他人的存在，正是对我们生命伦理合理性的最好检验。我们自身的生命伦理与他人的生命伦理互相验证、互为镜像，并最终互相编织。这时候，我们恍然明白，我不只是代表了人类，我还是这个物种的全部，我代表着整个人类的心智。原来我们每次相遇他人，相遇自然，相遇写作，只是相遇我们自己，是对内在自我的辨认，是对自我生命的一种照亮。

这种照亮，因为具备了共同的伦理，必然掺杂着我们的生命经验与他人的生命经验，融合着不同的生命伦理，我们将因此获得对生命的深入体悟。

这就是写作的常识。但这些常识不到一定时候，是很难认识到位的。这也是老师写作无法影响学生的一个重要原因。

既然教师写作对学生写作的借鉴意义不大，那么，教师写作的意义何在？在真实的场域之中，教师如何发挥教师写作对学生写作的正面导向作用呢？

(一)激发写作和阅读兴趣

教师写作的标杆作用，在于教师写作揭开了铅字奥妙，揭开了文章发表的神秘面纱，给了学生无穷动力。现实中，很多热爱写作的老师，成为学生崇拜的偶像。这种榜样的力量会给学生极大的激励，并逐渐使其产生浓厚的写作兴趣。

关键是这个时候，教师如何借此激发学生的兴趣？

比如带领学生，重新经历自己某篇文章的整个创作过程，重新经历自己创作时立意的挣扎，构思的彷徨，选材的纠结，灵感骤然获得的狂喜，还有“两句三年得，一吟双泪流”的修改的执着。学生或许就会敬畏写作、钟爱写作，用全部生活和生命的积累去写作。

一旦写作成为学生的一种习惯，教师的这个导向将善莫大焉。有条件的老师如果能够引导学生真正经历一次“文章变铅字”的全过程，使学生的作品得以发表，哪怕只有一次，那么，根据经验，这个学生就会真正的写作了。真正的写作，只需要一次，就相对完整了。从此，就不必过于担心这个学生的写作了。

这就是为什么学生非常喜欢网络写作的原因。网络发表相对容易，并且有一个庞大的阅读群，满足了学生创作的期待。这与学生日常写作，总是老师一个人批，一个口味改，差异较大。

教师不妨再通过两种方式激发学生兴趣。

第一种，在作文课中，采取提纲评点法。

这样一来，既养成了学生列提纲的好习惯，又使多个学生的创作思路，在全班得以交流，赢得重视，获得改进。未得到交流的学生，也可比照别人的创作，获得启发。特别是教师的提纲也要展示出来，或为标杆，或为靶子，总之，要成为学生的品评对象，学生的兴趣会被充分激发出来的。

第二种，课后练笔采取轮流随笔法。

四个大笔记本，四组之间，每天一人，轮流随笔。要求轮到写作的同学，必须认真点评之前的写作，然后，再把自己最好的文字拿出来，作为被点评的对象。这样一来，阅读群扩大，尤其是异性读者的介入，使得学生写作欲望大大增强。而自主命题，自由发挥，写身边事，写心里话，写真情，写实感，又使学生如鱼得水，如虎添翼。

最重要的是，教师偶尔也要"流水"一次，"撒野"一次。文不在好，参与就行。让学生匿名批评一次，炮轰一次，学生在批评老师时，其实获得了很多启迪，下一次就有"蠢蠢欲动"超过老师的愿望。这个持久并强烈的愿望，就是写作的兴趣和动力。

写作是"吐纳"。当有一天学生突然感觉到自己的写作已经陷入瓶颈时，自然会求助于阅读，广采博纳。这个时候的教师，就应该像老中医一样，"当归二钱，川贝母三钱……"给学生配最滋补的"好药"。这个"好药"就是经典作品。让学生把阅读经典当成一种习惯，甚至当成一种宗教，这是我们教育工作者的使命。

阅读经典给人的阅读体验，就像林语堂所言："是灵魂的壮游!"复旦大学哲学系教授张汝伦说："接受经典，珍惜经典，是文明的标志，也是创新的开始。""没有深厚文化底蕴的人，是谈不上真正的有价值的创新，而拒绝经典的人是根本谈不上什么文化底蕴的。任何真正的创造者总是从经典中吸取充分的资源与养料，作为自己创新的源泉。"

(二)发扬“不要脸”和不怕丑的精神

教师写作原本对学生的关系不大，意义不大，上文已述，这源于写作的性质、两者的生活，以及两个写作系统的不同。教师“下水”则不然，它彻底抹平了这些差异，架起了学生写作和教师写作之间的一座桥梁。唯一不能抹平的，就是教师和学生的思想认识。但在这里，师生的认识不同，恰恰是教师“下水”的意义所在。通过教师深刻的思想认识，“现身说法”，加工提纯，恰好可以给学生最直观最鲜活的感受和教育。所以，每个有理想的教师，一定要发扬“不要脸”和不怕丑的精神，我不下地狱谁下，勇敢地“下水”，纵然“淹死”，也在所不惜。

可以设想，当教师纵身跳入到学生的水域中，在同样的要求和标杆之下写作。一样审题，一样破题，一样谋篇布局，一样的落实自己平常的要求，难道不是真正的师生平等，师生同乐？当学生成了接收者，成了评论者，甚至成了赋分者，其兴趣和欣喜又将如何？榜样的力量是无穷的，教师“下水”意义重大，不可不为。

笔者曾有一次成功的案例。全班写 2010 年江苏省高考语文作文“绿色生活”，一口气写了五种构思，作为靶子，被学生批驳得一塌糊涂。但是，后来很多学生说，那一次收获最丰。

第一种构思——清新简洁式。

先界定何为绿色的生活，然后重点写绿色生活的两大特点。

无污染(无物质上的污染，也无精神上的污染，比如凤姐等庸俗的炒作，以及恶俗的相亲栏目对社会道德底线的冲击等)。

有情调(有情调，有什么样的情调，决定了这篇文章的高度和境界。我比较喜欢托尔斯泰的“每天定时看日出”，以及简·奥斯汀庄园的“环境的静谧，生活节奏的缓慢，内心情感的丰富”那种干净的生活)。

“无污染”本质上谈的是净化环境和心灵，实际上是扣“绿色”；而“有情调”则是净化之后怎么办，实际上是谈生活，绿色的生活。

第二种构思——以情动人式。

写一篇散文，主要内容如下：家庭最简单的元素是爸爸、妈妈和我。爸爸的绿色生活是戒烟，争取把咱们家变成无烟家庭。妈妈的绿色生活是跳舞，争取把“蟒蛇腰”变成“水蛇腰”。我的绿色生活是颠覆，变苦学为乐学，争取过一种幸福完整的教育生活。

爸爸的绿色生活是美化环境，妈妈的绿色生活是美化身体，我的绿色生活是美化精神。家庭成员都过上了绿色生活，家庭自然是绿色家庭，社会自然是绿色社会、和谐社会。

第三种构思——生动活泼式。

何为绿色生活？不妨到生活中，睁大眼睛，运用大脑，去看，去想。

孩子式的生活：单纯、舒展，离人的天性最近。

老人式的生活：注重身体，抛弃名利，离生活的本质最近。

农民式的生活：简单、自然，离泥土最近。

这三种生活就是绿色的生活，三种生活谈完了，绿色的生活也就谈完了。言已尽而意无穷。

第四种构思——高屋建瓴式。

这种构思是从妻子浇花中得到的启发。妻子说她既是在浇花，也是在浇灌心灵。于是，就有了这样的构思。

什么是绿色生活？绿色生活意味着什么？

绿色生活意味着：

要热爱自然。谈人与自然的和谐关系，人类经历了恐惧自然，顺应自然，征服自然这一跌跌撞撞的过程，现在到了敬畏自然，与自然建立伦理关系的阶段了。谁也不能了解一朵花和一棵树的所有真相。人，必须敬畏自然、热爱自然。

要陶冶思想。“鸢飞戾天者，望峰息心，经纶世务者，窥谷忘返。”在人与自然交往的过程中，人的情感得到陶冶，思想得到净化，境界得到升华。这个过程是漫长的过程，也是必要的过程。

要泽被他者。人的行为是由人的思想决定的。在自然中得到陶冶、净化和升华的人，极有可能泽被他人，影响社会。使得他们与他人和谐相处，融洽相对；既能服务于社会，又不被社会所裹挟。

这样看来，在享受绿色的生活中，热爱自然，是谈人与自然的关系；陶冶思想，是谈人与自我的关系；泽被他者，是谈人与人、人与社会的关系。

第五种构思——“借石打鸟”式。

所谓绿色生活，乃是中国人惯用的一种修辞，我们常常就生活在修辞当中。比如“无业叫待业，失业叫下岗，犯罪叫失足，下降叫负增长，父母官叫公仆，软弱可欺叫韬光养晦。”中国人太幽默了，屠夫的凶残，总能化为一笑。

但既然是修辞，咱也不妨修辞一回，也不枉了“中国特色”一场。

先看黑色生活。

2012年还没有到来，但预兆已显。先是干旱，云南、广西等地，“赤日炎炎似火烧，野田禾稻全枯焦。”农业生产严重受损，400余万人饮水告急。

紧接着南方遭遇百年不遇的暴雨，“江河横溢，人或为鱼鳖”。约255万人无家可归，约10万公顷农作物荡然无存……

天灾可恕，人祸难饶。

前段时间，丧心病狂的犯罪分子，居然对小学幼儿园的孩子下起了毒手。连续几起惨案，使人目不忍视，耳不忍闻。我的朋友诗人林茶居这样写道：

下雨了
雨点打在地上
一会儿就不见了
像幼儿园的孩子

看到这首诗，我的眼泪疯狂地奔涌。什么时候，我们才能做麦田里的守望者，让孩子生活在绿色中，像蜻蜓一样飞舞？至少让他们免于恐惧的自由？

黑色生活实际上就是恐怖生活。

前几天在网上看到了很多宽十几米，黑乎乎，深不可测的大洞。有的在农田里，有的在高速公路上，有的甚至在闹市之中。这些自然的创口，像上帝之眼，莫非是上苍对我们的警告？

再看红色生活。

“农夫心内如汤煮，公子王孙把扇摇。”一方面是黑色生活，另一方面就是红色生活。红色是红火，是热闹，是浮躁，是甚嚣尘上，是好大喜功，是轰轰烈烈，是宏大叙事，是“行”不惊人死不休。

一些人丢失了自己的灵魂，自曝其丑，以丑为美，为了一些可怜的利益，使得缺少精神之钙的肉体，在前进中猝然跌倒。

一些人“大”人民之“方”，“慷”国家之“慨”，挥金似土，投币断江。为了所谓的虚名，内囊都尽上来了。

“天下熙熙，皆为利来；天下攘攘，皆为利往。”

红色生活本质上是功利主义生活，成者为王，败者寇，中国人向来是只重结果，不重过程，抓到老鼠就是好猫。

然而，中国更多的百姓，夹在红与黑之间，过着一种灰色生活。看着那些红得发紫，紫得发黑，黑得发亮的幸福生活。咕咚咽下口水。但他们马上就明白，这就是命！像臧克家笔下的老马那样，任劳任怨：

> 总得叫大车装个够，
> 它横竖不说一句话。
> 背上的压力往肉里扣，
> 它把头沉重地垂下。

灰色给人最大的感觉就是“看不见”。埃利森的小说《看不见的人》的黑人主角，就是如此。无论在什么时候，什么地方，和什么样的人交往，认识的不认识的，都“看不见”他；人们尽管和他说话，和他打交道，或者明明看着他，其实并未“看见”他，并未注意到他的存在。他为此愤怒、抗议、沮丧、绝望，但最终还是毫无办法。谁叫你在灰色地带，过着灰色生活呢？集体被遗忘、被忽视、被代表、被践踏，就是我们的命了。

当我们呼吁要给百姓尊严的时候，就是百姓没有了尊严；当我们呼唤绿色生活的时候，就是我们活得不够绿色、不够自由、不够贴切、不够和谐、不够舒展。或者说，活得窝囊、活得憋屈。

让人民过上绿色的生活吧！但先得让百姓免于红与黑的生活恐惧，然后种下种子，提供土壤，春风化雨，润物无声。

(三)纠正理论和实践的偏差

学生写作有时候不是写作能力的问题，而是对写作理解的问题。如何帮助学生界定什么是好的、优质的写法，特别是辨析当前泥沙俱下的混乱的写作认识，这是教师的责任。

比如我们常常说，要选择典型的事例来证明论点，但例子能够证明论点吗？

无论什么例子也证明不了论点，例子只能表明论点、说明论点。当我们在选择例子的时候，把适合的例子拿来，就把不适合的例子排斥掉了，当我们选择典型例子的时候，就把不典型的例子，甚至是反例给筛选掉了。那么，这样片面的例子还能够证明论点吗？

例子只能够证伪，不能够证明。

证伪学说的开创者卡尔·波普尔在《猜想与反驳》中指出："经验如果用来证实理论，那么它将是无法穷尽一般的理论的。比如，再多的白羊也不能证明所有的羊都是白的，而只要一只黑羊出现，就能证明所有的羊都是白的这个理论是错误的。所以，经验的真正意义在于可以证伪科学理论。"

但我们的教材至今抱残守缺，认为只要你要选择出典型的例子，就能很好地证明你的观点。

比如吴晗的《谈骨气》，一直被看作经典的议论文本，其实谬误百出。他的论证是：齐人不受嗟来之食，贫贱不能移，中国古人是有骨气的。文天祥不接受元世祖两年宰相位置的空缺，富贵不能淫，中国近代人是有骨气的。闻一多横眉冷对国民党的手枪，威武不能屈，中国现代人也是有骨气的。古代、近代、现代中国人都有骨气，所以，我们中国人都是有骨气的。

这个逻辑极其荒唐，简直不堪一击。

根据吴晗的逻辑体系，我同样可以选择典型的例子来论证：中国古代的吴三桂是汉奸，现代的汪精卫是汉奸，所以，我们中国人都是汉奸。

中学生就是在这样的教科书中学习，思维怎么可能不陈旧、不僵化？作文怎么可能写得好？

教材又告诉学生要贴近生活、关注生活，但如何关注生活什么，如何贴近生活，又语焉不详。

生活是什么？对学生而言，上课、下课，上学、放学，吃喝拉撒，和同学和老师交往，和家人和朋友交流。应该说这些都是生活，但学生切近生活，关注生活了，却写出很多千人一面无比乏味的流水账。

为什么好的理论却结出这样的歪瓜裂枣？是因为我们的写作理论，以为学生关注生活，贴近生活了，学生就能像照相机一样再现生活了。这个认识有极大的漏洞，仅仅强调真实是不够的，真实也有品位之分，如果没有深度，真实的也是肤浅的。让学生真实地再现现实生活，就算学生有这个水平，完全再现了生活，依然有可能是单调的、空洞的、乏味的。

因为这里的生活，并不是你所见所闻的一切生活，而应该是被你的心灵关照的、同化的、提纯过的，成为你心灵一部分的独特人生体验和生活体验，只有这样的生活，才是个性的、水灵的、有生命力的、有价值的。

大学的时候，我写过一篇微型小说《吃面》。小说发表后，引起广泛好评。小说取材于我高中的一次经历。

我在吃面，一个美丽的女孩子，也在吃面。她美到极点，无可挑剔，如天使在人间，让人目眩神迷。

大碗面的分量很足，女孩剩了很多就开始结账了。突然一个乞丐蹩进来，伸手去倒女孩子的剩面。女孩子眼疾手快，抢先把面倒进了泔水缸。然后，飘然离去。我看那个老头可怜，给他下了碗面带走了。这是生活真实，不是艺术真实。

但后来我把这个结果改为："老伯，这剩面有点不卫生，"女孩红着脸，柔声说道，"老板，钱不用找了，给这位老伯下两碗面。"我的心一震，觉得眼睛湿湿的潮，抬起头来，那女孩一脸高贵的微笑，灿然如金。

经过这样改造之后，小说的波澜多了，现实意义也增强了。这就是关注生活，用心灵同化生活的重要性。

教材又要求学生，不要丢掉自我。

应该说这个要求也是有意义的。但不是一切自我的东西，就是独特的、个性的。因此，必须摒除自我中的共性面，在贴近生活和贴近自我中，找到两者的契合点，精神升华，题材升级，让生命焕发出个性光彩，这样的文章才是好的。

但这里的误区是不能固执地信守自我僵化的模式，一旦与生活不相吻合，学生不是修改自我模式，丰富自我模式，反而是修改生活，胡编乱造，最终使文章面目可憎，令人生厌。

要知道当自我体验和生活形成冲突时，在这种逆向反差中，制造"矛盾"，形成反差，最容易写出好文章。

记得大学的时候，有一次返校，我坐大巴车。车子非常破旧，车窗也破了，车里非常拥挤。一个男人在窗子里打起了伞，轻轻转动伞柄，让雨水滴到前面一个漂亮女孩子的脖子里去……女孩子满脸泪水，牵住衣角，一言不发。这是生活的真实，我是见证人，也贴近自我。可是这样的事件，写下来又有什么意义呢?

我突然想起曾经看过的一篇文章：大雨到来的时候，一个男孩，用一只手给女孩挡雨，那只手高高地举着，像一面旗帜。于是，我把这两个画面截取到一起，马上产生了非同寻常的效果。在结尾我说：眼前的这一幕，让我认识了两种人，也认识了两种人生。

在这里，我保持了生活真实，并修改了部分生活。但这个修改依然是可信的。因为这个真实在别的地方已经被证实，因而也必然是真实的、可信的。

总之，教师写作和学生写作，虽无关联，但又意义重大，运用之妙，存乎一心。如果只顾自己写得痛快，罔顾学生，甚至因为自己写作，影响了自己的正常教学，那只能另当别论了。

十四、文本解读的六个境界

文本解读一直是一个难题。在文本的解读上，第一层次是知人论世，通过作家的创作环境和作者意愿来解读；第二层次是“作者死了”的纯作品解读法；第三层次是原型结构解读法；第四层次就是通过读者反映理论来解读。但在真正的操作中，却并非如此简单。

本文试着以《愚公移山》为例，来谈谈文本解读的几重境界。

(一)主流观点

这是最简单的一种境界，继承主流价值观点。赞扬愚公，赞扬他面对困难或灾难，迎难而上、征服自然、改造自然的大无畏精神，赞扬他自强不息的人生态度。

愚公精神，实际上是一种儒家的明知不可而为之的康健的、积极的精神。它吹响了一个民族昂扬向上的号角，理所应当成为了民族精神的象征。

毛泽东在中国共产党第七次全国代表大会上说：“现在也有两座压在中国人民头上的大山，一座叫作帝国主义，一座叫作封建主义。中国共产党早就下了决心，要挖掉这两座山。我们一定要坚持下去，一定要不断地工作。我们也会感动上帝的。这个上帝不是别人，就是全中国的人民大众。”“愚公移山”从此成为表现中国共产党人坚忍不拔，不懈奋斗之精神的典型用语和口号。愚公移山的主流思想至此得到了强化和巩固。

(二)逆向思维

肯定智叟，肯定他实事求是的态度和精神。智叟嘲笑愚公“以残年余力，不能毁山之一毛。”愚公回答说：“我死有子，子又有子，子又有孙，子子孙孙无穷匮也。而山不加增，何苦而不平?”

实际上愚公的这个推断并不成立。首先，沧海桑田，朝云暮雨，愚公并不能保证山不加高；其次，愚公并不能保证自己“子子孙孙无穷匮也”；再次，就算愚公“子子孙孙无穷匮也”，也不能保证他们都能和愚公唱“同一首歌”；最后，从结果来看，愚公也并非通过自己的力量完成了移山。这实际上从侧面说明了愚公移山的不可行性。

(三)辩证观点

一分为二地看待愚公和智叟。既肯定愚公身上的这种精神，大智若愚，直面困难，不屈不挠。但又要批评愚公以为通过子子孙孙的努力，就真可以搬走大山的愚不可及。

对智叟而言，既要看到智叟面对大山的理性思考，直面现实的态度，也要批评他在困难面前息事宁人、无所作为的消极无为。

也就是说，从感情上我们赞扬愚公，从理智上我们又不得不同意智叟。从战略上我们同意愚公，但在战术上我们又不得不认可智叟。

(四)历史视角

《愚公移山》当然是一个寓言，但即使是寓言，也可以从它的本意上来进行理解。

愚公究竟该不该移山，得看愚公活在一个什么样的时代。

远古时代的中国人，有一种土地崇拜，具有根深蒂固的安土重迁思想。除非实在活不下去，他们是不可能背井离乡的。而愚公不过“惩山北之塞”而已，这就决定了他不可能搬家。在这种前提下，愚公只能采取移山的方式，尽管悲壮，但却令人尊敬。

如果放在一个“好男儿志在四方”的时代，放在一个计较付出和所得效益的时代，愚公移山自然是得不偿失，他应该走出大山，干出一番大业。搬家显然比移山轻巧、实在，这一点毋庸置疑。但也不能忽略，愚公搬家是为自己，移山主观是为自己，客观上却是为他人、为大众。

（五）原型结构

结构主义总是把作品放在很多作品当中，从它们的关系中寻求意义。比较文学中的主题学，就有很多类似的主题，有一种相似的原型结构。

比如古希腊神话是很多文学的源头。很多英雄不满于现状，他们离开家，寻找美女海伦，寻找金羊毛，寻找圣杯，等等。总之，是一个个任务促使他们离开家，又总要经历种种磨难、艰险、伤痛，最后终于成熟起来，然后回家。从中，我们可以归纳出一个结构，就是“离家——经历苦难——对人生有了深刻的领悟——回家”。

《西游记》的孙悟空也是如此。离开花果山学艺，后来为了完成取经任务，经历九九八十一难，终于修成正果，回到花果山。

《红楼梦》中的贾宝玉也不例外。离开青梗峰，到了大观园这个花花世界，经历了悲欢离合，生离死别。最后，终于又回到大荒山下、青梗峰旁。

西方的童话，常常有一个结构：一个主角，一个迫害者、一个协助者、一个战利品。主角一般都是在协助者的帮助下改变了自身处境，惩罚了迫害者，并最终获得了战利品。比较这些原型结构的继承和发展，非常有意思。

安徒生的《丑小鸭》中，丑小鸭是主角，它有很多的迫害者，但它最重要的协助者却是自己，它最终的战利品是自己变成了天鹅，它没有惩罚迫害者，反而显得更加谦卑，这就是丑小鸭的动人所在。

《海的女儿》中，小人鱼是主角，在追求王子的过程中，小人鱼的迫害者和协助者是同一个人，就是巫婆。所以，她没办法惩罚迫害者，自然最终也没办法获得王子这个战利品。但安徒生却让她获得一个永恒不灭的灵魂作为奖赏，这是对她高贵灵魂的补偿。

在《愚公移山》中，也有原型结构。那就是“一个平凡的主人公——面临不可能解决的困难——明知不可为而为之——悲壮的精神”。比如“夸父逐日”“精卫填海”“后羿射日”等，就是这种原型结构。虽然最终的结果有异，但都是同一主题，阐释的也是同一种精神。

(六)民族心理

弗洛伊德和荣格告诉我们，写在我们任何文字中的，不只是作者的意识，还有作者的“个人无意识”，以及该文本隐性呈现出的“集体意识”(社会文化)和“集体无意识”(人类原型)。

一个故事被视为经典或者神话，一定是揭示了人类深厚的集体无意识中的某一原型，一定是人类灵魂或者集体智慧的一个高度浓缩的“原始意象”，并在长期的发展中，最终转化为民族心理。文本分析的最高境界是分析寓言产生与流行背后的集体无意识。那么，《愚公移山》这个寓言背后的集体无意识，究竟是什么呢?

如果说愚公代表的是勤劳，那么，智叟代表的则是智慧。《愚公移山》呈现的实际上是人们对勤劳和智慧的态度。

列子所处的战国前期，生产力水平极其低下，人类刚刚进入铁器时代。在这样的时代，“聪明”在社会生活与个体生存中的价值，是远远低于“勤劳”这一品质的。况且从教育孩子这个角度看，强调由遗传决定的“聪明”，当然不如强调可以后天培养的“勤劳”更有实际的意义。大智若愚，大巧若拙，聪明反被聪明误等，都是这种思想的反映。直至今天，我们还在倡导“勤能补拙是良训”“一勤天下无难事”“天道酬勤”等观点。

所以，《愚公移山》，实质上就是情商胜过智商的一场较量，这种“扬勤抑智”的思想逐步深入人心，成为一种文化积淀或者说集体人格。而对于我们而言，如何揭示出文本背后的集体人格，揭示文本背后的个人无意识、集体无意识，应该是我们文本解读的一种追求。

十五、有才不许补苍天

——解读《和氏璧》

每次听到这个故事，我都有异样的感觉：和氏璧中究竟隐藏着什么样的密码，好多次我的眼睛划过它，假装不在意，可是，它依然能够在刹那间击中我的魂魄，让我提笔就“老”。

《韩非子·和氏》记载：“楚人和氏得玉璞楚山中，奉而献之厉王。厉王使玉人相之。玉人曰：‘石也。’王以和为诳，则刖其左足。及厉王薨，武王即位。和又奉其璞而献之武王。武王使玉人相之。又曰：‘石也。’王又以和为诳，而刖其右足。武王薨，文王即位。和乃抱其璞而哭于楚山之下，三日三夜，泪尽而继之以血。王闻之，使人问其故，曰：‘天下之刖者多矣，子奚哭之悲也?’和曰：‘吾非悲刖也，悲夫宝玉而题之以石，贞士而名之以诳，此吾所以悲也。’王乃使玉人理其璞而得宝焉，遂命曰‘和氏之璧’。”

(一)执着是一种病

故事中的卞和，能够在乱石之中慧眼识玉，其才不小。然而，忠心耿耿的卞和两次献玉，却以双脚为代价。厉王之“厉”，武王之“武”，可都是货真价实，毫不含糊。

卞和在楚山下大哭三日以鸣其冤，史称“卞和泣血”。当然，眼里泣血可能只是文人的夸张，但卞和坚持真理把生死置之度外的顽强精神，不达目的誓不罢休的执着，也实在让人感动。

然而，我在感动之余，却又忍不住感叹，假如文王不“文”呢？卞和还有什么可以被砍去？血腥的政治，诡异的宫廷，喜怒无常的君王，常常就是如此啊！

在我看来，卞和的执着其实是一种病。他以为“普天之下，莫非王土”，所以，所得美玉就应该归于帝王家。然而，他不明白帝王往往也是多疑的、残暴的、刚愎自用的、说一不二的。说你是你就是，不是也是；说不是就不是，是也不是。你爱楚王，可楚王不一定爱你，卞和偶然的悲剧中隐含着必然。

当卞和两次被砍脚，我总在想，为什么两个王都选择了刖刑，照理说，诈之罪和刖之刑之间其实并无关联。但总而言之，卞和是失去脚了，残酷的现实告诉他，此路不通。

此时的卞和陷入了人生的困境，他还能有什么选择？有人说，卞和在献玉之前，应该请玉匠剖开璞石，这不但可以保全双脚，或许还能发财。然而别忘了，在周朝以前，玉是权力的象征；在周以后，玉是美德的象征，也就是说，无论是哪一种象征，都决定了卞和没得选择。

当然，卞和可以选择做屈原，怀揣美玉，愤然投江，以死来抗议世道的不公和自己的冤屈。但要知道，伟大的屈原跳进了汨罗江，也没激起多大的浪花，白白便宜了鱼儿。而一个小小的、欺骗大王的卞和投江，其作用又值几何呢？说不准惹恼了帝王，要株连九族的。

想来想去，卞和只有哭泣。因为有了鳄鱼，我对眼泪往往很怀疑，除了眼泪本身是否真切以外，眼泪实在只会增加强势者的不屑和厌恶，其作用自然寥寥。司马迁在《史记·屈原贾生列传》中说："人穷则反本，故劳苦倦极，未尝不呼天也；疾痛惨怛，未尝不呼父母也。"可见，眼泪实在是一种没有答案的答案，没得选择的选择。所以，当孟姜女走投无路的时候选择了哭泣，与其说孟姜女哭倒了长城，倒不如说是无数和孟姜女同命运的人推倒了长城。这个世界上憋着眼泪的人，多啊！面对《严重的时刻》，里尔克曾经这样写道：

此刻有谁在世上某处哭，
无缘无故在世上哭，
在哭我。

此刻有谁夜间在某处笑，
无缘无故在夜间笑，
在笑我。

此刻有谁在世上某处走，
无缘无故在世上走，

走向我。

此刻有谁在世上某处死，
无缘无故在世上死，
望着我。

至音岂合众听，故伯牙绝琴；至宝不同众好，故卞和泣玉。

卞和的悲剧在于，人们都在追求美好的事物，帝王更是如此。可是太美好的事物，由于意出尘外，大巧若拙，往往难以被人识别。所以，《老子》说："大音希声，大象无形。"卞和的璞玉天下无双，但当它还没有被雕琢出来的时候，谁也不会去理睬，反而使卞和两次遭遇刖刑。就算最后卞和证明了自己不是骗子，所献之物是表里如一的璞玉，最后还被王赐姓为"和"，但是，一个小小的"和"字，就能掩饰掉血腥和残暴吗？那简直就是把屠夫的凶残化为一笑！

卞和的悲剧是人类共有的悲剧，所以，才具有摧折人心的力量。因为不能铺地、砌墙、做锤衣石，陨石被看成是丑石；因为不能行船，不能灌溉，柳宗元自嘲为愚溪；因为追求志同道合的爱情，不走仕途，贾宝玉被斥责为顽石。在世人的眼里，丑到极点，愚到极点，顽到极点，也许恰恰就是本质上美到了极点。可是，美到极点之物在被别人发现之前呢？它寒冷的、孤寂的、生存的土壤在哪里？还有，这样生存的价值和意义究竟是为了什么？

也许，所有脱俗的美好，注定是一场美丽的烟花，它脱离了我们的空间，在另个领域短暂地开放，然后归于黑暗的虚无。

就像我们的心，它比和氏璧何止珍贵千万倍，可又有多少人能够真正地认识并且领悟它呢？我们自己的心灵，我们又曾经花费过一丝一毫的工夫去省视它呢？这样看来，泣血的岂止是卞和？

(二)卞和献出了"爱情"

和氏璧有绝对丰富的内涵，每一种咀嚼都让人百味丛生。

从爱情的角度来看，卞和献出的不是玉，根本就是自己的爱情。

你看卞和，怀揣着晶莹剔透的爱情，像清泉一样洁净，像月光一样散发着光泽。

璞玉，像冰一样凉润，像青丝一样柔美，没有一丝一毫的瑕疵，内在的光华和内心的高贵融合在一起。卞和就是璞玉，璞玉就是卞和。

“于千万人之中遇到你所要遇到的人，于千万年之中，时间的无涯的荒野中，没有早一步，也没有晚一步，刚巧赶上了，那也没有别的话好说，唯有轻轻地问一声：‘噢，你也在这里吗？’”卞和当然不敢这样问，但他在一刹那间变了，变得柔软，仿佛有一股风吹过他的灵魂，吹掉他这一生中的烦恼和粗糙。他失去了味觉，失去了黑夜，他甚至不敢粗犷和本色。他当然知道，他只有一个春天，他用全部的生命包容和打造的，用眼泪浸泡和升华过的这一个，是晶莹的，也是易碎的；是华丽的，也是普通的；是可爱的，也是可鄙的。只是那一刻，他当然还不会知晓千年之后，席慕蓉的那一首《一棵开花的树》，对于爱情，他只猜得中开头，猜不中结局。

如何让你遇见我
在我最美丽的时刻

为这
我已在佛前求了五百年
求佛让我们结一段尘缘
佛于是把我化作一棵树
长在你必经的路旁

阳光下
慎重地开满了花
朵朵都是我前世的盼望

当你走近
请你细听
那颤抖的叶
是我等待的热情

而当你终于无视地走过
在你身后落了一地的
朋友啊
那不是花瓣
是我凋零的心

"他"大着胆子，厚着脸皮，藏在厉王必经的路上，风吹过的时候，"他"唱起了情歌。宽大的叶子，一片片从他头上漂过，美丽绝世的厉王终于姗姗而来。"他"当然知道，"他"只是一块外表普通的石头，因为怀抱晶莹的春天而别致。"他"的脸上挂着露水，内在的透明几乎破石而出。厉王穿着一双晶莹的小鞋子，行色匆匆，慌乱到了极点。一不小心，厉王踩到了"他"身上，踩断了他的一个角。"他"伤了肋骨，痛彻心扉，晶莹的玉石之心，差一点就要裸露。

更严重的是厉王崴了脚，气恼的厉王捡起"他"，一下子就把"他"扔回荆山去了。

又不知道过了多少年，凭借着坚强的意志，伴着雨水的冲洗，泥沙的运动，"他"终于又一次躺在山脚下……于是，悲剧又一次重演，"他"又被踩断一个角，武王撅着小嘴，把"他"捡起来，狠狠地摔在地上，看也没有看，一扭头就走了。"他"躺在那里，琥珀一样的心流淌出来，"他"就大声哭起来，不是为了身体的刺痛，而是为了心灵的孤独。那是男人的哭，哭了三天三夜，泪如泉涌，风雨大作，"他"自己也没有想到，眼因流多泪水而越益清明，心因饱经忧患而越显醇厚。"他"在第四天完全脱去了璞，泪水和雨水冲去了璞，"他"现在是一块晶莹的玉，犹如带着血丝的情人石，犹如带着眼泪的湘妃竹。

淘气的文王，一眼就看到他了。那个时候，"他"躺在地面上，和文王的眼睛一样的明亮，一样的夺人魂魄。后来，文王叫人把"他"做成一条项链，挂在了脖子上，那是一种无与伦比的美丽，和美到了极点，也和谐到了极点。

卞和的悲剧在这里遭遇到了隔阂，落花有意，流水无情。卞和给我所有的感觉就是挣扎，像一个被宰杀的公鸡，在嘶哑的喊声中，在尖锐的疼痛中，无奈地拼命地徒劳地绝望地挣扎……挣扎，然后，越来越微弱，越来越沉重。终于，如土委地……好在卞和不是公鸡，他的哭喊给他带来了明天。

但是，明天到底有多“明”？

人生处处布满驿站，一转身便成离恨，也许明天依然是黑暗。席慕蓉说：“这个世界，有很多事情你以为明天一定可以再做的，有许多人你以为明天一定可以再见面的。可是太阳落下去了，而在它重新升起来以前，有些人从此就和你永别了。”

情感之于主观，是有解的；情感之于理性，则永远是无解的。卞和等到了明天，他给风雨如磐的人生一个爱的启迪。也许人生真的如斯佳丽所说，明天早晨起来，又是一个太阳吧？

中国文化的一大特点是“士女同构”。“士为知己者死，女为悦己者容”，明明写的是多情却被无情恼的男子，实质上说的却是无情无义的国君。

（三）多情却被无情恼

现在我想从卞和的故事中抽出身来，讨论一下历代的文人为何对这个故事如痴如醉，钟情有加。

据不完全统计，仅唐宋时期，就有数千首吟咏和氏璧的诗歌。那么，文人在这个题材中究竟发现了什么，遭遇了什么，抑或是寄托了什么？是什么牵引着他们痴迷的目光，泰山崩于前，而不变色；海啸于后，而不变声。

要破解这个疑问，必须先回到玉上。中国的玉文化，源远流长，蔚为大观。从新石器时代开始，玉器便与石器分离，走上了与原始宗教、图腾崇拜相结合的道路。到了春秋战国时期，百家争鸣，百花齐放，人性的觉悟超越了对神的崇拜，“比德于玉”的思想道德观念进一步完善，标志着玉器人格化的确立，神秘的玉器又戴上了“品德高尚”的桂冠。中国文人从此爱玉、尊玉、宠玉、携玉，几成怪癖，文人怀瑾握瑜，既是品格的写照，又是才能的隐喻，更是德才兼备者的自况。

从这个角度来看，卞和献玉，其实就是献他自己，献他自己的一腔忠诚和满腹才华。尽管献玉之途“路漫漫其修远兮”，卞和却能“上下而求索”。

那么，卞和为什么如此执着地献玉？这种执着的背后究竟隐藏着什么样的心理？

我们知道，在中国历史上，文人阶层似乎从来没有发展成一支完全独立的政治力量。尽管他们历来是一支强大的、极富潜力的社会文化势力，在历史发展的长河中占有举足轻重的地位。但从历代史实考察，文人阶层只有依附统治集团，才有可能比较有效地发挥其政治作用；同样的，文人只有成为统治集团的成员，也才有可能比较充分地释放其潜在的文化能量。因此，儒家提出了“正心、修身、齐家、治国、平天下”的人生理想。也就是先磨炼自己，“正心、修身、齐家”，让自己成为一块“良玉”，然后，学而优则仕，把自己赁于帝王家，实现“治国、平天下”的人生理想。在某种程度上，中国文人的人生哲学就是为官哲学。随着科举制度的不断完善，文人对政治权力的依附程度日趋加深。读书不做官，简直就像衣锦而夜行于道。然而，用你不用你，做官不做官，却不是文人说了算。所以，中国多有怀才不遇的文士和壮志难酬的文人。

文籍虽满腹，不如一囊钱。

廉颇老矣，尚能饭否？

不才明主弃，多病故人疏。

贾生年少虚垂泪，王粲春来更远游。

……

从某种层面来看，整个中国的王朝史，就是一部文人的失意史。

事实上，不仅卞和在献玉，哪个读书人不是在“献玉”呢？卞和之玉，其实是所有文人都要借自己的酒杯来浇的块垒。卞和的幸与不幸，恰恰是所有文人的梦想和梦魇。他们都在卞和的身上找到了自己，抚摩到了自己的辛酸苦辣，照见了自己的形容丰满与枯槁，复制了自己的希望和绝望。卞和的断足之痛和惊天一哭，是为天下所有失意志士的泣血一哭。所以，才能惊天地、泣鬼神，才能激荡读书人的心弦，千回百转、荡气回肠，令人扼腕叹息、怅惘低徊。

然而，特别遗憾的是文人的买家只有一个，学而优则仕，也必须仕于帝王家。每一个中国人生来就是为了实现“治国平天下”的伟大理想的。而要实现这一伟大理想，只有担任治人的领导，才能带领治下人民谋幸福，所以只有“赁于帝王家”，才是文人体现人生价值的唯一途径。

然而，卖主如过江之鲫，买主却只此一家，别无分店。僧多粥少，这才是中国读书人真正的悲剧所在。更何况中国自古多的就是“厉王”和“武王”，多的是尸位素餐却占据庙堂之高的禄蠹。好在卞和用自己的两条断足，趟开了一条血路，让读书人重新看到了坚守的希望。

卞和的泣血，实际上是文人的呐喊，和氏璧散发的光芒，也只是黑暗中的星火

江苏省苏州第一中学　正谊广场

一点。它或许是一个巨大的偶然，甚至是一个骗局，但却能使文人干枯的眼睛，流出了泉涌的热泪；却能让他们拾掇好自己的心灵，把沉甸甸的“治国平天下”揣在怀里，继续朝着他们的梦想朝圣。

（四）为什么我的真换来我的痛

宣室求贤访逐臣，贾生才调更无伦。
可怜夜半虚前席，不问苍生问鬼神。

这首诗借咏贾谊的故事，尖锐地指出统治者不可能真正地重视人才，并让他们在政治上发挥应有的作用。汉文帝史称有道明君都尚且如此，更遑论其他的无道昏君。

卞和以双脚为代价，侥幸献出了自己的玉，明君文王雕琢出和氏璧。然而，更加令人绝望的是：和氏璧，仍然不过是帝王的玩物，装点着皇权的威严，赢得美人的红尘一笑。那些侥幸突出重围的人才，纵然得到帝王的青眼相加，又有几人不是如此结局呢？

所以，我们就能懂得，为什么当年大唱“仰天大笑出门去，我辈岂是蓬蒿人”的青莲之玉李白，在被雕琢成“天子呼来不上船”集万千宠爱于一身的“和氏璧”之后，仍然要悲愤地发出天问：“大道如青天，我独不得出。”并最终要选择：“且放白鹿青崖间，须行即骑访名山。”而且还要沉痛的自责：“安能摧眉折腰事权贵，使我不得开心颜？”

和氏璧是失去双脚的，它注定不可能独立行走，只适合把玩。而视自由和独立为生命的李白，自然也不可能做笼中鸟，唱不属于自己嗓子的赞歌。于是，他选择了飞走，飞回山林。像李白这样的读书人也只是完成了一个循环，像和氏璧的环形一样，从山林飞到朝堂，又从朝堂退回山林。这是一个零的寓言和悲剧。更何况，正如鲁迅先生所嘲讽的：“那些归隐山林之人，看似仙风道骨，不问人间烟火，可是，朝廷的一举一动，他们也还是要竖起耳朵的。”和氏璧，何曾愿意做青埂峰下的一块普通的石头呢？

无才不可补苍天，有才不许补苍天，而读书人又以补天为己任，所以献宝，所以泣血，所以崭露头角，所以毛遂自荐……直至玉碎宫倾，直至杀身成仁。这就是古代读书人永恒的悲剧，真实而且醒目。而这个时候的和氏璧，一定在某个角落，像一出伟大悲剧的诞生，带着自信的彷徨，艺术的陶醉，深深沉睡。

十六、每个人的“新装”

——解读《皇帝的新装》

在世界文学史上，安徒生是一个绕不过去的作家；在安徒生的伟大作品中，《皇帝的新装》又是一部绕不过去的作品。任何时候，它都像一座璀璨夺目的灯塔，照亮了无数幽暗昏昧的人性。阅读它，使得无数成人或多或少在一刹那驻足，反躬自省，检点自己生命中不能承受的虚荣和愚蠢。“皇帝的新装”以及其中的“孩子”也成为经典意象，不断被引用，以至成为语码，充满着很多叠加的深刻寓意。

在清华附小听窦桂梅校长上这一课，重新唤起了我对这个经典作品的兴趣，在随后的评课中，我试着解读如下。

(一)皇帝的性别

首先，我想问的是，这个皇帝是男人，还是女人。这个问题看似荒唐，但荒唐有荒唐的价值。从安徒生本意来看，这个皇帝明显是男人。这样，问题就来了。一个男人，把所有的钱都花在新衣服上，整天沉迷衣服，以至于不关心他的军队和人民，甚至对休闲和娱乐也失去了兴趣，每时每刻都在更衣室里。这多么荒唐，多么荒诞！但荒诞正是童话的特点，把一个荒诞的东西合情合理化，孩子们才喜闻乐见。荒诞是作者和读者达成的一个高度默契。童话不在于事实，而在于解释。因此我们根本没有必要关注是否真的有这样的新装，新装本来就不存在。

但如果皇帝是一个女人呢？那问题就大了。她疯狂地喜欢衣服，以至于不顾一切，时时刻刻都在更衣室里，反而不好玩了。不仅是后文的裸奔对一个女人不太公平；更重要的是，女人喜欢花衣裳，这是人之常情，而人之常情产生不了荒谬感，也产生不了故事的张力。

正因为荒诞，皇帝的“新装”，就不能仅仅理解成“新装”，它不过是一个意象，只是皇帝玩物丧志的一个“物”而已。当然，皇帝本身有爱好没有错，但爱好转为嗜好，嗜好转为癖好，尤其是这种癖好影响到他的国家和民众，这就危险了。而这个时候，骗子的可乘之机也就来了。

既然新装不再是“新装”，只是一个意象，那么，安徒生为什么要用新装？或者说这个故事最初为什么要用新装？我想，作者最初的目的，不过是要剥下他自欺欺人的外衣，让他赤裸裸地展示在众人面前，进而羞辱那些甘心受骗的愚蠢的人，这是创作者的一种把戏，一种态度，一种情感。

那么，为什么是“皇帝的新装”，而不是“穿着新装的皇帝”呢？

如果是“穿着新装的皇帝”，那么，故事的核心就全部转向皇帝，不过是讥讽和批判皇帝。那么，这和芸芸众生何关？作品的现实主义力量将因此而大打折扣。

而“皇帝的新装”，则成了一个事实上的比喻。从皇帝出发，每个人都有“新装”，每个人都有人性的弱点，而这些弱点必将被洞察人性的骗子抓住。一旦我们不能剔除这些人性的弱点，我们就只能上当受骗。“新装”，因其具有普遍意义、教育意义和警世意义而广为人知。

江苏省苏州第一中学　桂花厅

(二)言说的困难

骗子的谎言为什么难以揭穿？其实这是安徒生一贯的风格，那就是言说的困难。真相的揭示为何如此简单，但又如此复杂？

安徒生童话中的许多主人公都无法开口，因此真相总是没办法揭示出来的。“坚定的锡兵”根本不可能说话；“海的女儿”则是被女巫的迷魂汤夺走了她美丽的歌喉；“卖火柴的小女孩”整个夜晚的祈求，不过是自言自语；丑小鸭的无数痛苦和表白，不过是“鸭同鸡讲”。“野天鹅”得到仙女的指令则是：“从你开始这工作的那一刻起，一直到你完成它的时候止，即使全部过程需要一年的光阴，你也不可以说一句话。你说出的第一个字就会像一把锋利的短剑刺进你哥哥们的心里。他们的生命是悬在你舌尖上的。”所有的这些主人公都陷入了同一困境——言说的困难。

那么，安徒生为什么要这样？

在安徒生看来，会说话的与不会说话的，有话语权的和没有话语权的人之间，有着悖论，自然也有着巨大的张力。让成人想想那些话中之话和未说出的话，关注那些看不见的人，听不到声音的人，也许是安徒生最大的考虑。安徒生的童话从来就不是纯粹写给孩子的。

安徒生曾经说过，我的童话自然是写给孩子们的，但我从来没有忘记，孩子们在看童话的时候，他们的父母就在他们的身边，所以，我同时也是写给他们父母的。

《皇帝的新装》中，言说为什么是困难的；或者说，真相的揭示为什么是困难的？

首先在于骗子的高明，他们设置了一个悖论式的骗局。

这个布料的“高明之处”在于它是世界上最好看的布料，而且它还有一个奇异的特性，凡是不称职的或者愚蠢得不可救药的人就会看不见。

这个骗局把所有人一网打尽，既按头制帽，又环环相扣。“最好看的布料”当然指向皇帝，对皇帝具有最大的杀伤力；不称职则指向大臣，一个不称职的大臣，他的命运可想而知。当然，一个愚蠢的大臣，他自然也就是不称职的；而“愚蠢得不可救药的人”则恐吓民众，即使一些大胆的民众不惧怕人家说他是愚蠢的，但“愚蠢得不可救药”则另当别论，没有人愿把这顶帽子戴在自己头上。

这让所有人陷入两难之中，要不承认自己看不见布料，那么，自己就是愚蠢的、不称职的；要不就用谎言来掩饰，说他们看见了布料，那么，事实证明了他们真是愚蠢的、不称职的。

更厉害的是，这还是一个连锁性的骗局。从第一个说谎的人开始，多米诺骨牌被推倒，谎言的病毒传染开来，所有的人都陷入了困境，陷入到一个集体行动困境之中。

每个人都不知道别人怎么说，因而自己必须抉择，这是一种博弈。一旦自己选择错误，就没有任何办法悔改。那么，唯有承认这个骗局，让自己加入一个巨大的群体中，自己才是安全的。

孙绍振先生认为这是一个大家心照不宣的谎言。这个论断非常深刻，但并不准确。

一开始，从皇帝开始，没有人认为这是一个谎言。只是大家都认为自己是一定能看见的，因而他们的兴奋点是想鉴定别人是不是称职的，是不是愚蠢的。每个人或多或少都患有一种“病”，即我是与众不同的。这就是“自大的肯定”，这证明了认识自己的艰难。难怪达尔菲神庙上镌刻：“人啊，认识你自己。”老子也说：“知人者智，自知者明。”

但是，更要命的是，人性的弱点还在于“自大的肯定”，一旦受到挫折，很容易又会转入“自卑的盲从”。也就是说，当这些人自己看不见布料的时候，他们又都认为别人是理所当然能看见的，最后只能用单调的语句来掩饰。皇帝如此，大臣如此，民众亦然。打死大臣也不敢劝说皇帝穿上这件新衣参加游行大典，因为皇帝一旦出乖弄丑，他们将吃不了兜着走。

当孩子大声喊出来那个皇帝什么衣服也没有穿，当所有的民众都开始表达怀疑之后，纳什均衡被打破，这个时候无论是皇帝还是大臣都发现自己上当受骗了，但他们依然煞有介事地把游行大典进行下去。也就是从这个时候开始，他们由起初的无知受骗、被动骗人，转为心照不宣地维护谎言，自欺欺人。

(三)真相的揭示

经典作品中，骗局的揭示总是艰难的。这种艰难很好地诠释了人性的弱点。伟大的作品对这种揭示的描写总是不遗余力的。

有时候，真相没办法揭示，只能用事实本身来揭示。

西方有一个经典的民间故事。有一个地方，每一户人家都能酿出最好的酒，每个人都喜欢喝酒，每年都要在某一天举行最盛大庆典。有一年，村长早早告诉全村人，请每户人家都把自己家最好的酒拿出来，倒在村子中心的酒缸里，等到大典那一天，全村人开怀畅饮。

一家，一家……都把自己家的好酒倒进了酒缸里。

到了大典的那一天，大家兴冲冲地去喝好酒，结果却发现，所谓的好酒一点一滴的酒味都没有。

原因不难猜想。既然大家都拿出最好的酒，偷偷放一碗清水冒充，应该无伤大雅。人同此心，结果每一户人家都这样想，所以，整个缸里自然都是清水了。

但是，有趣的是，当这个真相被事实完全揭示出来的时候，所有的人都心照不宣地维护，大家推杯换盏，觥筹交错，“好酒好酒”的称赞不绝于耳。

第二个经典作品是马克·吐温的《败坏了赫德莱堡的人》，这个骗局的揭示本身就是一个阴谋。制造骗局的目的，就是为了揭示骗局。

故事是这样的。

赫德莱堡是美国的一个小镇，这个小镇上的居民，据说个个心地善良，纯洁高尚。小镇上有十九个人家，因为品德无可挑剔，被称为首要居民。他们的道德是免检的。这个小镇树立在镇口的志铭是：勿让我们受诱惑。

然而，很不幸，赫德莱堡得罪了一个异邦人，而异邦人又决定报复，不是报复某个人，而是要败坏整个赫德莱堡。

报复的手段很高明，几乎是毁灭性的。

在一个月黑风高之夜，异邦人给一对老夫妻留下满满一袋金币，袋子里还有一封信，说自己本来是一个罪恶的赌徒，是赫德莱堡的一个人施舍了自己25元钱，并把自己从罪恶的深渊里拉出来。从此，他就悔过自新之后，艰苦创业，挣了很多很多钱，现在赶回来报恩。遗憾的是这个恩人并没有留下姓名。

异邦人希望这对老夫妻能够找到这个人，把金币给他，找到他的凭据就是那个人当初对异邦人说过的一句劝告。同时还有两个信封，一个写“对证词”，一个是“在所有对证词诵读完毕后方可打开”。

消息传开，赫德莱堡立马陷入万劫不复的深渊，个个都希望得到那句宝贵的劝言，好做那一袋金子的主人。谁都明白赫德莱堡的居民才不会去救一个赌徒，只有一个大家都讨厌的糟老头，才有可能去管一个外来赌徒的生死。可是，他已经死了。

当天晚上，一封神秘的信送到了这对老夫妻的家里，写信人自称，自己是那场劝诫事件的目击者，而且听到了那句神秘的劝言。这个善举的确是那个已故的老头做的，老头在世时曾经痛斥赫德莱堡的伪善，因此居民们都不愿搭理他。

但是在一次突然的事故中，老夫妻救过老头的命。因此写信人认为应该将这袋金币归于老夫妻。信末，写信人写道了一句劝言：“你绝不是一个罪恶的人，快去改过自新吧。”

与此同时，其他十八封类似内容的信也被送交到其他十八家首要公民的家中，信的末尾也全部写道：“你绝不是一个罪恶的人，快去改过自新吧。”

第二天成了赫德莱堡的节日。当天，牧师将当众对照申请人的证词，并找出那个高尚的施予者，远近所有的人都来到了现场。牧师打开了一个个交上来的信封，里面全部写道：我对那个外乡人说的话是“你绝不是一个罪恶的人，快去改过自新吧。”下面署名是一个个首要公民的名字。所有的首要人物都说出了同样的话，他们互相指责，狼狈不堪。

每念一个证词，会场就爆发一阵狂笑，没人会再相信任何说辞。而每一个被叫到名字的首要公民，都成为了方圆百里最大的笑料，赫德莱堡的威名在笑声中摇摇欲坠，不断洒落。

最后牧师打开了那个写有“在所有对证词诵读完毕后方可打开”的信封，念了起来。原来根本就没有这么一个施舍者，也不存在这么一句对证词，而这一切只不过是异邦人的一个复仇而已。所谓的金币不过是涂了黄铜的铅币而已。

以十九位首要公民为首的赫德莱堡的伟大形象轰然倒塌，再也无法重建。

在经历这场变故后，赫德莱堡改了名，也将曾经赋予他们光荣的志铭上的刻字删去了一个“不”字，成为：“让我们受诱惑”。

我之所以花这么多的笔墨讲述这个故事，是因为这个故事不仅是一个骗局，更重要的是，骗子设置了骗局再出来揭示真相，简直匪夷所思，而真相就是那些被骗的人都是骗子。故事因此具有了强烈的反讽意味和无限张力。

安徒生《皇帝的新装》改编自西班牙民间故事《裸体的国王》，最后真相是由一个与己无关的人来揭示的。

民间故事的大致情节是这样的。三个骗子找到了国王，说他们能织出世界上最神奇的布匹，用他做的衣服，凡是私生子就看不见衣服。这个骗局非常有杀伤，因为如果是私生子，不仅名声不好听，更重要的是还会失去合法的继承权。因此大臣、民众都说衣服好看、神奇。皇帝自己却啥也看不见，皇帝吓傻了，一旦承认看不见，就会失去继承权，皇位不保啊！皇帝只能大赞衣服。最后，站出来揭示真相的是皇帝身边一个养马的黑人奴隶。揭示真相，对于他是无害的。因为他是奴隶，本身就没有继承权，又是最底层的黑人，无所谓是不是私生子。这是权衡之后的揭示，而安徒生把这个揭示权给了一个小孩子。

那么，为什么揭示谎言的是一个小孩子？注意这里的小孩子的“小”，而且还是到了“最后”，而且还是“不由自主”惊呼起来的。否则，会不会被成人制止？会不会被不再“天真”的人教育得“天真”起来？在聪明成熟的大人眼里，“天真”是个贬义词，是笨、傻、愚蠢的代名词。如果天真是个贬义词，那么，世故、圆滑、自欺欺人，就变成了褒义词。假作假时真亦假。

奴隶因为无所谓利害而放胆直言，孩子因为不知道利害而童言无忌。孩子没有被任何东西沾染，无所谓权衡，也不计较是否有害，他看见什么就说什么，所谓小孩嘴里掏实话，这就是大人所说的天真，但正因为天真才能揭露真相。

在这里，骗子加小孩子事实上构成了“败坏赫德莱堡的异邦人”。异邦人先行骗再揭骗；而骗子行骗，小孩子揭骗，脱下了所有人的新装，败坏了所有的人。

(四)骗子的下场会怎样

皇帝新装中的骗子，我们似乎并不憎恶他们，甚至反过来很欣赏他们的骗局。这是为什么？因为骗子身上集中了人类“最高”的智慧。他们既是高明的骗子，也是高超的魔法师，让所有牛鬼蛇神集体现形，丑态百出。

要知道，在整个故事中，没有被脱下衣服的，只有三个人：两个骗子，一个小孩子。其他所有人都被骗子剥下了虚伪的新装，裸露出灵魂上的可怕痼疾，赤裸裸游行示众的不仅是皇帝，还有无数的民众。

而骗子呢？

骗子说所有看不见衣服的人都是不称职的，是愚蠢得不可救药的。

皇帝、大臣、民众都看不见衣服，因而都是愚蠢的、不称职的。从这个角度来看，骗子说的是真话，他又是真诚的，他真诚地帮助民众揭示了皇帝和大臣以及民众自身的愚蠢、不称职、自欺欺人。

皇帝称职吗？一整天待在更衣室里，把国库里的钱都拿来置办新衣的皇帝怎么可能是称职的？大臣称职吗？最诚实、最善良的大臣都对皇帝说假话，都欺骗他人，把诚实善良丢到了九霄云外，其他的大臣更不用说了，他们岂能称得上是称职之人？难道民众不是愚蠢的吗？在大街上，在窗户边民众们大声赞美，好让所有的人都能听到，他看见了皇帝最美的新装。这岂止是愚蠢，这不就是愚蠢得不可救药吗？

更重要的是，皇帝、大臣、官员、民众，他们仅仅是受骗者吗？如果仅仅是，那应该是值得同情的。但这些人既是“被骗者”，也是“骗人者”，他们事实上成了骗子的同谋。只不过骗子聪明，他们愚蠢而已。

《皇帝的新装》精彩之处还在于它的深刻。第一层写谎言的强大，强大到了任何人都难以言说、难以揭露的地步；第二层写谎言的脆弱，再强大的谎言毕竟也是谎言，小孩子轻轻一声惊呼，谎言就摇摇欲坠，真相大白；第三层写谎言的死而不僵，被揭露之后，反而变得更加强大。游行大典在继续，皇帝更加趾高气扬，大臣们煞有介事地在后边托着一条并不存在的后裙。

我们不妨设想，大典之后，骗子的下场会如何？我的观点是，皇帝仍然会大大奖赏骗子，封赏骗子，骗子一定会安然无恙。理由有三：

一是骗子为什么敢玩火？谁都知道，皇帝都是凶残的，生杀予夺，骗子绝不会要钱不要命，他们凭什么敢骗皇帝？唯一的解释就是骗子对自身的安全十拿九稳，一切都在自己的掌控之中。

二是骗子为什么那么坦然？作为两个智商超出常人的骗子，之所以肆无忌惮地行骗皇帝，一定是在无数次的逻辑实践中尝到了“行骗皇帝”的甜头。想想看，要坚定这样一个荒谬的信念，需要多少“例子”来常年佐证？需要多少个“皇帝”充当冤大头来买单？需要多少“经验”才能确立起这个价值判断？正是因为骗子们对皇帝下手无往不胜、屡试不爽，才如此大胆、如此坦然的。

三是骗子为什么要一骗到底？骗子先是骗了最诚实的大臣，“要了更多的钱，更多的生丝和金子”。骗子还一次次要求加钱，直到骗了皇帝本人要了更多的金子还不罢休。大典之前的晚上，他们点了十六支以上的蜡烛，连夜把衣服做好；马上大典了，他们让皇帝脱下衣服，给皇帝换上裤子、袍子和外衣，说：“这衣服轻柔得像蜘蛛网一样，穿的人会觉得好像身上没有什么东西似的，这正是这些衣服的优点。”那么一个问题产生了，骗子把钱都骗到手了，为什么不跑，而要一骗到底呢？

道理很简单，骗子吃定了皇帝，等着大典之后拿到赏金，然后再去别的城邦去行骗其他皇帝。我们的这个傻皇帝不过是骗子的又一道菜而已。因为君权神授本身就是非法的，本身就是一个彻头彻底的谎言，民可使由之，不可使知之。统治者就是彻头彻尾的骗子，他们怎么可能承认他们是愚蠢的，他们是不称职的？吾皇圣明才对。否则他们就会失去民众的敬畏之心，就会成为民众的笑柄，就会失去他们统治的合法性，打死皇帝也不会承认自己被骗了，他是愚蠢的不称职的。相反，他一定会大大地赏赐骗子，让所有的民众怀疑自己的判断，直到民众确信自己全部都是愚蠢的，只配做奴隶。

当所有的人都在舞台上裸奔，把游行大典变成了一场闹剧，两个骗子正在幕后放声大笑，欣赏着人生舞台上一群跳梁小丑的滑稽表演。这个时候，骗子不再是骗子，骗子变成了那个天真的孩子。他用一场伟大的骗局，告诉我们一个真相，至高无上的皇帝，还有那些高高在上的大臣，都是愚蠢得不可救药的傻瓜、蠢蛋、混账东西……

遗憾的是，这样的故事，每天都在全世界上演。舍此，我们何以明白安徒生永恒的忧伤？又何以明白这个故事超出了童话，在全世界范围内所赢得的巨大声誉？

十七、小舟从此逝，江海寄余生

——“渔父”形象解读

在浩如烟海的人物形象中，古代文人最钟情渔父。

渔父形象像一条河流，从中国文人的纵深地带经过和穿越，带给他们持久的魅惑和追慕，把文人们在“仕”与“隐”之间挣扎的内心，照耀得“火树银花不夜天”。

经过漫长的时间淘洗，渔父不再是一个语词，而是一个叠加的意象，一个浓缩了丰富文化色彩和哲人前思的“那一个”。它不断出现，不断被书写，成为隐逸文化的一种象征，成为荣格所说的原型。渔父的背后有着强烈的源自民族记忆和原始经验的集体无意识。要考察隐逸文化，要研究古代文人的隐秘心理，很有必要对渔父形象做一番探讨。

渔父形象最早出现在《庄子》中。文章中的渔父须眉皆白，智虑高超，仙风道骨。

> 孔子愀然曰：“请问何谓真?”客曰：“真者，精诚之至也。不精不诚，不能动人。故强哭者虽悲不哀；强怒者虽严不威；强亲者虽笑不和。真悲无声而哀，真怒未发而威，真亲未笑而和。真在内者，神动于外，是所以贵真也。”(《庄子·杂篇·渔父》)

渔父一针见血地指出，孔子所谓的“性服忠信、身形仁义”“饰礼乐、选人伦”，都是“苦心劳形以危其真”。而渔父所谓的“真”，就是“受于天”，主张“法天”“贵真”“不拘于俗”。

这是道家清静无为的观念和儒家“明知不可而为之”价值观的一次微妙的碰撞。最终，孔子为渔父的思想所折服，如梦初醒，甘拜下风，尊渔父为圣人。累累若丧家之犬的孔子，似乎恍然明白了自己“再逐于鲁，削迹于卫，伐树于宋，围于陈蔡”背后的真正原因。

其实，这个故事明显是伪作，当是后世道家学者借助庄子对孔子的冷嘲热讽。真正的渔父形象的源头还是《楚辞》。

屈原既放，游于江潭，行吟泽畔，颜色憔悴，形容枯槁。

渔父见而问之曰："子非三闾大夫与！何故至于斯？"

屈原曰："举世皆浊我独清，众人皆醉我独醒，是以见放。"

渔父曰："圣人不凝滞于物，而能与世推移。世人皆浊，何不淈其泥而扬其波？众人皆醉，何不哺其糟而歠其醨？何故深思高举，自令放为？"

屈原曰："吾闻之，新沐者必弹冠，新浴者必振衣；安能以身之察察，受物之汶汶者乎？宁赴湘流，葬于江鱼之腹中。安能以皓皓之白，而蒙世俗之尘埃乎！"

渔父莞尔而笑，鼓枻而去，歌曰："沧浪之水清兮，可以濯吾缨；沧浪之水浊兮，可以濯吾足。"遂去，不复与言。

这个则是儒家思想和道家思想的一次真正碰撞，火花四射，精彩绝伦。《楚辞》的本意，恐怕是要借助渔父来衬托屈原的高迈。面对社会的黑暗、污浊，屈原执着、决绝、不苟且、不合作、不低俗。明知不可为而为之，始终坚守着人格高标；宁愿舍弃生命，也要放声呐喊；纵然理想破灭，也要精神清洁。

然而始料不及的是，飘然离去，一曲高歌，随风而逝，不复与言的渔父形象，反而给后人留下更为巨大的想象空间，成为或仕人或隐者的一种理想寄托。

从《离骚》开始，中国的文人就被一种寻找、追求和向往的热情所充斥。不管这种期待何等渺茫，亦不管这种探寻何等徒劳，文人总是难以停止探求的脚步。他们的向往，总是在水一方，像反复推石头上山的西西弗斯一样，奔赴一个没有终点的旅程。"朝为田舍郎，暮登天子堂"的梦想异常强烈，只是苍龙永远在前，长缨却不知何时在手？一股难言的苦涩充斥心头。正如希罗多德的《历史》所言："人们所知道的最凄绝的悲痛，便是奋力去做许多事，却又一事无成。"伟大的文人总是伴随着伟大的痛苦，这种痛苦超出了一己之悲，成为人类挥之不去的情感模型。

好在我们还有渔父，给失意的文人寻找了另一种人生和出口。

乐天知命，与世推移，任凭尘世纷纷扰扰，我自恬然，这就是渔父的立身处世之道。面对一池碧波，卸去满身疲乏，也无风雨也无晴。功名富贵于我何加焉？仕途经济于我何加焉？这是文人走出"读书只为稻粱谋"的伟大一步，也是渔父身上最

江苏省苏州中学　碧霞池

激动人心之所在。

然而，这种脱离现实的对抗实际上是苦痛的，也不为主流价值所接受。但也许正因为它拉开了和现实的距离，反而又充满了一种乌托邦式幻灭的美感。

历史上最著名的渔父有三个。首先是庄子。

> 庄子钓于濮水，楚王使大夫二人往先焉，曰："愿以境内累矣！"
>
> 庄子持竿不顾，曰："吾闻楚有神龟，死已三千岁矣，王以巾笥而藏之庙堂之上。此龟者，宁其死为留骨而贵乎？宁其曳而尾于涂中乎？"(《庄子·秋水》)

这一小段之中，有多重对比，意味深长。第一层对比是庄子和楚大夫，一边是轻松自若的濮水垂钓客——庄子；一边是满面尘灰的仕途奔波人——楚大夫。谁更能享受真正的生命乐趣？

第二层对比是庄子的两种选择。一边是楚国的相国高位，居庙堂之高；一边是濮水的烟波钓叟，处江湖之远。哪一种更能激出生命的云淡风轻和丰润灿烂？

庄子也知道，"此可对智者道，难为俗人言也"。于是打了一个形象的比方：楚国水田里的乌龟，它们是愿意到楚王那里，用死来换取“留骨而贵”呢，还是愿意“曳尾涂中”？这又是一重对比，两种选择的鲜活对比，难怪两个被仕途经济冲昏头脑的人，也都不约而同地做出了正确的选择。

最美妙的隐喻还有，朝廷的香火缭绕，可能正是污浊之所；而拖着尾巴所伏的泥淖之所，恰恰又是清洁之所。

这就是庄子的选择，冷眼看穿，却又热肠挂住，永远保持自己的清洁，守护自己的灵魂处所。

其次，继承庄子衣钵的是严子陵。他拒绝了好朋友刘秀的三请四邀，隐居在富春江畔垂钓。这是渔父语词中最浓墨重彩的一笔，比庄子还要“庄子”。光武帝是有道明君，又是严子陵最好的玩伴，对严子陵又极为推崇。在屡次请严子陵未果后，刘秀亲自写信，言辞恳切：“古大有为之君，必有不召之臣，朕何敢臣子陵哉。惟此鸿业若涉春冰，辟之疮痏须杖而行。若绮里不少高皇，奈何子陵少朕也。箕山颍水之风，非朕所敢望。”

严子陵终于抹不过朋友的脸面，来了。光武帝和他同榻而眠，晚上严子陵的脚竟然搁到光武帝的肚子上去了，光武帝也不以为意。一方面，可见光武帝的求贤若渴；另一方面，又可见他们当年的兄弟情深。免除了“伴君如伴虎”的祸患，严子陵只有荣华、只有富贵、只有功名、只有利禄；但他还是走了，挥一挥衣袖，不带走一片云彩。严子陵是一个真正的渔父，他的出现给渔父意象增添了许多的浪漫情怀。难怪一代名士范仲淹在《严先生祠堂记》中，对他顶礼膜拜：“云山苍苍，江水泱泱，先生之风，山高水长。”清初浙派版画的力作《无双谱》则赞之曰：

几人无故上云台，心事含羞未许猜。
名利当头叹归隐，清风拂水报招徕。
同眠卧榻真天子，六合难搜高士才。
不过茫然寰宇下，容他独自发闲呆。

《无双谱》为版画著作，配有乐府诗，为绍兴人金古良所著，现代著名作家郁达夫还曾特意去游览严子陵的钓台，并写下经典散文《钓台的春昼》。

庄子的归隐，是要保持清洁，担心被世俗沾染，更害怕与统治者同流合污；严子陵则是纯粹的归隐，湮没在山光水色之中，这是一种真正的天人合一。历史上的宁武子，“邦有道，则智；邦无道，则愚”。而严子陵则不论邦有道与否，我自隐逸，万钟于我何加焉？

与这两个渔父构成绝妙对比的则是姜尚。他的钓饵是自己的绝世才华，而钓的大鱼却只有文王一个。所以，他必须用直钩，用自己的苍颜白发，用自己的一腔孤傲，引起世人的哄抬关注，用今天的话来说就是炒作。姜子牙终于钓来文王，出阁为相，成就自己的宏图大业。

两类渔父，两种走向。

一选儒家，一选道家；一个具济世情怀，一个有隐逸风范。如何论优劣？何必分高下！闻一多曾经说过，围绕着中国古代文人的只有两个字——仕与隐。要不先仕后隐，要不且仕且隐，要不先隐后仕，即使是不仕不隐之人，他内心中的痛苦也是可想而知的。中国文人总在儒家和道家之间徘徊、穿梭。要而言之，文人选择“仕”，能做到百分之百，文人选择“隐”，却万万做不到百分之百。

鲁迅先生在《魏晋风度及文章与药及酒之关系》中指出：“据我的意思，即使是从前的人，那诗文完全超于政治的所谓‘田园诗人’‘山林诗人’，是没有的，完全超出人间世的，也是没有的。既然是超出于世，则当然连诗文也没有。诗文也是人事，既有诗，就可以知道于世事未能忘情。”连老子也说“吾不能学太上而忘情也”，遑论他人？事因难能，所以可贵。这就是严子陵的价值所在。更多的渔父则是寄情于山水，相忘于江湖。除了这样，还能怎样？

想起了我最喜欢的一首无名氏的词，可做这种心情的注脚。

平生太湖上，短棹几经过。
如今重到何事，愁与水云多？
拟把匣中长剑，换取扁舟一叶，归去老渔蓑。
银艾非吾事，丘壑已蹉跎。
脍新鲈，斟美酒，起悲歌。
太平生长，岂谓今日识兵戈？
欲泻三江雪浪，净洗胡尘千里，不用挽天河！
回首望霄汉，双泪堕清波。

每个文人都想像卞和献宝一样，要把自己玉一样的美德赁于帝王家，哪怕被砍掉脚，也在所不惜。卞和泣血是中国文人共同的悲剧。文人何曾想做一个渔父啊！实乃报国无门、功业未遂而归隐江湖也。

现在我们回头研究一个有趣的现象：为什么是渔父，而不是其他？渔父这个语词的背后到底叠加了哪些东西，从而被文人相中、接受、书写和鼓吹？

渔父成为最重要的意象，可能来自以下几个原因。

第一是屈原。

屈原披发行吟江畔，在生死抉择之间，需要一个人来对话，揭示自己内心的挣扎和选择。因为在江畔，最该遇见的自然就是渔父，故而渔父构成了主客对话的“客”，这是自然的逻辑。渔父是老年男子，历经沧桑，风云看惯，淡薄尘世，能够提高对话的含金量和话语价值。渔父的出现当然是偶然的，但隐逸文化、出世文化聚焦于渔父却带有很大的必然性。唯有渔父才好引出颇有道家特色的《孺子歌》：“沧浪之水清兮，可以濯吾缨；沧浪之水浊兮，可以濯吾足。”

歌词大意是：沧浪之水清啊，可以用来洗我的冠缨；沧浪之水浊啊，可用来洗我的泥脚。渔父不强人所难、不愠不怒，以隐者的超然姿态心平气和地与屈原分道扬镳，足见其淡泊和修为。

那么，为什么要引出《孺子歌》呢？因为《孺子歌》大有来历。据《孟子·离娄》记载，孔子曾听孺子唱过这首歌，听歌后，告诉他的学生：“清，才能洗冠缨；浊，只能洗泥脚。清还是浊，是由人们自己选择的啊。”孔子非常注重士人的人生抉择，提倡人要有“杀身成仁”“舍生取义”的精神，但是在中庸思想的指导下，又主张“用舍行藏”。孔子称赞颜渊说：如果用我，就出来做事；不用呢，就隐居起来。只有我和你才能这样啊。也就是说，儒家和道家有时候也能并行不悖。李白说：“人生在世不称意，明照散发弄扁舟。”就是说，入世不称意，才要出世；仕途不称意，才会归隐。这也许就是渔父最终飘然而去，放歌一曲的原因吧。

第二是渔。

《诗经》中说，“籊籊竹竿，以钓于淇。岂不尔思？远莫致之。”(《诗经·卫风·竹竿》)就是说，上古时期，垂钓虽然还是一种谋生手段，但是“岂不尔思”已经包含一种别样的情致。特别是渔者，荡舟于碧波之上，隐没于绿荷之中，这种方式让人感到清静高远。在庄屈之后，即使仍然有人以打鱼谋生，但在文人笔下，渔父不仅没有了谋生之苦，反而多了几分闲情野趣，最能寄寓诗人对隐逸生活的向往。

第三是水。

《老子》说："上善若水，水善利万物而不争，处众人之所恶，故几于道。"就是说，水是万物之本，品性谦逊，亲附万物而公正无私，可作为道的象征。这当然是最重要的原因。但别忘了，水远离尘土，从事实上也让文人暂时挣脱尘埃，正好和道家精神上超脱尘埃遥相呼应。而在碧波之上，世界白茫茫一片，什么都可以想，什么都可以不想，天地在我心，人也只能归于自己的内心，聚焦于心灵的道。

第四是舟。

而且一定是小舟，只有小舟才能随风飘荡，"纵一苇之所如，凌万顷之茫然"，这就是道家"和光同尘"的最高境界。小舟还意味着人少，是"孤舟"，只能"独钓"，唯其独钓，只能与"江上之清风，山间之明月"相俯仰，不管、不顾、不为。

第五是钓。

钓意味着耳聪、目明，尤其是要沉稳、耐心，把握火候，等待时机，这种心理像极了隐者。他们纠缠于出世和入世之间，矛盾于兼济与独善之中。而且的确有不少隐者想走终南捷径，时机一到，就会欣然出山。鲁迅先生对此曾有过精辟的论述。先生认为中国统治者只在两种情况下需要文人。第一种情况，统治者刚刚掌权，偃武修文，需要文人来加以粉饰，此时文人扮演的是歌功颂德的"帮闲"角色；第二种情况，在自己的统治发生危机时，当权者无计可施，走投无路，病急乱投医，于是，开始垂听文人的"治国平天下"的意见，而此时的文人觉得英雄终有用武之地了，于是高高兴兴地"出山"了，这时的文人成了去"帮忙"的角色。鲁迅尖锐地指出司马相如和屈原之流，不过是统治者的"帮闲"和"帮忙"。屈原的《离骚》不过是"想帮忙而不得"的牢骚之辞。

所以孟浩然干谒诗云："坐观垂钓者，徒有羡鱼情！"在孟浩然的眼里，很多的垂钓者以隐求仕，大有斩获，所以他也蠢蠢欲动，希望得到贵人的引荐而走上仕途。他的这首《临洞庭湖赠张丞相》中的渔父，可以说是"渔父之意不在鱼，在于仕途之间也"。

尽管渔父意象并没有纯粹到极致，但仍然吸引了历代文人浑浊的眼光，去寻找那清新一缕的慰藉。

究其原因，乃是这一意象本身的“洁身自好”“和光同尘”“与世推移”的人生姿态，优游于山水之间，去除世俗纷扰，保有本我或深藏本真的心灵追求，令后世的文人激赏不已、追怀不已。他们或咏以诗词、或布之以画，表达自己的思慕。

在诸多描写渔父的篇章中，创作者们大都取渔父形象本身的感性内容，寄托自己超越世俗的高迈价值观。要而言之，无非画饼充饥，借酒浇愁。

后世的渔父形象中，最为著名的当是柳宗元。

柳宗元的《江雪》和《渔翁》都以渔父“自喻”，反映了他在长期流放过程中交替出现的两种心境。他有时不甘屈服，力图有所作为；有时又悲观愤懑，寻求精神上的解脱。《渔翁》中的渔翁，超尘绝俗，悠然自得，正是后一心境的外化；《江雪》中的渔翁，特立独行，凌寒傲雪，独钓于众人不钓之时，正是前一种心情的写照。

千山鸟飞绝，万径人踪灭。
孤舟蓑笠翁，独钓寒江雪。

王尧衢的《古唐诗合解》云：“置孤舟于千山万径之间而以一老翁披蓑戴笠，兀坐于鸟不飞、人不行之地，真所谓寄蜉蝣于天地、渺沧海之一粟矣，何足为轻重哉？江寒而鱼伏，岂钓之可得？彼老翁何为而作孤舟风雪中乎？世态寒凉，宦情孤冷，如钓寒江之鱼，终无所得，子厚以自寓也。”这是古往今来渔父最高蹈之处，也是最可悲之处。因为高蹈，所以可悲；因为可悲，所以高蹈。

在众多的渔父意象中，我以为最能给渔父画像的还是《江雪》。黄周星《唐诗快》就认为：“只为此二十字，至今遂图绘不休，将来竟与天地相终结始矣。”

当然还有他的《渔翁》：

渔翁夜傍西岩宿，晓汲清湘燃楚竹。
烟销日出不见人，欸乃一声山水绿。
回看天际下中流，岩上无心云相逐。

从渔父孤寂的生活中，我们看到柳宗元的影子。他的孤傲、他的决绝、他的不管不顾，当然也更能看到他内心的痛苦不堪。中国文人的心灵景观一览无余。

总之，中国古典文学里的渔父从来就不是真正的渔父，而是文人的渔父、意象的渔父、诗性的渔父。渔父中叠加了许多故事、许多人生，并不断地被庄子、屈原、严子凌、姜子牙、柳宗元等反复书写，因而渔父不再是简单的符号，而是成为了中国文人真正的“存在之家”。

后来的人，也正是基于对“渔父”在不同语境中的意义的反复聆听，才确认了自己的存在的。他们从中认出自己，又因获得一种认同感而愉悦或者惊惧。愉悦来自于对比的相互辨认，惊惧来自于对欲望遮蔽下真实自我的重新发现。

走进课堂

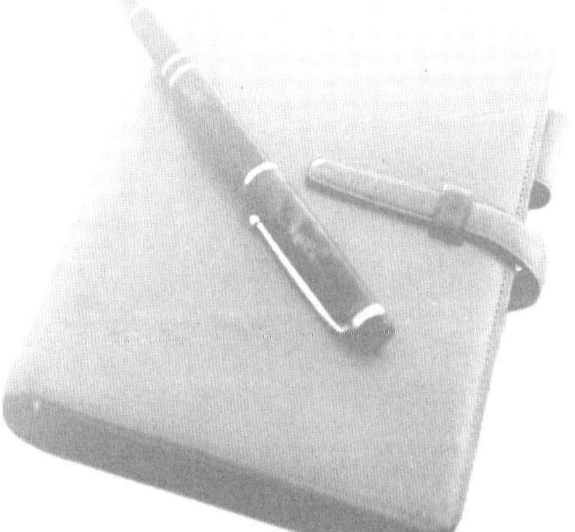

一、用“鱼骨图分析法”梳理文本

——《寒风吹彻》课堂实录

(一)教学目标

(1)用“鱼骨图分析法”梳理出文章结构，学会并熟练使用“鱼骨图分析法”，获得快速分析文章和构思文章的方法。

(2)用“矛盾法”引导学生对文本发问，把握作品主题，鉴赏作品丰富的意蕴。

(二)教学重点

“寒风”和“吹彻”在文章中的丰富内涵。

(三)教学难点

作者对生命的虚无认识，以及对生命充满悲情的独特审美。

(四)教学过程

1. 导入文本

他的出现是当代中国文坛的一个奇迹。更为神奇的是，他的出现一改几千年来中国文人相轻的陋习。无数的大作家，都争先恐后、奋不顾身地赞誉他。

李锐先生认为他“获得了与天地万物的深情独处、对自己内心自由高远的开阔舒展”的体验；林贤治先生说他“活得太久了。才过而立之年，却经历了中国农村几千年的世事沧桑。多少庄稼人，牲畜，田野，小麦和树木，在他的眼中化入化出，生死衰荣。”李陀则说“他能把文字放到清亮透明的小河里淘洗一番，洗得每个字都干干净净。但洗尽铅华的文字里又有一种厚重，捧在手里掂一掂，每个字都重得要脱手。”

而他自己却这样说：“有时候我都觉得自己用了那么漫长的岁月，去经历的那么一点点东西，怎么忍心写出来，写出一句话都觉得心疼。”

他珍惜自己的文字，用生命写作，用审慎的态度和灵魂写作。比如他写《先父》。他说：“我好些年前就想为父亲写一篇东西，一直没写。一直在等待。写作就是这样一场等待。从30岁，等到40岁，等到42岁，那些文字终于到来了。”

他就是20世纪最后的一个散文家——刘亮程。而我们今天要学习的《寒风吹彻》，就是他等候了 20 多年之后才姗姗而来的一部伟大作品。

2. 梳理文本

对于复杂的文本，有一种很好的梳理办法，叫作“鱼骨图分析法”。

“鱼骨图分析法”是由日本管理大师石川馨先生发展出来的，又名石川法。它是一种发现问题“根本原因”的分析法。

这种分析法来源于一种假想。问题的特性总是会受到一些因素的影响，当我们找出这些因素，就能按照它们的相互关联性整理出一种特性要因图。因其图形状如鱼骨，所以又叫鱼骨图，它是一种透过现象看本质的分析方法。

鱼骨图的鱼头和鱼尾总是有所呼应的，其余的则由鱼骨组成，鱼骨即为特性要因。

② ③ ④ ⑤

⑩

① ⑨

⑥ ⑦ ⑧

师生合作梳理鱼骨图

明确：①是鱼头，是文章的重要描写对象，可以看成“寒风”。根据首尾呼应的结果，⑩则是“吹彻”。整个文章就是写“寒风吹彻”，以及因“寒风吹彻”所产生的生命感悟。

那么，我们就可以发问，寒风吹彻了“谁”？

明确：②③④⑤鱼骨很自然地呼之欲出。寒风吹彻了②我，③路人，④姑妈，⑤母亲。这就是散文中的形象，也就是作者在第二段中所说的“人和事情”。“许久以后我还记起我在这样的一个雪天，围抱火炉，吃咸菜啃馍馍想着一些人和事情，想得深远而入神。”

寒风吹彻的“彻”，表明程度。吹“彻”即吹得“彻底、彻骨、透彻、无所不至”。

这时候，再具体问：寒风吹“彻”得“怎么样”？

于是，⑥⑦⑧⑨完全浮出水面。

明确：⑥寒风吹彻了“我”，使得我的一块骨头被彻底冻坏；⑦寒风吹彻了“路人”，使得这个为生计奔波的路人活活冻死；⑧寒风吹彻了“姑妈”，使得姑妈终于没有等到春天；⑨寒风吹彻了“母亲”，使得母亲双鬓斑白，透心寒冷。

当然，“鱼骨图”分析法，并非只有唯一一种。

当我们换一个新的视角，那么又会有新的因素互相编织，伟大的作品都具备这样的特质。

3. 探究文本

(1)结合文本，探究“鱼头”—“寒风”，“鱼尾”—“吹彻”有哪些深刻的内涵？

先看“鱼头”—“寒风”。

找出文章中与寒风有关的词语，

明确：大雪，冷飕飕的，冬天，冰手，寒冷，很冷(冷漠)，阴冷，腿冻坏，冰窟窿，浑身是冰，冻僵，弄冷，结满冰霜，寒气，冻硬，冻僵，寒冷的心境，平淡，透心寒冷……

仅仅这些和寒风有关吗？

明确：火炉，棉袄，热茶，太阳，春天，孝心和温暖。

这些词语作为对抗“寒风”的存在物，也与寒风密切相关。

对这些词语进行分类，从不同的侧面揭示寒风的丰富内涵：

①实指北方自然环境的寒冷恶劣，这是自然的冬天；(那是我多年前冻坏的一根骨头，我再不能像捡一根牛骨头一样，把它捡回到火炉旁烤热。它永远地冻坏在那段天亮前的雪路上了。)

②虚指人生旅途中的贫困磨难，这是心境的冬天；(他的烂了几个洞、棉花露在外面的旧棉衣？底磨得快透了一边帮已经脱落的那双鞋？还有他的比多少个冬天加起来还要寒冷的心境？……)

③指因生活的困苦而产生的亲情的冷漠，这是人情的冬天；(父亲一见就问我：怎么拉了这点柴，不够两天烧的。我没吭声，也没向家里说腿冻坏的事。母亲在那段路上告诉我姑妈去世的事。她说：“你姑妈死掉了。”母亲说得那么平淡，像在说一件跟死亡无关的事情。)

④是面对生老病死人的脆弱和无奈，这是生命的冬天。(许多年后有一股寒风，从我自以为火热温暖的从未被寒冷浸入的内心深处阵阵袭来时，我才发现穿再厚的棉衣也没用了。生命本身有一个冬天，它已经来临。)

分析：从自然的冬天寒冷，身体寒冷，再到心理的寒冷，心境的寒冷，是一层递进；再到因自然贫穷寒冷、心境寒冷而产生的亲情淡漠冷漠，又是一层递进；最后，人的生老病死的生命冬天，则是所有人的永恒归宿。

因为这些“寒风”，“棉袄”和“火炉”不能烤热“我”那一天冻坏的那一块骨头；“热茶”也温暖不了那一个注定要为生计奔波的路人；姑妈的“太阳和春天”终于没有等到，或许姑妈等的并非是自然的“太阳和春天”，还有就算姑妈等到了“春天”，那又怎么样？下一个冬天姑妈照旧会被寒风吹彻；子女的“孝心和温暖”照样不能融化母亲满头的白雪。母亲注定要一个人面对生命的冬天。

再看“鱼尾”—“吹彻”，它的含义也极其丰富。

明确：①空间上——“但我知道雪在落，漫天地落。落在房顶和柴垛上，落在扫干净的院子里，落在远远近近的路上。”每一个地方都在落雪，每一个角落都被寒风吹遍，我们无法逃避。就像作者“没顾上割回来的一地葵花秆，将在大雪中站一个冬天。”所不同的是，我们是要站一辈子。

②时间上——“我才渐渐明白自己再躲不过雪，无论我蜷缩在屋子里，还是远在

执教《寒风吹彻》

冬天的另一个地方，纷纷扬扬的雪，都会落在我正经历的一段岁月里。”人的一生，每个阶段都将被“寒风吹彻”，作者说他过去被“寒风吹彻”，现在被“寒风吹彻”，预示自己余下的岁月也将被“寒风吹彻”。

③程度上——“我腿上的一块骨头却生疼起来，是我从未体验过的一种疼，像一根根针刺在骨头上又狠命往骨髓里钻。”“当他坐在我的火炉旁时，炉火须臾间变得苍白。”“我想他的话肯定全冻硬了。”“他彻底地冻僵了。”寒风吹得人痛彻骨髓，寒风使得炉火变得苍白，寒风冻硬了人的话，寒风冻僵了人。这是从程度上对“吹彻”的具体化。

④广度上——“雪越下越大。天彻底黑透了。我围抱着火炉，烤热漫长一生的一个时刻。我知道这一时刻之外，我其余的岁月，我的亲人们的岁月，远在屋外的大雪中，被寒风吹彻。”从“我”扩展开去，不仅是“我”，所有的人将被寒风吹彻。这是人生而为人的一种宿命。

4. 追究主旨

阅读是一种对抗，作家和读者的一种对抗。作者写作是一种冒险，要出乎读者的意料之外构思写作；而读者阅读则是一种探险，要把作家的意料之外转化为情理之中。所以，阅读要能找出作品中的“反常之处和矛盾之处”。这些矛盾纠缠处，往往是作者的情感聚焦所在，也是文章的主旨所在。

反常一：“冬天，有多少人放下一年的事情，像我一样用自己那只冰手，从头到尾地抚摸自己的一生。”作者只有 30 岁，怎么可能在冬天用自己的手抚摸自己的一生？

讨论并明确：作品中其实有三个“我”。

一是过去的“我”，即十四岁的“我”，还有“每逢第一场雪，都会怀着莫名的兴奋，站在屋檐下观看好一阵，或光着头钻进大雪中，好像有意要让雪知道世上有我这样一个人”的“我”。

二是现在 30 岁的“我”。“我”已经不再注意“雪落在那些年雪落过的地方……”而更加关注“比落雪更重要的开始降临到生活中事情。”“我”已经习惯了自然界的冬天，“我”还认识到人生中也有冬天。“我”虽人到中年，可分明感到生命的冬天已经悄然来临，必须要储备好温暖来对付生命的冬天。这就是更重要的事情。

三是将来的冬天。将来的冬天看不见，怎么能够抚摸？

正如作者在《冯四》中说的那样“一个人一出世，他的全部未来便明明白白摆在村里。当你十五岁或二十岁的时候，那些三十岁、五十岁、七十岁的人便展示了你的全部未来；而当你八十岁时，那些四十岁、二十岁、十七岁的人们又演绎着你的全部过去。你不可能活出另一种样子——比他们更好或更差劲。”

那么，母亲现在的苍老憔悴，姑妈等不到的春天，她们的今天就是“我”的明天，“我”逃也逃不掉。甚至“我”也可能如同那个路人，在将来的生命的旅途中猝然跌倒，再也不能爬起来。

就是说，作者早已抚摸并预言未来：“每个人都在自己的生命中，孤独地过冬。我们帮不了谁。”

曾经在访谈中，有个女孩问刘亮程：“读着您的《一个人的村庄》，心里老有个强烈的愿望。如果我是和您同村的一个小女孩，能够和您共同读遍村庄的角角落落，让太阳把我们一起晒老，该多好。不过，那就不是一个人的村庄了。”

刘亮程回答是：“和我同村同龄的好多小女孩，都和我一起被太阳晒老了。村庄还是一个人的。人的孤独是不被拯救的。在我们的内心中，每个人都孤单地活了一生。《一个人的村庄》是一个人为了挣脱孤单而无限敞开的内心。”

反常二：“我”渴望寒冷被别人分担一点，“那种夜晚天再冷也不觉得。因为寒风在吹好几个人，同村的、邻村的、认识和不认识的好几架牛车在这条夜路上抵挡着寒冷。而这次，一夜的寒风吹着我一个人。似乎寒冷把其他一切都收拾掉了，现在全部地对付我。”姑妈渴望春天到来，哪怕和她不能分享“尽管春天来了她没有一片要抽芽的叶子，没有半瓣要开放的花朵。春天只是来到大地上，来到别人的生命中。但她还是渴望春天，她害怕寒冷。”这两者是否矛盾？

明确：不矛盾，而且非常统一。这是无理之妙。别人无法帮“我”承担寒冷，就像别人也无法排除姑妈独享春天一样。这两个荒诞的想法，尽管无理可说，但都突出了人物彻骨的孤独，所有的人都注定一个人面对寒风吹彻的痛苦和无奈。

反常三：刘亮程是一个温暖的作家，为什么要写这种寒冷的文字？他意欲何为？

明确：中国人写诗，写文，都有一个假想的阅读者。有的人是写给朋友的；有的是写给领导看的；还有的是写给后世人看的，比如司马迁的《史记》；还有的是写给自己看的。那么，作者写这篇文章是写给谁看的？

写给自己看的，是自己多年来对生命的体悟。

写给自己看，为什么写了四个人？

一个是路人，其他的是我和姑妈，还有母亲，即亲人。这个安排很有匠心，路人、姑妈、母亲，既是按照关系的亲疏；从寒风吹彻上，又是按照程度递进。从自然贫穷到亲情淡薄，再到生命的严冬。

其实，在人生的路途之上，我们也只有两种人，一种是亲人，还有一种是路人，而且从本质上来说，亲人也是我们的路人。

在生命的冬季到来之时，每个人都孤独地在路上，至亲的人也无法帮助我，我们只能独自面对。棉袄再厚，也不能御寒；炉火再旺，也显得苍白；热茶再热，也无法持久；春天来了，照样会走；就算儿孙满堂，子女孝敬，生命该衰老的还是要衰老，该飘零的还是要飘零。自己生命的冬天，还是要自己一个人面对。

这就体现了刘亮程的哲学。每个人都被抛在这个路上，所有的痛苦都需要我们一个人承担，所以我们需要积攒温暖，不仅是为了资助爱人，也是为了资助自己。比寒冷贫穷更可怕的是人的自私与冷漠，这是比自然之冬、生命之冬更严酷的精神之冬。

5. 课堂总结

《寒风吹彻》是一篇极富张力的散文，也是一篇独具审美体验的散文。作者在寒冷的冬天，在光线暗淡的屋内围抱火炉，散漫地回想一些人和事，传递了关于生命的抽象体验。文章反复在双重含义上使用"雪""冬天"和"寒冷"这些字眼，既是对真实情境的描绘，也蕴含了作者对生命孤独、冷漠、脆弱、绝望的哀伤。面对这样的困顿与孤独无助，也许我们需要一点温暖，只是，这温暖必须来自我们自己。任何人都走不出生命的冬天，任何人的双脚都将踏踏实实的走向虚无之途，但每个人都可以走出精神的冬天！

二、战争让人性走开

——《蛮子大妈》课堂实录

（一）课堂实录

师： 他是世界短篇小说巨匠。

他只活了43岁，英年早逝。

他在短暂的生命里，共写了6部长篇小说，350多部中短篇小说。

他是我们中学时代接触作品最多的外国作家。

大文豪屠格涅夫认为他是19世纪末法国文坛上“最卓越的天才”。

托尔斯泰认为他的小说具有“形式的美感”和“鲜明的爱憎。”

左拉，对，伟大的左拉，用一个伟大的病句来表达对他的崇敬。他的作品“无限地丰富多彩，无不精彩绝妙，令人叹为观止。”

甚至连伟大的革命导师恩格斯也不例外：“对于他，我们应该脱帽向他致敬。”

他，就是法国一代大师——莫泊桑。

生：（表示惊叹不已）

师： 我常常感到奇怪，不是说文人相轻吗？莫泊桑凭什么赢得这么多文豪众口一词的夸赞？他的作品到底具有什么样的特色？

研究者认为，莫泊桑最大的特色是善于隐藏。美国的海明威在《午后之死》中提出一种理论——冰山理论：“小说家的写作只有八分之一在海平面之上，有八分之七在海平面之下。”需要阅读者发现和挖掘。

难怪有人说，阅读就是一种对抗。阅读的快乐和快感就是这样获得的。莫泊桑善于隐藏，我们要善于发现，善于探究，在我看来，领悟是一种发现，疑问也是一种发现。没有疑问就是死亡。下面，发现之旅开始了，我们和莫泊桑之间的战斗也正式打响了。

《蛮子大妈》是一篇小说，那么，谁先来说说阅读小说的要点。

生： 小说有三要素。环境、情节、人物。

师： 老师来板书一下，便于同学们更清晰地认识。

环境

↓

人物——→折射时代面影，反映社会生活。

↑

情节

师： 小说中的人物有蛮子大妈和四个敌人。本来他们的关系怎么样？

生： 蛮子大妈疼爱这四个敌人，这四个敌人照顾蛮子大妈。

师： 后来怎么样了？

生： 在儿子惨死后，蛮子大妈仇恨这四个敌人，烧死这四个敌人。

师： 这四个敌人对蛮子大妈怎么样？

生： 他们听蛮子大妈的话，抱来柴火，堆成草墙，很信任蛮子大妈。

师： 但蛮子大妈却烧死了他们。烧死了他们之后，蛮子大妈还镇定地、心平气和地回答了德国军官的问题，声音还是洪亮的。这是为什么？

课前我收集了你们的问题。

①蛮子大妈转变太快了，让人接受不了。（19 人）

②蛮子大妈究竟是怎样的一个人？（8 人）

③蛮子大妈抄下地址，要给那些士兵的母亲写报丧信，意图何在？（4 人）

④为什么要花大量笔墨写第一大部分，删掉它并不影响故事完整。（15 人）

⑤作者写这篇文章最本质的意图何在？（5 人）

其实你们的问题，就是我们的问题。

我把你们的①②③⑤这四个问题，整合为统一的问题：蛮子大妈为什么会发生那么大转变？她的转变说明了什么？甚至有不少不同学认为这个情节设置并不合理。请同学们分组讨论。

生： 首先是蛮子大妈的个性。她是一个严气正性的老太太。不常露笑容，人们也绝不敢和她玩闹。心境窄，打不开。所以一旦遇见事情，不知道变通，很容易变得偏激。

师： 也就是说，蛮子大妈有一种秉性在这里。其他同学请补充。

生： 蛮子大妈的名字叫“蛮子”，文章里说了两种可能。一种是她的姓，还有一种就是她的诨名。我觉得是她的诨名，从后文来看，她的姓是维克多·西蒙，她儿子的名字叫维克多。可见蛮子大妈是她的诨名。诨名可以反映这个人物的特征和个性。蛮子这个诨名，有一点粗野，有一点蛮横。

师：你考证了蛮子大妈的诨名，这个探究非常有价值。

生：我感觉蛮子大妈的相貌有杀气。“这个高个儿的蛮子大妈看起来是古怪的，她微微地偻着背，在雪里慢慢地跨着大步走，头上戴着一顶黑帽子，紧紧包住一头从未被人见过的白头发，枪杆子却伸得比帽子高。”

师：就是说，这个人的面相很可怕。

生：我觉得和她的身份也有关系，他们一家都是打猎为生的，见惯了血腥场面。胆子大，蛮子大妈连狼都不怕。

师：对，过去我们一直在说，在分析人物时，要注意人物的身份和语言。

生：我觉得还和她的遭遇有关。首先，她们全家都被叫作蛮子，没有得到尊重。他们家住在远离村庄的地方。后来，丈夫被打死了，现在儿子又被炸死了。她唯一的支柱倒塌了。

师：他们家住在村庄外，估计和他们便于私自偷猎也有关系。儿子死了，支柱倒塌了，就要杀人？这其中的逻辑关系是什么？

生：儿子死了，蛮子大妈对生活感到绝望了，她一定要为儿子报仇。是普鲁士士兵杀死了自己的儿子，而眼前的就是普鲁士士兵。

师：但杀死她儿子的不是眼前的普鲁士士兵啊！况且她还那么疼爱他们，而他们也像儿子一样照顾她。

生：所以，这里必须有过渡，有照应，我觉得宰杀小兔子就是一个很好的铺垫。“她立刻动手预备午饭了；但是到了要宰兔子的时候，她却失掉了勇气。然而宰兔子在她生平这并不是第一次！那四个兵的中间，有一个在兔子耳朵后头一拳打死了它。那东西一死，她从它的皮里面剥出了鲜红的肉体；但是她望见了糊在自己手上的血，那种渐渐冷却又渐渐凝住的温暖的血，自己竟从头到脚都发抖了；后来她始终看见她那个打成两段的长个儿孩子，他也是浑身鲜红的，正同那个依然微微抽搐的兔子一样。”

蛮子大妈从眼前小生命的遭遇联想到自己的儿子，儿子被炸成两段，肯定是浑身鲜血，全身抽搐。小兔子的惨死，引发了蛮子大妈对自己儿子遇难时的场景想象。对小生命的怜惜，对血腥暴行的厌恶，从潜意识里写出了她的痛苦和对占领者的仇恨，从而激发了她的复仇行为。这一段心理活动为她的复仇行为做了很好的铺垫。

执教《蛮子大妈》

师：就是说，自己最亲爱的儿子死了，是战争杀死了他，是普鲁士士兵杀死了他。儿子脆弱得就像小兔子一样，可是残忍的普鲁士士兵一拳打死了它。普鲁士士兵是杀死小兔子的凶手，也是杀死儿子的凶手，她一定要报仇。有没有看到一句话，“那个兔子无疑是偷来的。”这句话说明了什么？

生：这句话太武断了，太偏执了。可见蛮子大妈已经对这几个士兵产生了嫌恶。因为蛮子大妈曾经多次杀过兔子，她的兔子怎么来的？可能是买来的，可能是逮来的，为什么一定是偷来的？在蛮子大妈的心里，这四个像儿子一样疼爱的人，现在至少已经是小偷，后来虐杀小兔子又显示了他们的强盗。他们自然是该死的。

师：分析得非常科学。我们所有的推断都要从文本中探究，如胡适所说，要大胆假设，小心求证。说了这么多原因，同学们，你们觉得蛮子大妈报仇的核心原因是什么？

生：我觉得核心的原因是蛮子大妈对儿子的爱。

师：因为对儿子爱之深，所以对敌人恨之切。从文章中哪些地方可以看出这种爱？

生：那些普鲁士士兵“替她打扫厨房，揩玻璃，劈木柴，削马铃薯，洗衣裳，料理家务的日常工作，俨然是四个好儿子守着他们的妈。但是她却不住地记挂她自己的那一个，这个老太太，记挂她自己的那一个瘦而且长的、弯钩鼻子、棕色眼睛、嘴上盖着黑黑地两撇浓厚髭须的儿子。”一个转折可以看出，不论别人对待自己怎么样，自己最记挂的仍然是自己的那个儿子。

生：“每天，她必定向每个住在她家里的兵问‘你们可晓得法国第二十三边防镇守团开到哪儿去了？我的儿子在那一团里。’”蛮子大妈每天都问，每个人都问，一一问过来，这种反常的举动可见蛮子大妈对儿子的爱。

师：有道理，我们好像不会问日本鬼子，请问，你们可晓得八路军独立团开到哪里去了？我儿子在那里面，他叫李云龙。

生：（大笑）不会的，这里照应了文章中的农人们不大懂得仇恨，战争是高等人士的事情。

生：在文章的第一段说，15 年前，蛮子大妈的丈夫早就被打死了，也就是说，小蛮子是被蛮子大妈一个人慢慢拉扯大的。这种情感格外真切。

师：所以，儿子的突然惨死，让蛮子大妈儿子的精神世界彻底坍塌了。她活着的价值和意义没有了，不存在了。她必须要复仇。我们共同来赏析这一小段。同学们先读一读，再发表自己的看法。

> 她看了并没有哭。她呆呆地待着没有动弹，很受了打击，连感觉力都弄迟钝了，以至于并不伤心。她暗自想道：“威克多现在被人打死了。”随后她的眼泪渐渐涌到眼眶里了，悲伤侵入她的心里了。各种心事，难堪的，使人痛苦的，一件一件回到她的头脑里了。她以后抱不着他了，她的孩子，她那长个儿孩子，是永远抱不着的了！保安警察打死了老子，普鲁士人又打死了儿子……他被炮弹打成了两段，现在她仿佛看见那一情景，教人战栗的情景：脑袋是垂下的，眼睛是张开的，咬着自己两大撇髭须的嘴巴，像他从前生气的时候一样。

生：这里先是反常现象，蛮子大妈竟然没有哭，然后她失去了动弹能力，失去了感觉力。噩耗之后，她的脑海里一片空白。

生：她先要确认，究竟发生什么了。慢慢地她想起来了，她的儿子被人打死了。

师：然后眼泪渐渐地涌到眼眶里来了，悲伤侵入她的心里去了。

这种细节描写非常精彩，因为还有一点麻木，所以眼泪渐渐的。但很快就变化了，所以选择的词是“涌”，眼泪涌出来，但悲伤却侵入骨子里去了。这种痛苦无法磨灭。

生：各种心事，难堪的，使人痛苦的，一件一件都回到她的头脑里了。

这里必须是痛苦的，难堪的，还一定是包括了她的丈夫惨死的，这样才能让她感到不公，感到愤怒，才能激起她的复仇怒火。

生：最后一段在写蛮子大妈想象儿子惨死的场景，前面对儿子肖像描写的作用全出来了。

师：同学们，我还抓住了两个词。她那个儿子，长个儿的儿子，她是抱不着了，永远地抱不着了。

这里的“抱”非常重要。儿子都那么大了，但她想的是再也抱不着儿子了。丈夫死后，蛮子大妈抚养儿子的含辛茹苦都看出来了，蛮子大妈对儿子的疼爱也都淋漓尽致。

生：保安警察打死了她的丈夫，普鲁士人又打死了儿子，蛮子大妈的悲苦可见一斑。但我的疑问是蛮子大妈的丈夫死了，为什么她没有报仇？儿子死了，她就报仇？

师：这个问题很有意思，谁来说说？

生：我觉得丈夫死了，蛮子大妈当然非常痛苦，但她还有儿子，可爱的儿子，儿子需要她的抚养，她当然要珍惜生命，不能拿生命去冒险。

师：我完全赞成你的看法。蛮子大妈对儿子的爱，还有什么地方体现出来了吗？

生：蛮子大妈死后，身体已经断为两截，浑身鲜血，但手里还拿着儿子的那封报丧的信。这个细节，让人潸然泪下。

生：我觉得蛮子大妈对那四个敌人的疼爱实际上是对儿子疼爱的一种反映。对蛮子大妈而言，这是一种爱的平衡。

师：也就是说，蛮子大妈需要一个儿子，而这些普鲁士士兵需要一个母亲。所以，在某种程度上，他们达成了平衡，他们形成了一种自然的母子关系。但儿子惨死后，这种自然的母子关系突然断裂，转化为社会的敌我关系。

生：从心理学上说，一个人遭遇重大变故，常常会有惊人之举。这个可能还是和刚才说的平衡有关，平衡打破了，需要新的发泄，达成新的平衡。

师：你用平衡来解释这个心理，非常有创意。文学史上也有一种解释，叫作把人物打出正常轨道。为什么要把人物打出正常轨道呢？因为在正常的情况下，人的知觉、感情、意志、欲望是一个相当稳定的多层次结构，在多数情况下是稳定的，你只能看到它的表层。只有在动态、动荡的情况下，把人物打出正常的轨道之外，这时候，他的内心深处就一览无余。小说的艺术就在于冲击人物静态的感觉、知觉，使之发生动乱，这样，他内心的情感、深层结构就不难解放出来，心灵的秘密就在刹那间暴露。

我们可以举出很多的例子。

比如，同样是莫泊桑的作品，《项链》也是如此，项链的丢失，把玛蒂尔德打出了正常的轨道。但正是这种不平衡的心理状态，使得人物的内心，甚至不被作者自己发现的内在突然之间显现，玛蒂尔德一夜之间完成了自我的超越。她变得勤劳、踏实、勇敢、诚实，她承担起了天价的债务。

同样是描写普法战争的《最后一课》，也是如此。那么不爱读书，那么贪玩的小弗郎士，当知道自己所学的是“最后一课”时，知道自己从此再也不能学习母语了。突然的断裂，让他发生了天壤之变，他突然间认真起来了，往日艰难的语法很好懂，他一下子对法语充满了深厚的感情。

你们可以想想自己看过的作品，你就知道小说家这种创作的妙处。

生：比如《林教头风雪山神庙》，本来忍辱负重、逆来顺受的林冲，在大火烧掉草料场之后，终于杀死陆虞侯，走上了去往水泊梁山的道路，而且从此成为斗争最坚决的一个人。

师：是啊！在水泊梁山中，最富有斗争精神的有三个人，李逵，武松，还有一个就是林冲。现在，我们回到作品中来。谁来分析一下蛮子大妈被打出正常轨道之后的心理变化。

生：应该说，蛮子大妈是一位勤劳善良的老太太，她爱自己的儿子胜过生命。但是战争到来，她的儿子去了前线，大妈在对儿子的万般思念中，迎来了四个像儿子一样年轻的普鲁士士兵。他们被分在大妈的家里宿营，并且像她的儿子那样帮助她干一些力所能及的体力活。生活对于他们来讲还是公平的，大妈身边没有儿子，而普鲁士士兵身边没有母亲，他们很自然地像母子一样的相处，彼此都真诚地渴望从对方那里获得所需的爱。

一直到这里，我们读到的是和谐，小说充满着暖意，甚至一度让我们忘记了战争。我们为远离儿子的大妈庆幸，为离开亲人的普鲁士士兵高兴。但是，战争毕竟还是战争！在愉快的氛围中，大妈突然接到她儿子阵亡的消息。大妈悲痛欲绝，她已经失去了丈夫，现在唯一的儿子也失去了。这时候，人物被打出了正常轨道，大妈的念头只有一个，是战争夺去了她的亲人，是普鲁士人杀死了她的儿子。“在极度绝望中，她丧失了理智。那些平时像她儿子一样可爱年轻的普鲁士士兵转瞬之间成了杀人的魔鬼，成了杀人的凶手。”她痛恨战争，痛恨普鲁士人，仇恨使她的精神崩溃。经过沉痛的思索，她最终利用小伙子们对她的信任，残忍地将他们烧死在茅草屋里。火光里，大妈安静而满足地坐在旁边的树桩上，心平气和地向德国人承认了自己的罪行，并镇定地接受了对她枪决的处罚。临死前，她掏出两张纸，一张是儿子的死亡通知书，另一张是那四个死亡士兵的地址，她不慌不忙请求德国士兵通知他们的父母，让他们知道凶手是她——蛮子大妈。

师：分析得非常精彩。但这里还有两个问题，需要我们继续挖掘。第一，你怎么知道蛮子大妈原先是一个善良的人？第二，蛮子大妈最后请求给四个士兵家里寄信和说明自己是凶手，究竟有什么意图？谁来说说。

生：第一大部分说，十五年前，“我”来到蛮子大妈家的附近，“我”只是一个陌生人，但她请“我”过去，还送了一杯葡萄酒给“我”解乏。她和那四个士兵之间的关系，也可以看出她与人为善。

师：说得不错。那蛮子大妈为什么要寄信和声明自己是杀人凶手？

生：我觉得这就是复仇。作为一个老母亲，她知道母亲在痛失爱子后的悲痛心理，她难以忘记亲人的离去，对敌人的仇恨，强烈的几乎异化的复仇心理支配着她，她要让侵略者也饱尝同样的折磨。

师：哦，你是说，战争扭曲了老太太的善良美好的人性。老太太变得很残忍，对吧？还有没有其他观点？

生：我觉得应该辩证地来看。这里既有老太太复仇的残忍，比如让他们的妈妈也要尝受丧子之痛，自己在声明自己是凶手之时，也有一种复仇的快感。但是不是也有给他们母亲的报信，让她们知道儿子的下落，记住自己是凶手，是不是让他们的仇恨有一个固定的对象，而不要像自己一样迁怒于他人？

师：我喜欢同学们辩证地看待问题，老太太这种心理肯定异常的复杂，也许连她自己也说不清这些选择到底是为什么，但她的决定是果断的、清晰的。因为当德国军官问她的时候，文章中这样说，“她就把这件事情从头说到尾，从收到那封信一直到听见那些同着茅顶房子一齐被烧的人的最后叫唤。凡是她料到的以及她做过的事，她简直没有漏掉一点”。只有深思熟虑的行为，说起来才那么清晰，不漏掉分毫。到现在谁来帮我们归纳一下，蛮子大妈转变的原因。

生：蛮子大妈的个性和蛮子大妈的猎人身份，以及小兔子的强化铺垫，还有蛮子大妈精神支柱地倒塌。最核心的是蛮子大妈对儿子的爱，对儿子爱之深，对造成儿子惨死的战争和普鲁士士兵就会恨之切。

师：总结得不错，你觉得蛮子大妈是怎样的一个人？有的人认为她残忍，有的人认为她勇敢，你的感觉是？

生：作者也认为她是残忍的壮烈，我觉得这两者都有。蛮子大妈是一个分裂的人。

师：是什么造成了蛮子大妈的分裂？

生：我觉得是战争，战争使得蛮子大妈从一个善良的、与人为善的、普通老太太，成为一个冷静杀人的、镇定自若的、声音洪亮的、理直气壮的凶手，这是战争对人性的戕害。

师：如果从看得见的，还有推断出看不见的，你还可以看出哪些端倪？

生：从看不见这个角度，我觉得还要看到那四个母亲失去儿子的痛苦、眼泪、挣扎和绝望。我们完全可以从蛮子大妈丧子之痛上可以看出来。

师：有没有发现那两张报丧的信，好几次重合在一起，这是不是一个暗示？

生：有道理，我们在《我与地坛》中，有一句话“凡是我车辙划过的地方都有母亲走过的脚印。”我觉得这个就是一种重合。

师：就是说，“我从苦难中所走过的每一步，都有母亲精神生命的参与，母亲默默鼓励我从绝望中走出来。”说得真好啊！

这样我们就知道了，战争不论是对战胜国，还是战败国，它对所有的民众造成了一种普遍的伤害。文章中有一段作者对战争的看法，请找出来，好好品味。

> 因为农人们都不大有什么仇恨，这种仇恨仅仅是属于高等人士的。至于微末的人们，因为本来贫穷而又被新的负担压得透不过气来，所以他们付出的代价最高；因为素来人数最多，所以他们成群地被人屠杀而且真的做了炮灰；因为都是最弱小和最没有抵抗力的，所以他们终于最为悲惨地受到战争的残酷祸

殃；有了这类情形，他们所以都不大了解种种好战的狂热，不大了解那种激动人心的光荣以及那些号称具有政治性的策略；这些策略在半年之间，每每使得交战国的双方无论谁胜谁败，都同样变得精疲力竭。

生： 这一段可以看出作者对这种战争的厌恶。

生： 战争都是"高等人士"制造出来的，但最终伤害的却是底层民众，他们被屠杀，成了炮灰。那四个士兵就被烧成了灰。而蛮子大妈和她的儿子都断成了两截，是不是也隐含着他们都是分裂的，这都是战争的罪恶。

师： 那四个士兵和他们的母亲应该属于哪一类人？

生： 毫无例外，他们也是底层的人，他们也不大懂得什么仇恨，他们把蛮子大妈当作母亲一样看待。蛮子大妈可以向他们打听他们的对手——法国二十三兵团的战士。他们尽管很胖，但也受着重大的煎熬，他们始终保持着好脾气。

师： 到这里，文章的主题似乎已经很清楚了，那就是揭露战争对普通人人性的摧残和扭曲。但又是通过这么一个小人物来反思这么大的一场战争，这种以小见大的手法值得我们学习。

生： 老师，我还有一个问题。"一道口令喊过了，立刻一长串枪声跟着响了。响完之后，又来了一声迟放的单响。"这迟到的单响是怎么回事？我一直在想，我的解释有三点。第一，这样写，完全没有必要。第二，是不是某个士兵想起了自己的母亲，一开始没有射击，后来才射击了？第三，是不是那个德国军官看蛮子大妈佝偻着身体还没有倒下，所以，才补了一枪。如果是，那为什么这样写？

师： 好，我们先来看看你第一个问题，这样写，有没有必要。

生： 我觉得有必要，但具体怎么样解释没有必要。

师： 我觉得都有必要。第一个这样写，一下子就有了细节，至少使得文章真实起来了，有了现场感。后面的分析，我觉得也有必要，关键是看哪一种分析，能够在前后文找到依据，还有就是有助于表达文章的主题和中心。

生： 老师，我知道了。我觉得解释成军官射击好。能够表现他对蛮子大妈的仇恨。或者其他的士兵，打完之后，不解气，还补一枪也好。这正好和高等人士制造了战争的仇恨相吻合。

生： 我还有一个证据。蛮子大妈儿子死了，她要报仇，普鲁士士兵被烧死了，他们也要报仇，不仅杀死了蛮子大妈，后面还说，烧毁了很多的村庄。

师：很好，老师为你们感到骄傲。同学们，我们学习到这个地方，有没有发现，第一部分似乎游离于故事之外，所以有人说，把这一部分去掉，最后到蛮子大妈手里还拿着那张带血的报丧信结束，这样小说反而显得更加干净，更加震撼人心。你们的观点如何，请同学们分组讨论，等一会儿交流。

生：我们觉得完全可以删掉，因为那个结尾太经典了。到这里戛然而止，留给世界的就是这一封带血的报丧信，更能激起我们对战争的反思和思考。

师：你们的观点是删掉，以取得言已尽而意无穷的效果。有没有反对意见？

生：我们不赞成。当然我们也觉得手里拿着报丧的信结尾很精彩。但现在的这个结尾也不赖，而且意蕴更加深厚。那么多年过去了，小石子的煤烟痕迹还在，战火的痕迹还在，战争给人们心底的创伤还在。这就是作者深邃的地方。

师：两个人说法都有一定道理。我们继续听听其他小组的意见。

生：我们认为不要删掉好。这样小说构成了倒叙，使故事跌宕起伏。

师：你们从小说的结构安排上来选择的。这种倒叙手法有很多例证。比如斯皮尔伯格的《拯救大兵瑞恩》，就是先从瑞恩在烈士陵园开始回忆，那一场刻骨铭心的拯救之旅。比如《泰坦尼克号》中，也是衰老的露丝把一颗海洋之心投入大洋，涟漪渐渐散开，美好的爱情故事也就此展开了。这样的倒叙还有很多。前几年热播的谍战剧《暗算》也是这种构思，先是安在天衰老中的自叙，然后“听风”“捕风”“追风”的故事就在展开。

生：我也觉得不删好。

> 小的树林子撒在四处，小的溪河像人身的脉络一样四处奔流，给大地循环血液，在那里面捕得着虾子，白鲈鱼和鳗鱼！天堂般的乐趣！随处可以游泳，并且在小溪边的深草里面时常找得着鹧鸪。

这一段描写，极言村子美丽祥和，远离尘嚣，简直是世外桃源。但战争摧毁了这一切，以此衬托战争给人类带来的伤害，显得触目惊心。

师：你这是从艺术手法上来说的，通过前后的对比，战争不仅对善良的人性造成了伤害，也对美好的家园造成了毁灭。就是说，战争对一切美好的东西都造成了摧残。

生：我觉得加入了“我”和朋友之后，朋友就成了故事的旁观者，他亲眼目睹了故事的结局。故事显得更加真实。

师：不错，这使得故事真实。因为旁观视角的出现，避免了全知全能的上帝视角。于是作者很好地隐藏了蛮子大妈的内在心理，使小说充满了很多不可知，增添了很多意蕴。比如鲁迅的《孔乙己》《祥林嫂》等，其中都用“我”的视角在叙说。这是从叙说的视角来分析这一部分的作用。

生：我觉得更重要的还有“我”，“我”的介入，不仅增强了故事的真实性，还使得情感更加深沉，艺术效果更为突出。

师：你这是从表达效果来看的。还有没有其他的角度。

生：我觉得第一段对蛮子大妈的性格做了一个很好的渲染。她那么善良，请“我”喝葡萄酒，他们家栽了那么多的葡萄，养了那么多鸡，这是一个典型的自给自足的普通农家，他们本来过着安详的生活。是后来的战争毁坏了这一切。

师：有没有看过一部美好的电影，叫《云中漫步》，那里就是用葡萄园做背景，简直太美好了。中国的老子也有“鸡犬相闻”来描绘小国寡民最美好的一种生活场景。

生：我觉得这个美好的环境，还衬托出了人的美好的心灵。环境是美丽的、和谐的、清澈的、流淌的，心灵也是不设防的、美好的、和善的、真挚的，是战争毁坏了这一切。

师：你这样一说，我们似乎也可以在文章中找到一点依据。比如在那一段大火的描写中，一个是火势很大，一个是房子整个坍塌。是不是也可以看成是蛮子大妈复仇的怒火，还有就是心灵的坍塌？

我觉得今天的探究十分有意思。现在谁来帮我们总结一下文章的主旨？

生：文章以小见大，揭示了战争对底层民众的心灵的伤害和扭曲，对自然环境和美好家园的破坏，以及给人们的心灵所留下的永久的创伤。

生：还有在本来没有仇恨的民众中间，制造了仇恨。而且这种仇恨因为不断的报复，还很难消除。

师：同学们说了这么多。我想问你们，假如蛮子大妈是一个我国东北的大妈，那四个人是四个日本鬼子，蛮子大妈设计烧死了他们。你们还会这样评价蛮子大妈吗？如果不会，那是因为什么？

生：我肯定不会觉得蛮子大妈丧失了人性，或者说她是人性扭曲。包括她寄信回去惩罚那些鬼子的母亲，我都觉得很解气。因为他们都是侵略者，我们是在保卫自己的国家。我们是在为保卫自己的国家而战。

师：我明白你的意思了。也就是说，我们不能一味谴责战争，因为战争有正义和非正义之分。比如普法战争就是一场由法国发起的，普法两国争夺欧洲霸权的战争。这场战争对双方来说，无所谓正义非正义，是一场“狗咬狗”的战争。我们珍爱和平，所以我们回首战争，我们回首战争，我们试图找出战争中的一些残酷的当然也有美好的元素。首先战争是一种极端考验方式，其次战争必然对人性造成巨大的伤害，必然带来一些人性的伦理问题。但只要战争发生了，任何个体都不可能置身事外，都不可能脱离战争。正如弗洛姆在《爱的意识》中所说“你爱你自己，爱你的爱人，如果这种爱不能穿越更广阔的空间，这种爱就是畸形的。”

(二)学案

1. 你们的问题

①蛮子大妈转变太快了，让人接受不了。(19 人)

②蛮子大妈究竟是怎样的一个人？(8 人)

③蛮子大妈抄下地址，要给那些士兵的母亲写报丧信，意图何在？(4 人)

④为什么要花大量笔墨写第一大部分，删掉它并不影响故事完整。(15 人)

⑤作者写这篇文章最本质的意图何在？(5 人)

2. 我们的问题

(1)蛮子大妈为什么会发生那么大转变？她的转变说明了什么？(综合问题①、②、③、⑤)

(2)有人说，第一部分可以删去，文章到“手里握着报丧的信”就结束，可能更加震撼人心。有一个版本就是这样，那个版本的名字叫《索瓦热老婆婆》，你的观点如何？(问题④)

3. 问题延伸

(1)《第四十一个》中的神枪手金发美女玛柳特卡，与押送的白军俘虏先是不共戴天的仇人。后来当他们流落到一个孤岛上，竟然相爱了。但当白军船只到来的时候，玛柳特卡又开枪打死了她的“蓝眼睛情人”。试分析这个情节设置是否合理。

(2)试比较《蛮子大妈》和美国影片《英国病人》中作者对战争的认识。

因为农人们都不大有什么仇恨，这种仇恨仅仅是属于高等人士的。至于微末的人们，因为本来贫穷而又被新的负担压得透不过气来，所以他们付出的代价最高；因为素来人数最多，所以他们成群地被人屠杀而且真的做了炮灰；因为都是最弱小和最没有抵抗力的，所以他们终于最为悲惨地受到战争的残酷祸殃；有了这类情形，他们所以都不大了解种种好战的狂热，不大了解那种激动人心的光荣以及那些号称具有政治性的策略；这些策略在半年之间，每每使得交战国的双方无论谁胜谁败，都同样变得精疲力竭。

——《蛮子大妈》

我们都将死去，我们将与爱的人和不同种族的人一起充实而热烈的死去。我们咽下彼此的味道；交换彼此的身躯，浮游于爱河之上；恐惧时我们躲藏起来，正如这凄凉的洞穴。我要所有这些都镌刻在我的身体上。我们才是真实的国家，并非画在地图上的边界所示的，以掌权者命名的国家。我知道你定会回来抱着我，屹立风中。那就是我所要的——与你漫步在如此的土地上，与朋友们，在一个没有地图的地球上。

——《英国病人》

(3)附文。

第四十一个

一支红军残部从里海岸边向卡拉库姆沙漠撤退。从死亡的包围圈里冲出重围的有二十三名战士和政委叶秀可夫。他们中间，有一个女战士玛柳特卡，她是队里的神枪手，百发百中，每放一枪，都要数个数，她的死亡簿上已经有四十个白卫军官了。

这天，玛柳特卡放哨时发现了一支骆驼队，叶秀可夫立即带着战士们追了上去。哥萨克兵躲在骆驼后面向他们开火，红军战士还击着。玛柳特卡举枪瞄准着一个中尉。一声枪响。“第四十一个。”玛柳特卡数着数。

可中尉并没有被击中，他从骆驼后面举枪投降了。战士们从他身上搜出一份文件，得知他肩负着重要的秘密使命。政委叶秀可夫决定把他押到司令部去。一路上，交给玛柳特卡看管。玛柳特卡走到俘虏面前，中尉正用一双碧蓝的眼睛望着她。玛柳特卡恶狠狠地说："别以为我是个女人，你就可以逃跑，第一次打空了，下一次可便宜不了你!"

叶秀可夫和战士们带着缴获的骆驼队，继续沿着沙丘前进。不料，在一个风雪之夜，当地的吉尔吉斯人乘守卫的战士打瞌睡的时候，把骆驼全赶走了。队伍面临着严酷的困境，前面的征途是漫长的，需要穿过荒漠、战胜严寒，没有骆驼是不堪设想的。

队伍越来越艰难了，战士们衣衫褴褛，体力衰竭，有的战士倒下了，就再也爬不起来，他们的坟堆像路标似地竖在这荒无人迹的征途上。只剩下八个人在沙漠里行进了。有人提出把白匪军官干了，免得白消耗一份口粮，可政委不答应。说他能供出不少材料，一定要把他带到司令部去。

这一天，他们终于到达了阿拉尔海，并且在海岸上发现了一个吉尔吉斯村落。

吉尔吉斯人对这些在二月严冬，从古列夫徒步穿过沙漠、来到阿拉尔的人，表现出恐惧和钦佩。战士们受到了热情的款待。他们在温暖的帐幕里沉沉地睡了一觉，又狼吞虎咽地饱吃了一顿抓饭。

吃完饭，玛柳特卡马上把中尉用缰绳捆起来。战士们嬉笑着说："又给他上套了！像一条带锁链的狗!"玛柳特卡没理会这些玩笑，此刻她的内心沸腾，诗兴大发，一心想把他们忍饥受冻，穿过沙漠的事写出来。她向吉尔吉斯人要了一张画报，又从行军囊里取出半截铅笔，坐在火盆旁边，歪歪扭扭地写起诗来。中尉用那碧蓝的眼珠看着，惊讶地说："你在写诗?"玛柳特卡恼火地答道，"你以为只有你会跳几下法国舞，我就得是个乡下傻瓜吗?"

中尉表示并不是认为她傻，只是觉得现在不是时候。他要她读一段给他听听。

玛柳特卡对他说，你听不懂，你血管里是贵族老爷的血，我写的是穷人，是革命。

中尉说："或许内容对我格格不入，可是人了解人总是可能的呀。"

"好，就依你……"玛柳特卡开始给中尉读她写的诗。两人不知不觉地谈论起诗歌艺术来了。

政委急于把中尉解到司令部去。他决定派玛柳特卡和两名战士押着中尉，由海路出发，其余的由他率领沿海岸前进。

黄昏，出发的人们都上了船。政委对玛柳特卡说，好好盯住俘虏，放跑了，你自己最好也别活着。万一遇到白党，不能把活的交给他们。

小船沿着平坦的海岸飞驶。风平浪静，水波涟涟。玛柳特卡望着逝去的海水，觉得海水蓝得什么都比不上。突然，她的目光与中尉的蓝眼睛相遇，不禁全身打了个寒噤："我的妈呀！你的眼睛蓝得跟海水一样……"

血红的晚霞映照着西天。吹起一阵冰冷的海风。不一会儿，乌云蔽天，浪涛击岸，小船在海浪头上颠簸。遇到风暴了！一个巨浪打折了桅杆，把一个战士卷下海去。又一个巨浪打来，另一个战士也被冲下海，玛柳特卡两手紧紧抓住船舷。中尉吓得直划十字。海咆哮着，浪头抛掷着小船，把小船冲向岸边。玛柳特卡和中尉把船系在岸上一块石头上，把船上的东西搬到岸上。她一次又一次地对着茫茫大海呼喊着自己的战友，寂无回音，她伤心地哭了起来。中尉冻得直打哆嗦："嘿，他妈的，真像小说里一样，鲁滨孙带着他的礼拜五。"

这是一个四面临水的小岛。他们找到了一个鱼仓，里面堆着很多鱼。两人又累又冷，一起用火药点着了火，用木板和肥鱼当柴烧。围着火堆烘烤衣服。

第二天，玛柳特卡发现岸边的小船被冲走了。中尉也病倒了，蓝眼珠浑浊无神，脸颊烧得烫人，嘴里还喃喃地说着胡话。玛柳特卡悲痛地说："他要死了，叫我怎么向叶秀可夫交代呀……我的蓝眼珠的傻小子呀。"

玛柳特卡悉心照料了几天几夜，中尉终于醒来了。他望着玛柳特卡憔悴的脸上一双温柔的眼睛和欢乐的笑容，感激地伸出纤细的手指，轻轻抚摸着她的臂弯，说："谢谢你，亲爱的姑娘！"

玛柳特卡说："我又不是野兽，能眼看着一个人死吗?"她给他弄来吃的，又从背包里拿出那张写着诗的画报纸，给他卷烟。中尉感动地说："谢谢，玛柳特卡，我永远忘不了这件事。"

春天来了，蔚蓝的天空，海鸥在飞翔。玛柳特卡找到了一所渔民小房，房里有渔民拉下的大米和白面，还有一张木板床。他们搬进了渔民小房，高兴地围着火炉说笑。中尉称玛柳特卡"礼拜五"，并给她讲起了鲁滨逊和礼拜五的故事。玛柳特卡入神地听着。希望中尉每天给她讲一个故事。中尉告诉她，战前他是大学生，研究语言学的，家里有很多书……他感到身体虚弱，停下不说了，玛柳特卡怜惜地摸了一下中尉的头发，他惊异地抬起蓝眼睛，看着她。这目光，煽起了玛柳特卡的少女柔情，她情不自禁地吻他，中尉也吻她的嘴唇，他们紧紧拥抱了。

中尉本应是玛柳特卡死亡簿上的第四十一名，可是他却成为玛柳特卡处女欢乐簿上的第一名了。这天，玛柳特卡和中尉躺在沙滩上，中尉感慨地说，没想到人生最美满的日子是在这愁煞人的大海边度过的。他希望永远留在这里，远离战争、流血、仇恨。他还劝玛柳特卡跟他一起到高加索去，埋头读书。玛柳特卡激烈地反对他的观点，并且骂他是软体动物讨厌的小湿虫！两人争论起来，玛柳特卡扬起手，给了他一记耳光。

吵嘴过后，两人都赌气不说话，可是在这荒岛上能躲避到哪里去？中尉感到别扭，他向玛柳特卡道歉，希望把吵嘴的事全忘掉。他爱她，也恨她，她对自己的信仰无限忠诚，使他们之间产生了不可逾越的鸿沟。玛柳特卡也为他们的分歧而难过，她哭着说："我为什么要爱上你呀？把我害苦了！我的心都折腾出来了。"两人重归于好了。这天，两人又坐在沙滩上，盼望着出现渔船。玛柳特卡说，她再也忍耐不去了，再过三天，要是渔船还不来，她就朝自己的脑门开一枪。

正说着，中尉发现海面上出现了一只帆船。两人欣喜若狂，紧紧拥抱。他们挥舞着手臂，高声喊叫着。玛柳特卡让中尉回屋去拿枪，发信号。中尉连放三枪。玛柳特卡忽然发现情况不对，她看见舵柄跟前的人，肩上闪着金光。中尉发狂似的大叫起来："我们的人！我们的人！乌拉！……先生们，快来呀，在这儿……"他把枪丢在沙滩上，跑入水中。

玛柳特卡惊叫了一声，抓起步枪，声嘶力竭地喊："站住！你这下流的白党，回来！"

中尉沿着海岸在水中跑，跌倒又爬起。

"站住！"玛柳特卡举枪瞄准。中尉仍在跑。"砰"地一枪，中尉中弹，他转身面对玛柳特卡，喃喃地叫了声"马莎！"倒下了。

玛柳特卡丢下手中的枪，朝中尉跑去。中尉躺在水里，玛柳特卡一下子跪到水里，拥抱他，把他的头紧紧搂在怀里，哭了。喃喃地喊着："蓝眼睛……我的蓝眼睛……"

海在咆哮，在狂吼，波涛汹涌，在一场激烈的搏斗中，互相冲击着……

英国病人

第二次世界大战期间，一架英国飞机在飞越撒哈拉沙漠时被德军击落，飞机上的机师面部被全部烧伤，当地的人将他救活后送往了盟军战地医院。由于受伤，这个机师丧失了记忆，不能想起自己是谁，因此只被叫做“英国病人”。

有法国和加拿大血统的护士汉纳是战地医院的一名护士，战争使她失去了男友麦根，在伤员转移途中由于误入雷区，又失去了最好的朋友珍，于是善良的汉纳决定独自留下来照顾这个“英国病人”。

这是意大利托斯卡纳的一个废弃的修道院，远离战争的喧嚣，显得宁静而闲逸，“英国病人”静静地躺在房间的木床上，窗头的一本旧书渐渐唤起了他的思绪……

匈牙利籍的历史学者拉兹罗·德·艾马殊伯爵跟随探险家马铎深入撒哈拉沙漠进行考察，在那里，他结识了“皇家地理学会”推荐来帮助绘制地图的“飞机师”杰佛和他美丽的妻子凯瑟琳·嘉芙莲。嘉芙莲的风韵和才情深深地吸引了艾马殊，并对她产生了无法抗拒的爱慕之情。杰佛由于回开罗筹集资金，留下嘉芙莲和考察队一同进行考察，在这段时间里，他们共同发现了沙漠深处的绘有原始绘画的洞穴，同时，嘉芙莲对机警、智慧、幽默的艾马殊也产生了好感。

终于，嘉芙莲倒入了艾马殊的怀抱，不尽的温存使艾马殊深陷情网而不能自拔。然而，身为有夫之妇的嘉芙莲深知这是一场没有结局的爱情，尽管她深爱艾马殊，但她无法逾越道德的屏障。最终，她决定与艾马殊分手，这深深地伤害了艾马殊。

英国对德宣战，马铎也要回国了，留下艾马殊在沙漠继续他在原始人山洞的考察。已经察觉的杰佛一直保持着绝对的沉默，当他驾驶飞机来接艾马殊时，伤心的杰佛欲驾机撞向艾马殊……杰佛当场死去，同机的嘉芙莲也受了重伤，艾马殊抱起嘉芙莲将她送往山洞，嘉芙莲此时向艾马殊道出了自己一直都在深爱着他。

艾马殊要挽救嘉芙莲，必须步行走出沙漠求救。他将嘉芙莲安置在山洞里，对她许诺一定会回来救她。

然而，当走出沙漠的艾马殊焦急地向盟军驻地的士兵求救时，却因为他的态度和名字被当作德国人抓了起来，并送上了押往欧洲的战俘车。

时间在一点点地流逝，心挂嘉芙莲的艾马殊焦急万分。他终于找机会逃了出来，此时，对他来说，没有比救嘉芙莲更重要的事了，情急之中，他用马铎绘制的非洲地图换取了德国人的帮助，用德国人给的汽油驾驶着马铎离开时留下的英国飞机返回山洞。他没有违背诺言，可是，时间已过去太多，嘉芙莲已在寒冷中永远地离开了他……

在照顾“英国病人”的日子里，汉纳结识了印度籍的拆弹手基普，并产生了爱情，在战争的阴影下，他们的爱情显得谨慎而克制。就在此时，战争结束了，然而，死亡并没有结束，身为拆弹手的基普，注定还要无数次地面对死亡。汉纳理智地和奔赴雷场的基普分手了。

由于艾马殊将地图交给了德军，使德军长驱直入开罗城，直捣盟军总部。马铎得知后深感愧对祖国，饮弹自杀。为盟军效力的间谍“会友”被切去了手指，使他对艾马殊充满憎恨。他通过打听找到这座修道院，想复仇杀死艾马殊，可当他听了艾马殊的故事后，却又无从下手。

艾马殊决定了结自己的生命，汉纳深深地理解他，协助他离开了这个世界，追随他的爱人去了。

汉纳也要离开修道院了，她怀抱着艾马殊留下的那本旧书，回望绿荫影中的修道院，心中无比的平静……

蛮子大妈

一

我有十五年不到韦尔洛涅去了。今年秋末，为了到我的老友塞华尔的围场里打猎，我才重新去了一遭。那时候，他已经派人在韦尔洛涅重新盖好了他那座被普鲁士人破坏的古堡。

我非常心爱那个地方，世上真有许多美妙的角落，教人看见就得到一种悦目的快感，使我们不由得想亲身领略一下它的美。我们这些被大地诱惑了的人，对于某些泉水，某些树林子，某些湖沼，某些丘陵，都保存着种种多情的回忆，那固然是时常都看得见的，然而却都像许多有趣味的意外变故一样教我们动心。有时候，我们的思虑竟可以回到一座树林子里的角落上，或者一段河岸上，或者一所正在开花的果园里，虽然从前不过是在某一个高兴的日子里仅仅望见过一回。然而它们却像一个在春晴早起走到街上撞见的衣饰鲜明的女人影子一般留在我们心里，并且还在精神上和肉体上种下了一种无从消磨和不会遗忘的欲望，由于失之交臂而引起的幸福感。

在韦尔洛涅，我爱的是整个乡村：小的树林子撒在四处，小的溪河像人身的脉络一样四处奔流，给大地循环血液，在那里面捕得着虾子，白鲈鱼和鳗鱼！天堂般的乐趣！随处可以游泳，并且在小溪边的深草里面时常找得着鹧鸪。

当日，我轻快得像山羊似的向前跑，瞧着我两条猎狗在前面的草里搜索。塞华尔在我右手边的一百公尺光景，正穿过一片苜蓿田。我绕过了那一带给索德尔森林做界线的灌木丛，于是就望见了一座已成废墟的茅顶房子。

突然，我记起在一八六九年最后那次见过的情形了，那时候这茅顶房子是干干净净的，包在许多葡萄棚当中，门前有许多鸡。世上的东西，哪儿还有比一座只剩下断壁残垣的废墟，更令人伤心的？

我也记起了某一天我在很乏的时候，曾经有一位老妇人请我到那里面喝过一杯葡萄酒，并且塞华尔当时也对我谈过那些住在里面的人的经历。老妇人的丈夫是个以私自打猎为生的，早被保安警察打死。她的儿子，我从前也看见过，一个瘦高个子，也像是一个打猎的健将，这一家子，大家都叫他们做“蛮子”。

这究竟是一个姓，或者还是一个诨名？

想起这些事，我就远远地叫了塞华尔一声。他用白鹭般长步儿走过来了。

我问他：“那所房子里的人现在都怎么样了?”于是他就向我说了这件故事。

二

普法之间已经正式宣战的时候，小蛮子的年纪正是三十三岁。他从军去了，留下他母亲单独住在家里。他们并不很替她担忧，因为她有钱，大家都晓得。

她单独一人留在这所房子里了，那是坐落在树林子边上并且和村子相隔很远的一所房子。她并不害怕，此外，她的气性和那父子两个是一般无二的，一个严气正性的老太太，又高又瘦，不常露笑容，人们也绝不敢和她闹着耍。并且农家妇人们素来是不大笑的。在乡下，笑是男人们的事情！因为生活是晦暗没有光彩的，所以她们的心境都窄，都打不开。男人们在小酒店里，学得了一点儿热闹的快活劲儿，他们家里的伙伴却始终板起一副严肃的面孔。她们脸上的筋肉还没有学惯那种笑的动作。

这位蛮子大妈在她的茅顶房子里继续过着通常生活。不久，茅顶上已经盖上雪了。每周，她到村子里走一次，买点面包和牛肉以后就仍旧回家。当时大家说是外面有狼，她出来的时候总背着枪，她儿子的枪，锈了的，并且枪托也是被手磨坏了的。这个高个儿的蛮子大妈看起来是古怪的，她微微地偻着背，在雪里慢慢地跨着大步走，头上戴着一顶黑帽子，紧紧包住一头从未被人见过的白头发，枪杆子却伸得比帽子高。

某一天，普鲁士的队伍到了。有人把他们分派给居民去供养，人数的多寡是根据各家的贫富做标准的。大家都晓得这个老太婆有钱，她家里派了四个。

那是四个胖胖的少年人，毛发是金黄的，胡子是金黄的，眼珠是蓝的，尽管他们已经熬受了许多辛苦，却依旧长得胖胖的，并且虽然他们到了这个被征服的国里，脾气却也都不刁。这样没人统率地住在老太太家里，他们都充分地表示对她关心，极力设法替她省钱，教她省力。早上，有人看见他们四个人穿着衬衣绕着那口井梳洗，那就是说，在冰雪未消的日子里用井水来洗他们那种北欧汉子的白里透红的肌肉，而蛮子大妈这时候却往来不息，预备去煮菜羹。后来，有人看见他们替她打扫厨房，揩玻璃，劈木柴，削马铃薯，洗衣裳，料理家务的日常工作，俨然是四个好儿子守着他们的妈。但是她却不住地记挂她自己的那一个，这个老太太，记挂她自己的那一个瘦而且长的、弯钩鼻子的，棕色眼睛，嘴上盖着黑黑地两撇浓厚髭须的儿子。每天，她必定向每个住在她家里的兵问：

“你们可晓得法国第二十三边防镇守团开到哪儿去了？我的儿子在那一团里。”

他们用德国口音说着不规则的法国话回答：“不晓得，一点不晓得。”后来，明白她的忧愁和牵挂了，他们也有妈在家里，他们就对她报答了许多小的照顾。她也很疼爱她这四个敌人；因为农人们都不大有什么仇恨，这种仇恨仅仅是属于高等人士的。至于微末的人们，因为本来贫穷而又被新的负担压得透不过气来，所以他们付出的代价最高；因为素来人数最多，所以他们成群地被人屠杀而且真的做了炮灰；因为都是最弱小和最没有抵抗力的，所以他们终于最为悲惨地受到战争的残酷祸殃；有了这类情形，他们所以都不大了解种种好战的狂热，不大了解那种激动人心的光荣以及那些号称具有政治性的策略；这些策略在半年之间，每每使得交战国的双方无论谁胜谁败，都同样变得精疲力竭。

当日地方上的人谈到蛮子大妈家里那四个德国兵，总说道：“那是四个找着了安身之所的。”

谁知有一天早上，那老太太恰巧独自一个人待在家里的时候，远远地望见了平原里，有一个人正向着她家里走过来。不久，她认出那个人了，那就是担任分送信件的乡村邮差。他拿出一张折好了的纸头交给她，于是她从自己的眼镜盒子里，取出了那副为了缝纫而用的老光眼睛；随后她就读下去：

蛮子太太，这件信是带一个坏的消息给您的。您的儿子威克多，昨天被一颗炮弹打死了。差不多是分成了两段。我那时候正在跟前，因为我们在连队里是紧挨在一起的，他从前对我谈到您，意思就是他倘若遇了什么不幸，我就好当天告诉您。

我从他衣袋里头取出了他那只表，预备将来打完了仗的时候带给您。

现在我亲切地向您致敬。

第二十三边防镇守团二等兵黎伏启

这封信是三星期以前写的。

她看了并没有哭。她呆呆地待着没有动弹，很受了打击，连感觉力都弄迟钝了，以至于并不伤心。她暗自想道："威克多现在被人打死了。"随后她的眼泪渐渐涌到眼眶里了，悲伤侵入她的心里了。各种心事，难堪的，使人痛苦的，一件一件回到她的头脑里了。她以后抱不着他了，她的孩子，她那长个儿孩子，是永远抱不着的了！保安警察打死了老子，普鲁士人又打死了儿子……他被炮弹打成了两段，现在她仿佛看见那一情景，教人战栗的情景：脑袋是垂下的，眼睛是张开的，咬着自己两大撇髭须的嘴巴，像他从前生气的时候一样。

他的尸首是怎样被人拾掇的，在出了事以后？从前，她丈夫的尸首连着额头当中那粒枪子被人送回来，那么她儿子的，会不会也有人这样办？

但是这时候，她听见一阵嘈杂的说话声音了。正是那几个普鲁士人从村子里走回来，她很快地把信藏在衣袋里，并且趁时间还来得及又仔仔细细擦干了眼睛，用平日一般的神气安安稳稳接待了他们。

他们四个人全是笑呵呵的，高兴的，因为他们带了一只肥的兔子回来，这无疑是偷来的，后来他们对着这个老太太做了个手势，表示大家就可以吃点儿好东西。

她立刻动手预备午饭了；但是到了要宰兔子的时候，她却失掉了勇气。然而宰兔子在她生平这并不是第一次！那四个兵的中间，有一个在兔子耳朵后头一拳打死了它。

那东西一死，她从它的皮里面剥出了鲜红的肉体；但是她望见了糊在自己手上的血，那种渐渐冷却又渐渐凝住的温暖的血，自己竟从头到脚都发抖了；后来她始终看见她那个打成两段的长个儿孩子，他也是浑身鲜红的，正同那个依然微微抽搐的兔子一样。

她和那四个兵同桌吃饭了，但是她却吃不下，甚至于一口也吃不下，他们狼吞虎咽般吃着兔子并没有注意她。她一声不响地从旁边瞧着他们，一面打好了一个主意，然而她满脸那样的稳定神情，教他们什么也察觉不到。

忽然，她问："我连你们的姓名都不晓得，然而我们在一块儿又已经一个月了。"他们费了好大事才懂得她的意思，于是各人说了各人的姓名。这办法是不能教她满足的；她叫他们在一张纸上写出来，还添上他们家庭的通信处，末了，她在自己的大鼻梁上面架起了眼镜，仔细瞧着那篇不认得的字儿，然后把纸折好搁在自己的衣袋里，盖着那封给她儿子报丧的信。

饭吃完了，她向那些兵说："我来给你们做事。"于是她搬了许多干草搁在他们睡的那层阁楼上。

他们望见这种工作不免诧异起来，她对他们说明这样可以不会那么冷；于是他们就帮着她搬了。他们把那些成束的干草堆到房子的茅顶那样高，结果他们做成了一间四面都围着草墙的寝室，又暖又香，他们可以很舒服地在那里睡。吃夜饭的时候，他们中间的一个瞧见蛮子大妈还是一点东西也不吃，因此竟担忧了。她托词说自己的胃里有些痛。随后她燃起一炉好火给自己烘着，那四个德国人都踏上那条每晚给他们使用的梯子，爬到他们的寝室里了。

那块做楼门用的四方木板一下盖好了以后，她就抽去了上楼的梯子，随后她悄悄地打开了那张通到外面的房门，接着又搬进了好些束麦秸塞在厨房里，她赤着脚在雪里一往一来地走，从容得教旁人什么也听不见，她不时细听着那四个睡熟了的士兵的鼾声，响亮而长短不齐。

等到她判断自己的种种准备已经充分以后，就取了一束麦秸扔在壁炉里。它燃了以后，她再把它分开放在另外无数束的麦秸上边，随后她重新走到门外向门里瞧着。

不过几秒，一阵强烈的火光照明了那所茅顶房子的内部，随后那简直是一大堆骇人的炭火，一座烧得绯红的巨大焖炉，焖炉里的光从那个窄小的窗口里窜出来，对着地上的积雪投出了一阵耀眼的光亮。

随后，一阵狂叫的声音从屋顶上传出来，简直是一阵由杂乱的人声集成的喧嚷，一阵由于告急发狂令人伤心刺耳的呼号构成的喧嚷。随后，那块做楼门的四方木板往下面一坍，一阵旋风样的火焰冲上了阁楼，烧穿了茅顶，如同一个巨大火把的火焰一般升到了天空；最后，那所茅顶房子整个儿着了火。

房子里面，除了火力的爆炸，墙壁的崩裂和栋梁的坠落以外，什么声音也没有了。屋顶陡然下陷了，于是这所房子烧得通红的空架子，就在一阵黑烟里面向空中射出一大簇火星。

雪白的原野被火光照得像是一幅染上了红色的银布似地闪闪发光。

一阵钟声在远处开始响着。

蛮子大妈在她那所毁了的房子跟前站着不动，手里握着她的枪，她儿子的那一杆，用意就是害怕那四个兵中间有人逃出来。

等到她看见了事情已经结束，她就向火里扔了她的枪。枪声响了一下。

许多人都到了，有些是农人，有些是德国军人。

他们看见了这个妇人坐在一段锯平了的树桩儿上，安静的，并且是满意的。

一个德国军官，满口法国话说得像法国人一样好，他问她："您家里那些兵到哪儿去了？"

她伸起那条瘦的胳膊向着那堆正在熄灭的红灰，末了用一种洪亮的声音回答："在那里面！"

大家团团地围住了她。那个普鲁士人问："这场火是怎样燃起来的？"

她回答："是我放的。"

大家都不相信她，以为这场大祸陡然教她变成了痴子。后来，大家正都围住了她并且听她说话，她就把这件事情从头说到尾，从收到那封信一直到听见那些同着茅顶房子一齐被烧的人的最后叫唤。凡是她料到的以及她做过的事，她简直没有漏掉一点。

等到说完，她就从衣袋里面取了两张纸，并且为了要对着那点儿余火的微光来分辨这两张纸，她又戴起了她的眼镜，随后她拿起一张，口里说道："这张是给威克多报丧的。"又拿起另外一张，偏着脑袋向那堆残火一指："这一张，是他们的姓名，可以照着去写信通知他们家里。"她从从容容把这张白纸交给那军官，他这时候正抓住她的双肩，而她却接着说："您将来要写起这件事的来由，要告诉他们的父母说这是我干的。我在娘家的名姓是威克多娃·西蒙，到了夫家旁人叫我做蛮子大妈。请您不要忘了。”

这军官用德国话发了口令。有人抓住了她，把她推到了那堵还是火热的墙边。随后，十二个兵迅速地在她对面排好了队，相距约莫二十米。她绝不移动。她早已明白；她专心等候。

一道口令喊过了，立刻一长串枪声跟着响了。响完之后，又来了一声迟放的单响。

这个老婆子并没有倒在地下。她是弯着身躯的，如同有人斩了她的双腿。

那德国军官走到她的跟前了。她几乎被人斩成了两段，并且在她那只痉挛不住的手里，依然握着那一页满是血迹的报丧的信。

（我们的朋友塞华尔接着又说：“德国人为了报复就毁了本地方的古堡，那就是属于我的。”

我呢，我想着那四个烧在火里的和气孩子的母亲们；后来又想着这另一个靠着墙被人枪毙的母亲的残忍的壮烈行动。

末了，我拾着了一片小石头，从前那场大火在它上面留下来的烟煤痕迹依然没有褪。）

三、至情言语皆无声

——《项脊轩志》课堂实录

阅读是一种享受，也是一种对抗，你在这篇文章中，享受了什么？对抗了什么？

师：归有光的散文号称明代第一，《项脊轩志》又是归有光最厉害的文章。今天我们走进这篇文章，一同感受唐宋派大家缠绵悱恻的心灵世界。

同学们课前都预习了。你们认为这篇文章怎么样，喜不喜欢？

生（大多数同学）：很好，非常喜欢。

师：都怎么好法，大家谈一谈。线索、内容、语言、感情、人物，都可以谈，谈出原初的感受，越随意越好。

生1：我来说说线索。文章的标题是《项脊轩志》，项脊轩就是贯穿全文的线索。文章首先记录了项脊轩的模样和修复，再写围绕项脊轩里的人和事，以及对这些人和事深厚的情感。

师：说得太精彩了。逻辑很清楚，所有的一切都在项脊轩中发生，项脊轩是作者身体、感情、精神生命成长的地方。我想给你换一个词，“记录了项脊轩的模样和打扮”，都用拟人，你看好不好？

生 1：我，我还是用修复吧，表意更加明确。

师：哈哈，那也好。能坚持自己的观点，我很高兴。

生 2：我想谈谈内容，内容和线索相关，无非就是一间书房，三个女人。

师：哪三个女人？说得明白一点。

生 2：先妣、先大母和妻子。

师：文章中不是还有“老妪”吗？而且笔墨还不少，为什么你没把她包含在内？

生 2：写老妪就是为了写先妣，这样写更加真切。老妪是母亲的见证，也是母亲的陪衬。

师：就是说引入老妪，是采用母婢“转述”的角度，慈母的形象包裹在母婢的视野和言语之中。说得真好。

生 3：文章中有两种感情，一喜一悲。二段开头的“然予居于此，多可喜，亦多

执教《项脊轩志》

可悲。”承上启下，贯穿全篇。并且我认为这个也是线索。

师：也是线索。就是说你认为项脊轩也是线索，对吧？

生 3：是的，项脊轩是托物言志的物，可以看成“物线”，在围绕着项脊轩的人和事中，作者感情的波动、发展，也是线索。这两者并不矛盾。

师：不但不矛盾，而且水乳交融。围绕着项脊轩的兴废，三世变迁，感情跌宕。根据同学们所说的，我们可以用“一、二、三”来概括这篇文章的内容。写了“一间书房，两种感情，三个女人”。

1. 一间书房

下面我们就从“一间书房”开始。说说这是一间怎样的书房。

生 4：很狭小。

师：你怎么知道很狭小？

生 4：“室仅方丈，可容一人居。”“仅”是说它小；“方丈”只有一丈见方，还是小；可容一人居，更是形象地写出了项脊轩的小。

师：还有哪些特点？

生 5：还有破旧。“百年”“老屋”，可见其旧，因为旧，所以“尘泥渗漉，雨泽下注”。特别是“顾视无可置者”，不仅是写房子破旧，也照应了上文的“狭小”一语双关。

师：阅读就要这样前后勾连，很好。还有什么特点？

生 6：比较阴暗。因为“日过午已昏。”

师：啊！这么一个鬼地方。作者一定讨厌死了。

生 7：不，相反作者很喜欢这里。文章的第二段说“多可喜，亦多可悲。”

师：不对，为什么这么样艰苦的地方，还感觉“多可喜”？同学们交流一下。

生 8：我们认为，这是与下文对照，就是这样一个地方，稍加修葺，就显得那样美丽、幽静，让人沉醉不知归路。

生 9：我们小组认为，除了与下文修葺的对照，环境恶劣，作者还是可喜，更能够看出对项脊轩的喜爱。

师：有意思，喜爱美丽的地方，是人之常情，人人都能做到。项脊轩如此破旧，作者仍然对它情有独钟，更能反衬它的可爱，还有作者的喜爱。还有吗？

生 10：我们还觉得和中国古代读书人的追求有关。孔乙己都说“君子固穷”，君子以安于贫困为荣，以清贫自守，勤奋读书为乐。

师：回答得非常好，完全可以把这几点结合在一起来理解。本文本来就是一篇含蓄蕴藉的文章。无论作者对项脊轩有怎样的感情，项脊轩还是太破旧了，所以，还需要修葺。修葺之后的项脊轩怎么样？

生 11：修葺主要有两点，一个是“使不上漏”，一个是“洞然”。对应上文，一个是解决了破旧漏雨的问题。一个是解决了采光阴暗问题。

师：这个只是温饱，作者还有哪些小康措施？

生 12：“杂植兰桂竹木于庭，借书满架。”

师：看看都种植了哪些树？

生 13：兰、桂、竹……都是一些美好的高洁的植物。

师：兰桂从屈原开始，就譬喻美德。竹是岁寒三友之一。古人认为竹子“未出土时先有节，及凌云处尚虚心。”竹子象征着气节。从这些《诗经》和《楚辞》中“走出来”的植物，可见作者的志趣高远和对“内美”的追求。还有哪些“可喜”？

生 14：刚才是修葺之可喜。修葺之后焕然一新，可喜一也；白天读书，每有所获，偃仰啸歌，可喜二也；夜晚，享受幽静的美景，桂影婆娑、暗香浮动，可喜三也。

师：王国维说，一切景语皆情语。你概括得非常好。我们好好读读这一段，欣赏它的妙处。

> “借书满架，偃仰啸歌，冥然兀坐，万籁有声；而庭阶寂寂，小鸟时来啄食，人至不去。三五之夜，明月半墙，桂影斑驳，风移影动，珊珊可爱。”

生 15：“啸歌偃仰，冥然兀坐”，一动一静，是少年于读书中自寻乐趣。像陶渊明一样，每有会意，便欣然忘言。要不就躺一会儿，要不就唱一会儿。

师：啊，你描述得真生动。没有人欣赏，就自我欣赏。

生 16：我喜欢“小鸟时来啄食，人至不去”。小鸟为什么不怕人，因为寒门客少，小鸟已经习惯了这里来往的每一个人，人与鸟和谐共处，幽静恬美。

师：小鸟和人建立起某种关系，这是一种和谐，也是一种回应。各种生命都以自己的方式寻求与自然形成美妙的和声。

生 17：我喜欢“三五之夜，明月半墙，桂影斑驳，风移影动，珊珊可爱。”静静的满月，银辉泼洒在白色的墙上，暗香在暗夜里弥散开。一系列逻辑的动态描写，和前面静态描写对照，意境特别优美。作者的悠然自得的心情，跃然纸上。

师：你说前面是静态描写，可是作者明明说“万籁有声”啊，这是怎么回事。我能否把它换成“万籁俱寂”？

生 17：“万籁有声”指自然界发出的一切声响都能听到。在什么情况下能够听见，当然是外面非常幽静，包括内心里都很静的情况下，才能听到自然界的一切声响。这是“以声衬静”。换成“万籁俱寂”不好，不仅非常呆板，也与后面的“风移影动”等声响矛盾。

师：据说，有个诗人把“鸟鸣山更幽”，改成“一鸟不鸣山更幽”，结果受到了嘲笑。我们可不上这个当啊。

我们来总结一下。这部分写修葺房间，整饬环境，从屋内写道屋外，写了白天，写了夜晚，景与情、人与声、动与静、光与影互相映衬，写出了在项脊轩中读书的怡然自得。

2. 两种情感

师：刚才我们详细的解读了项脊轩中的“多可喜”。下面我们转入“多可悲”。你们认为有哪些可悲之处？

生 18：“诸父异爨”，大家庭分崩离析之悲。

师：男大当婚，女大当嫁。结婚了，自然要分开过，这有什么奇怪的，为什么如此悲伤？

生 18：老舍有一部小说，叫《四世同堂》，多代同堂，其乐融融。这是中国人的价值取向。

师：中国民族文化及民族心理的精髓是“和”与“合”。家族的败落，往往内起于人而外显于事。“往往而是”的墙，不仅是墙的阻隔，也是心的阻隔。

生 19：联系前面来看，确实很有意思。前面是用“寂寂”烘托环境之清静，用“姗姗”状桂影之可爱，这里则是用“往往”来渲染门墙之杂乱，还有作者内心之厌弃。

师：也就是说，第一个悲是家庭衰败的悲。还有哪些悲，全部找出来。

生 20：第二个悲是怀念先批对子女无微不至的关心，现在关心还在，但人已经远去。

生 21：第三个是祖母对自己的关心、赞许和期望。当然就有自己辜负祖母期望，功名未就的沉痛之情。

生 22：第四个是追念亡妻，抒发对她的真挚情感。

师：有没有发现后面的三个悲，和前面不一样。

生 23：后面的悲，都来源于深厚的情，来源于爱。而前面恰好是无情、无爱。

师：这种对比很有意思。一种是因为别人的无情而悲，一种是因为深厚的感情，而最终又失去，愈显可悲。我们从先母开始，先妣是怎样的一个人？何以见得？

生 24：先妣是一个慈母，老妪的转述"汝姊在吾怀，呱呱而泣；娘以指叩门扉，曰：'儿寒乎？欲食乎？"一个动作，一句话，让人心酸。娘以指叩门扉，当是轻轻地扣，怕吓着了孩子。更让人感动的是"儿寒乎？欲食乎？"生动描写了母亲对孩子的慈爱之情。读之如见其人，如闻其声。

生 25：先妣还是一个宽厚的主人。先妣对老妪优待，还有老妪对先妣敬重，连她在什么地方站过，说过什么样的话，都记得一清二楚。

生 26：老妪虽然是转述先妣对姐姐的爱，但足以想见对自己的爱。所以，我才忍不住潸然泪下。

师：推想合情合理。我这里有一则材料。看看母亲是怎么疼爱归有光的。

> 有光七岁，与从兄有嘉入学，每阴风细雨，从兄辄留。有光意恋恋，不得留也。孺人中夜觉寝，促有光暗诵《孝经》，即熟读无一字，乃喜。
>
> ——《先妣事略》

从中可知，母亲对归有光的学业何等重视，望子成龙的心情何等迫切。然而，归有光 8 岁那年，母亲就离他而去。归有光对母亲的感情特别深。《先妣事略》可见一斑。

生 27：老师，我觉得很奇怪，归有光的母亲既然那么爱自己的孩子，为什么不和孩子在一起睡，而要交给乳母。难道是重男轻女？

师：这个问题提得非常好。

据《先妣事略》记载："先妣周孺人，弘治元年二月十一日生。年十六来归。逾年，生女淑静；淑静者，大姊也。期而生有光。又期而生女子：殇一人，期而不育者一人。又逾年，生有尚，妊十二月。逾年，生淑顺。一岁，又生有功。”

也就是说，这个出身富裕家庭的女子，短暂的一生，都在无休止的生育和辛勤抚育中忙碌，几乎从来没有停下的时候。总是处于“怀孕—生育—哺乳—再怀孕”的过程中。从她十六岁出嫁，到二十六岁身亡，十年间生下七个孩子。孩子太多了，可怜的妈妈照顾不过来，但她对没在身边的孩子仍牵肠挂肚，怕她冻坏了，饿着了，半夜三更还起来问寒问暖。你们觉得这样的母亲怎么样？

生 28：真是可怜的母亲，也是伟大的母亲。

师：我本来不想说的，但想想，还是要说。古时候不会节育，归有光的母亲就吃生田螺避孕，结果中毒身亡。这是中国古代女子共同的悲剧，为什么苏轼的妻子，李商隐的妻子，包括下面归有光的妻子，都死得那么早。胡乱采用节育方法，这是一个重要原因。项脊轩，还写了一个女性的悲歌。先大母是怎样的一个人？找出最感动你的地方，说说感动的原因？

生 29：有语言描写，“吾儿，久不见若影，何竟日默默在此，大类女郎也？”这里有老祖母对孙儿默默读书的夸奖，还有对孙儿“大类女郎也”的疼爱。

生 30：老祖母走的时候是“比去，以手阖门”，这里的“阖门”用得非常经典，是“轻轻带上”的意思。小心翼翼的，怕影响孙儿读书。

师：解读得好，祖母的“阖门”和母亲的“叩门”，异曲同工，都是对子女的一片真情。因而动作都是纤弱的，敏感的，轻细的，这是内在感情的外化。

生 31：我最喜欢的是大母的自言自语。“吾家读书久不效，儿之成，则可待乎！”首先是符合老年人的特点，我奶奶就喜欢自言自语；其次，还透露出对子女功业可成的殷殷期待。

生 32：所有的自言自语的话，都是说给自己听的，都是肺腑之言，大母这句话确实让人感动。

师：还有一个动作，谁来说说？

生 33：“顷之，持一象笏至，曰：‘此吾祖太常公宣德间执此以朝，他日汝当用之！’”。大母找来祖父的遗物，这是用祖父的辉煌来激励孙子，更加直观的表示对孙子的鼓励。

生 34：我注意到一个细节。“顷之”是“一会儿”的意思。大母应该是小脚，但跑得如此之快。可见“望孙成龙”心情的急切。

师：精彩，建议给予掌声。祖母身上所凝聚的符号，是多层次的，既有家族振兴的期待，也有祖母对孙子的怜爱疼惜，更有家族尊长对子孙的肯定和赞许。这些人说了这么多，那么，归有光说了什么没有？

生 35：什么也没有说。

师：孩子们，有时候说话的人，并不在说话，有时候没有说话的人，却在无声地说话。

生 35：明白了，归有光是要用行动来说话，也坚信一定能实现大母的愿望。

师：这是不言而言。祖母的关怀使归有光感到天降大任于斯人，从他"久之能以足音辩人"的行为中，分明潜藏着内心对祖母来看望他的期待。祖父也在佑护这个孩子。在这里，项脊轩就是归有光，归有光就是项脊轩，都能在清贫中显示气象，欣欣向荣。"轩凡四遭火，得不焚"，四次大火都不能烧毁，这是一种信心。这两者都有神灵护体。如果此前归有光的读书还是兴趣读书，现在则是意志读书，为光耀门楣、重振家族而读书。正因为这样才有下面的一段话。

> 蜀清守丹穴，利甲天下，其后秦皇帝筑女怀清台。刘玄德与曹操争天下，诸葛孔明起陇中。方二人之昧昧于一隅也，世何足以知之？余区区处败屋中，方扬眉、瞬目，谓有奇景，人知之者，其谓与坎井之蛙何异？

这一段是作者模仿司马迁的议论，既有自嘲，又表明自己不甘于永远处在"败屋之中"的志愿。一年后归有光以童子试第一名补苏州府学生员与其此时的心态不无关系。

生 36：老师补充的这段确实很有意思。我读出两点，一是谁说女子不如男；二是天生我材必有用。放到文章中来，一个是对伟大女性的歌颂，一个是对自己建功立业的期许。

师：很经典，看来编者删除这一部分，归有光地下有知，会不高兴的。我觉得编者可能是感觉这一段损害了文章感情的充沛表达，结果，好像适得其反了。

生 37：我也有发现，是有关项脊轩。材料中有两种说法，一是说归有光远祖归道隆，曾在江苏太仓县的项脊泾住过，取名项脊轩，有纪念意义，含有怀远追宗之意。二是"项脊"有脊梁的寓意，作者也自号"项脊生"，可理解为归有光要博取功名，光宗耀祖，成为归家顶天立地脊梁骨的人生理想。一个是对亲人的追念，一个是建功立业迫切的愿望，正好是文章的两大主旨。

师：很好，经过这样的梳理，整个文章的深层脉络，情感流动，就一目了然了。看看大母死后，作者的反应。

生38：大母不在了。“瞻顾遗迹，令人长号不自禁。”说到母亲，归有光潸然泪下，还是无声的哭泣，到这里情感喷薄而出，放声大哭。难道是归有光对大母的感情超过了母亲？

师：这个提问有点意思，同学们认真思考。

生39：不排除这种可能，因为母亲去世时，归有光太小了，就像李密，他应该也是祖母抚养大的。可能确实感情不一样。

生40：我认为写母亲那一段，在老妪泣的时候，作者也随着哭泣而已。他可能不好意思在老妪的面前哭泣。

生41：我不赞成，老妪是归家两代人的乳母，归有光要长号，也不会避着她的。

师：我补充一下。归有光自幼饱读诗书，天资聪颖，九岁能文，但屡试不第，直到三十五岁才中举人，其后二十余年，八次会试不第，会试是三年一次的。直到六十多岁才中进士，当了湖州长兴县县令。由于为官正直，不与上级官吏及地方豪绅同流合污，三年后被明升暗降为顺德府通判。后来在大学士高拱的保荐下做了南京太仆寺丞，但只做了一年就病死任上。归有光写《项脊轩志》时只有十八岁，现在看看，归有光为何长号不自禁？

生42：有负祖母，功名未成，愧对先人。

师：这样来看，就非常有意思了。我们回到前文。归有光第一个感到可悲是，父辈叔伯分家另立，篱笆分隔，离心离德，导致归家家道败落。我这话是有根据的。归氏先人曾为大官，并在昆山形成了一个大家族，可是，到了归有光这一代，家道已衰。归有光对兄弟“日趋于离”非常痛心。在其《家谱记》中曾感慨“率百人而聚，无一人知学者，率十人而学，无一人知礼义者。”在归有光心中，不读书，不知礼义是归氏家族衰落的重要原因。作为归家长子，读书兴家，自然就是他最大的愿望。母亲那么指导自己读书，祖母给予自己那么大的精神鼓励，归有光无论如何也要承担起家族振兴，门楣兴旺的责任。但是动机越强，失败越惨。这是归有光大哭的深层原因，纠缠着深厚的亲情和浓重的幻灭感。

到这里，文章已经结束了。后面是补记。是十三年之后所写。但却丝毫没有给人累赘之感，反而成就了这篇千古奇文。先看最后一段写了哪些内容。

生 43：主要写了三件事。“问古事，凭几学书，述诸小妹语。”

师：你觉得归有光的夫妻感情如何？从哪些地方可以看出来。

生 44：妻子并不懂什么，但喜欢缠着丈夫，询问一些古事，充满对丈夫的信任和爱意。

生 45：最温馨的是手把手地教妻子写字。

师：嗯，最要命的还是在矮凳子上学写字。这个场景太有“杀伤力”了。

生 46：“吾妻归宁，述诸小妹语曰：‘闻姊家有阁子，且何谓阁子也？’”也能表现生活的美满幸福。

师：说来听听。

生 47：诸小妹是怎么知道姐姐家有阁子的？这自然是妻子经常提起的缘故，妻子不可能只提阁子，她肯定会提到阁子里的人，阁子里“凭几学书”快乐的事。妻子提到阁子时一定是自豪的。因为她家有阁子，阁子里有她深爱的人，阁子是她幸福生活的见证。

师：妻子尽管没有读过什么书，但是对知识充满好奇和崇拜。她回家对姐妹们谈起自己的婚姻，不说饮食起居，不说恩爱缠绵，只说那一间看似与女人毫无瓜葛的书房。所有的自豪和爱恋都融入其间。这桩婚事，还是归有光母亲生前亲自定下，如此的美满，如此的让人想念和感激母亲。但这女孩子和归有光母亲一样温柔美好，也一样生命短暂。这就是我前面讲过的这是中国封建时代整个女性的悲歌。看看作者是怎么写的。

生 48：结婚六年，妻子又走了。生命中不能失去，一次次失去。妻子的死，再一次给归有光带来最沉重的打击。

师：为什么是最沉重的打击，母亲走了，归有光是“泣”，瞻顾祖母的遗迹，归有光是“长号”。妻子死了，归有光没有一个字写到“哭”啊。你从哪里知道这是最沉重的打击？

生 48：“吾妻死，室坏不修。”项脊轩什么样的大火也烧不毁，但现在坏了。以前是修，现在是不修。因为他已经在精神上瘫痪了。无心料理房子。

师：精神上瘫痪，说得真好。不仅是肉体上的，肉体上的好治。

生 49："其后二年，余久卧病无聊。"久卧病，应该是伤心抑郁成病。而且是久卧不起，可见严重。

师：心理学上说，人因为精神支柱的倒塌，会引起免疫机能的弱化，细菌乘虚而入。

生 50："乃使人复葺南阁子，其制稍异于前。""异于前"，以免睹物思人，稍异于前，又想要保留一些旧貌，因为那里的花前，那里的月下，有着太多太美好的回忆。

师："稍异于前"分析很经典，这是典型的两难选择，把矛盾的感情揭示得淋漓尽致。

生 51："然自后余多在外，不常居。"修葺，就是要住，稍异于前还是不敢面对，岂止不敢面对，甚至还要逃离。于是，多在外，不常居。

师：最后，我们所有的目光都聚焦在这一棵枇杷树上。

"庭有枇杷树，吾妻死之年所手植也，今已亭亭如盖矣。"究竟有多少生命的感喟和人生的叹惋？要大胆想象。

生 52：我想到了枇杷树本来是没有感情的静物，但它是妻子死之年所手植也。就能移情于物。而且妻子死之年为什么要亲手种植这棵枇杷树，是不是预感到大限来临，给丈夫种下的一点安慰？

生 53："今已"这个时间词，表明时光流转飞逝，树盛，人亡！物是，人非！

生 54："亭亭如盖"的绿树，还让人想起亭亭玉立的娇妻。

生 55：在诗歌中，这种手法叫以景结情，关键是这里的景是情人亲手所种，景本身就是情，情本身就是景。这是真正的情景一体。

师：同学们说得太精彩了。记得毛主席晚年最喜欢吟诵庾信的《枯树赋》。"……昔年种柳，依依汉南。今看摇落，凄怆江潭。树犹如此，人何以堪？"这里就化用了"树犹如此，人何以堪？"的典故，那个茂盛的枇杷树，是不是也是作者感情的升华？由于想念人而触及与人有一定关系的物，便更添了对人的思念；再由对物的联想，又引发对往事的伤怀。于是托物寄情，物我交融，进一步把思念之情深化了。只说树在生长，不说人在思念，它所产生的艺术效果则是：不言情而情无限，言有尽而意无穷。

四、当爱已成往事

——《雷雨》研究性学习

师：《雷雨》是经典中的经典，是戏剧王冠上的明珠。今天，我们有幸一同走进《雷雨》，走进这个人性复杂错乱的故事，探究无限的可知和不可知。同学们，小组研究得怎么样了？今天是检测我们成果的时候。

1. 从故事情节入手，看矛盾冲突

师：我们不着急，一步一步来。有人曾经说过，没有冲突，就没有戏剧，那么，何为戏剧冲突？

生：所谓戏剧冲突，就是戏剧中那些人物之间的矛盾。

师：有道理，人物矛盾就是戏剧冲突。那么，为什么没有冲突就没有戏剧？戏剧冲突何以如此重要？

生：冲突可以推动情节的发展，让情节惊心动魄。

师：哦，你这是情节说。

生：冲突可以让人物在激烈的矛盾冲突中展示出内心，对性格是很好的揭示。

师：你这个为人物性格说。

生：戏剧冲突，可以使得戏剧好看。

师：哈哈，你说的是票房说。要注意，情节惊心动魄了，自然就好看了。和前面同学有重复。

生：矛盾冲突，能揭示性格，通过人物性格形象的塑造，凸显主题。

师：你这个应该叫主题说。大家说得都不错，没有冲突就没有戏剧，由此可见冲突的重要性。冲突能使矛盾激化，冲突能推动情节发展，冲突能使性格鲜明，冲突还能使使主题凸显。

下面，我们就从故事情节入手，分析《雷雨》中有多少矛盾冲突，以及产生这些矛盾冲突的根源是什么，它们是如何发展的。并进一步研究其中什么矛盾冲突是主要矛盾，作者是怎样通过这些矛盾冲突表现主题的。

生：这个剧本实际上有两个故事，一个是周家的故事，一个是鲁家的故事；一个是三十年的故事，一个是现在的故事。

师：故事发生在一天的时间里，从上午到午夜两点。有两个场景，即周家客厅和鲁家住房中，把三十年的矛盾都集中在一天中冲突、纠缠。谁来具体说说？

生：两个家庭八个人物在短短一天之内发生的故事，牵扯了过去的恩恩怨怨，剪不断，理还乱。狭小的舞台上不仅凸显了伦理的矛盾，阶级的矛盾，还有个体和时代环境的矛盾。其实悲剧早已潜伏在每一句台词，每一个伏笔中，只是到最后时分才终于爆发出来，化作一场倾盆雷雨，无比强烈地震撼了每个人的灵魂。

师：你的叙说很有感染力啊。能否说得具体点，从故事的角度。

生：剧本中，过去的故事包括，周朴园和侍萍"始乱终弃"的故事，后母蘩漪与周萍恋爱的故事。现在的故事是蘩漪与周朴园的冲撞故事，主要表现在喝药上；蘩漪、周萍、四凤、周冲之间的情感纠葛故事；侍萍与周朴园的重逢，大海与周朴园的较量，大海与周萍兄弟相残，等等。

师：故事中本身就包含着矛盾冲突：蘩漪代表着上层妇女个性受压抑的悲剧，侍萍代表着下层妇女受侮辱、被离弃的悲剧，周萍、四凤代表着青年男女得不到正常爱情的悲剧，周冲代表着年轻人的春天幻梦破灭的悲剧，鲁大海代表着劳动者反抗压迫失败的悲剧。周朴园比较特殊，他既是一切悲剧的制造者，也是悲剧的承受者。《雷雨》的好看还表现在，感情纠葛、血缘关系与阶级矛盾相互纠缠，错综复杂，惊心动魄。周萍与四凤，是情人，是主仆，还是同母异父的兄妹；周萍与大海，是亲兄弟，又是敌对的资产阶级阔少爷与无产阶级穷工人；侍萍与周朴园，昔日是情侣，今天是主子和家奴的老婆；周朴园与鲁大海之间，存在着公司的董事长与罢工工人代表的尖锐对立，但他们却是父子；蘩漪是周萍的后母，却又是他的情人；周冲是周萍的弟弟，又是情敌……而所有的悲剧都最后归结于一人——作为具有浓厚的封建性的资产阶级家庭的家长的周朴园。

有这么多的矛盾冲突，哪个矛盾冲突是主线？关于矛盾冲突的主线，评论界历来有不同的观点，我这里列了四种观点，你同意哪种观点？也可以发表不同的观点。

第一种观点认为，《雷雨》戏剧冲突的主线是周朴园和蘩漪。在这个作品里，作为周朴园的一个主要的对立形象的，并不是鲁大海，也不是侍萍，而是蘩漪。只有蘩漪才能够最全面地揭露周家的罪恶，才能够把周朴园的冷酷、自私、专横和伪善的本质充分地揭示出来。（钱谷融《〈雷雨〉人物谈》）

第二种观点认为，《雷雨》戏剧冲突的主线是周朴园和侍萍的冲突。在这戏的总构思中，鲁侍萍和周朴园之间的关系，是全剧结构的中心，其他人物之间错综复杂的矛盾纠葛，都被牵动，影响着。（谭霈生《论戏剧性》）持这种观点的学者还认为《雷雨》的戏剧冲突，包含许多事件，但中心事件是侍萍的悲惨遭遇。它构成一个故事，呈一条纵线，贯穿全剧。其他一系列事件，或近或远地与这条纵线相联结，丰富冲突的内容，推动剧情的发展。（辛宪锡《曹禺的戏剧艺术》）

第三种观点认为，《雷雨》戏剧冲突的主线是在蘩漪和周萍之间。蘩漪和周萍的冲突最能体现《雷雨》的暴露大家庭的罪恶的思想。在全剧多条冲突线中，蘩漪和周萍的这条冲突线是居于主导地位的，它制约、影响着其他的冲突线。其他的冲突线则在不同的程度上，从不同方面为加强它的发展服务。（潘克明《也谈〈雷雨〉戏剧冲突的主线》）

第四种观点认为，以上三条重要的冲突线都不能承担起冲突主线的任务。持这种观点的结论是周朴园与蘩漪，周朴园与鲁侍萍，蘩漪与周萍，这三条重要冲突共同构成了全剧冲突的骨架与主干，也就是复合式冲突主线。它们统摄全剧冲突而又对揭示主题发挥着核心作用。（焦尚志：《试论〈雷雨〉戏剧冲突的结构艺术》）

生：我赞成第一种观点，蘩漪具有雷雨一样的性格，戏剧的标题就揭示了这一点。

生：我认为是第二种，如果是蘩漪的话，那么，整个戏剧就局限在封建大家庭内部，失去了很多外在的空间。

生：我赞成第四种，《雷雨》巨大的魅力就在于矛盾的错综复杂，这些矛盾的纠缠不清，恰好构成了《雷雨》的丰富性，可能正因为主要矛盾的模糊不清，才造成了《雷雨》的巨大成功。

生：我也赞成复合矛盾。每个矛盾揭示的、批判的矛头都不一样。

生：我也赞成复合矛盾。所有的矛盾冲突，还能聚焦于一个中心。

师：同学们说得都不错。这里没有答案，每个人都有认识，只要这种认识能自圆其说就好。但同学们有没有注意到，所有矛盾聚集的对象都是周朴园。无论是周朴园和蘩漪，还是周朴园和侍萍，就算是蘩漪和周萍，他们背后所站的人还是周朴园。所以，下面我们重点从周朴园身上入手。

2. 从矛盾冲突入手，看人物性格

师：先看周朴园和蘩漪的矛盾冲突。戏剧中他们两人矛盾冲突最尖锐的就是吃药一场戏。先看这个场景再现。

(1)吃药(播放视频)

师：在分析之前，我来考考你们，戏剧中当然有戏剧语言。那么，戏剧语言有哪些要求?

生：语言个性化，言为心声，不同的人，有不同的个性和心声。

师：说得好。语言个性化，是指人物的语言符合并表现人物的身份、性格，即什么人说什么话，听其声知其人。语言个性化，是刻画人物达到合理性、真实性的重要手段。这是所有文学作品塑造人物的共同要求。

生：语言有动作性。

师：为什么要具有动作性?

生：戏剧还是需要表演的，戏剧语言有动作性才好演。

师：这个回答有点道理，但不够专业。动作语言又叫情节语言，是指人物的语言起着推动或暗示情节发展的作用。它不是静止的，它是人物性格在情节发展中内在力的体现。

生：戏剧语言还常常话中有话，言外有意。

师：这个叫潜台词。大家还记得小说《荷花淀》里水生嫂的那句经典台词"你总是很积极的。"这里头有什么感情呢？有自豪、埋怨、理解、嗔怒……可是她说出来没有呢？没有。所以妙就妙在一切尽在不言中。这就是潜台词，也就是我们经常讲的言外之意，弦外之音。潜台词不仅充分体现了语言的魅力，而且通过它还可以窥见人物丰富的内心世界。分析时千万不能忽视。下面我们就通过侍萍的语言来感受一下潜台词的艺术魅力。

下面我们共同来鉴赏吃药这场戏。

蘩漪出场时，作者介绍她是"一个受抑制的女人"，说"她是忧郁的，在那静静的长睫毛的下面，有时为心中郁积的火燃烧着，她的眼光会充满了一个年轻的妇人失望后的痛苦与怨望"。此刻，她内心正燃烧着对周萍不可克制的爱火，那是她的最后的希望，又怀着被周萍遗弃的恐惧，同时激起的是对这个罪恶的周公馆，连同它的主人——周氏父子的怨恨。蘩漪"失望—希望—绝望"的这个心路历程，周朴园一无所知，也是周朴园不想知不愿知的。他从没有试着走进这个女人的内心世界，自然不了解她的所思所想。他只把蘩漪的异常表现看作有“病”，一味地要她“吃药”，以为这就是尽到了丈夫的责任，说不定还为这种“关怀”而产生某种自我神圣感。这一切在敏感的蘩漪看来，不仅是可悲的隔膜，更是虚伪，是另一种强迫与压制。于是矛盾激发了。大家畅所欲言。

生：当四凤奉周朴园之命请她喝药时，蘩漪甚至产生了厌恶感，命令她将药倒了。这里既有蘩漪和周萍赌气的因素，也有情敌四凤的因素。

师：蘩漪是因为和周萍赌气不吃药。那么，蘩漪真认为自己有病吗？

生：蘩漪不认为自己有病，自然不愿意吃药，但是，她因为害怕周朴园，所以又不得不吃药。但是周萍让自己心情不好，请自己吃药的又是情敌四凤，所以，她更加厌恶，才激烈地拒绝。

师：嗯，这个回答很好。逻辑推理也清楚了。我们继续。

生：当周朴园得知蘩漪命令四凤将药倒了，他的第一反应是“（慢）倒了？哦？”这里的潜台词是，蘩漪的行为出乎了他的意料，他似乎有点不敢相信。然后，他说“（更慢）倒了！”这里用了感叹号，周朴园确信蘩漪真的倒了，有点恼火，居然敢违背我的意志，于是断然下令“（低而缓地）倒了来。”这里的语气仍然是平静的，周朴园从来都认为自己是绅士，是君子的，语气自然平静，但却含着严威，含着不可抗拒。当蘩漪试图做一点反抗，表示“我不愿意喝这种苦东西”时，周朴园立刻“高声”喝道：“倒了来”。在这里，周朴园借石打鸟，明对着四凤发威，实质是给蘩漪施加压力。

师：解得好。尤其值得夸奖的是，不仅注意到了“倒了”“倒了来”等相同语素的差异，还能结合标点来分析，我要向你学习啊。当然更重要的是我们都要向曹禺学习，几个简单的词，就写出了周朴园的专横，几个标点就揭示了周朴园内心中感情的层次和波澜。

生：接着，周朴园“向蘩漪低声”地劝说：“你喝了，就会完全好的。”这里的周朴园显示了他的手腕，能硬也能软，在他的心里未尝不认为自己对蘩漪是多么的关心，像哄小孩子一样哄她吃药。于是，蘩漪也是“顺忍地”回答说“好，先放在这儿。”并没有一口回绝。蘩漪本来就是一个吃软不吃硬的角色。所以，她也软下来了。

师：对两个人物的内心把握非常到位。从戏剧的矛盾安排上来看，这是必要的弛，弛的目的是为了张，这样张弛有道。《水浒传》中，林冲和洪教头比武就能看出，先说要比了，突然又停下来吃酒，终于要比了，又被叫停，拿来一大堆银子做奖金……情节安排，腾挪跌宕，精彩迭出。

生：树欲静而风不止，周朴园还是步步进逼“你最好现在喝了它吧。”周朴园要求的是绝对地无条件地服从，这就激怒了蘩漪。要知道这个时候，一个蘩漪最爱的人周萍，一个最爱蘩漪的人周冲，都在眼前啊。蘩漪“忽然”命令四凤“你把它拿走。”忍无可忍的蘩漪终于还击，开始正面对抗；周朴园也“忽然严厉地”命令蘩漪“喝了它！”这两个“忽然”，一个是蘩漪的倔强，一个是周朴园的横暴，刚才的弛到这里立刻绷紧。

师：戏剧冲突如何有张力，实质就是张弛有道，然后，一步步推向高潮。

生：看到硬着来不行，周朴园改变了策略。“不要任性，当着这么大的孩子”，这就把戏剧冲突推向另一个方面，因为在场的还有周萍与周冲兄弟俩，他们也必然地要卷入这场冲突中来。这就是我们刚才讨论的戏剧语言的动作性，它能够推动暗示故事情节的发展。

师：有道理。有没有想过，周朴园为什么在一件小小的吃药这件事上大动干戈。曹禺是否小题大做。

生：我不这样认为。吃药虽然事小，但关系到周朴园口口声声所说的家庭秩序。他一直以为他的家庭秩序是最圆满、最标准的家庭。所以，周朴园要不惜一切来维护，绝不可能半途而废。

师：很有道理。但周朴园自己的这张牌已经失去效力了。

生：所以，周朴园利用两个儿子对蘩漪施加压力。先是让周冲劝说，周冲“拿着药碗，手发颤，回头，高声”地喊道：“爸，您不要这样”时，是在恳求父亲不要自毁在儿子心目中的形象。而蘩漪因为自己在家庭中毫无地位的惨状，突然暴露在涉世未深的儿子面前，感到天崩地裂。面对儿子含泪哀求，她不能不“拿起药，落下眼泪”，但她还要挣扎，她不能在儿子面前，显露自己的屈辱，她“忽而放下”“哦，不！我喝不下！”

师：喝不下是假，咽不下是真。就在这“拿起”与“放下”之间，蘩漪经历了怎样的感情的风暴。

生：但高潮还在后面，周朴园竟然命令周萍“跪下，劝你的母亲。”他哪里知道，周萍正是蘩漪的情人。从蘩漪来看，眼前这个懦弱的情人被定义为“儿子”，帮助他的父亲，助纣为虐，来劝说自己喝药，而且真的向下跪了。“不等萍跪下，蘩漪急促地”表示屈服了“我喝，我现在就喝!”她“拿碗，喝了两口，气得眼泪又涌出来，她望一望朴园的峻厉的眼和苦恼着的萍，咽下愤恨，一气喝下”，长啸一声“哦……”，“哭着”“跑下”。这一系列动作惊心动魄。

师：确实如此，上次我们看电影到这里，所有的人都屏气凝神，内心想必也是翻江倒海吧。这里的动词使用非常有冲击力。“拿”“喝”“泪涌”“望”“咽”“一气喝下”“长啸”“哭”“跑”中，蕴含着怎样惊天动地的爱与恨！我们读到这里，仿佛和蘩漪、周冲、周萍一样，也感到人格的屈辱和践踏，情感的伤害与蹂躏，以致心灵也要滴血。欣赏完了之后，我们来总结一下，这里的周朴园有什么性格特点。

生：绅士的外表下，掩藏着封建的专制。

生：资本家的外衣下，掩藏着封建的专制。

师：哪一种表述更好一点。

生：第二种更好，接受过西方先进思想有了一种矛盾，有矛盾就有冲突，就有张力。除了专横之外，还有虚伪。自以为是，自认为他的家庭最圆满最有秩序。

师：很荒唐吧，最圆满的家庭，妻子蘩漪却是活死人，大儿子和后母乱伦，小儿子周冲梦想不断崩溃。这里是家庭内部矛盾，现在的周朴园，作为资本家的周朴园，他是一个封建暴君，他专横独断、唯我独尊。

(2)相认

下面我们重点分析周朴园和侍萍的相认。“相认”是古今中外不少戏剧中常见的场面，这一场面处理如何，很能看出剧作者的艺术功力。对于这一段的处理，曹禺在接受中学老师的访问时是这样说的：

“这一段写法在外国很早就有了。亚里士多德在《诗学》中总结了古希腊的悲剧技巧，其中谈到写戏有‘相认’这个场面。经过几十年后如何‘相认’，这能产生动人的效果。中国的传统剧《庵堂认母》也采用这种方法，但是写得不够宛转曲折，写得太快了，三问两问就问出来了。要这么来，那么来，最后逼得他不得不看出是谁来了，这样才能引人入胜。”

曹禺怎么把这一段写得动人心魄，从中又可看出周朴园的什么性格特点？我们现在开始一一解开。

生：曹禺反对“三问两问就出来了”，所以他重点写出了相认中的波折。

师：为什么相认中会产生这么多的波折？具体分析这些波折。

生：第二幕开始时，侍萍已经知道这家主人是周朴园，而周朴园却不知道眼前的女人就是侍萍。周朴园怀念以前的侍萍，并且认为侍萍已经死了，因此口口声声念念不忘，到处打听有关她的消息；而侍萍虽然对周朴园的本质有所认识，但仍然不无眷恋之情，希望周朴园能主动认出自己。可是，矜持自尊的性格又使她不愿道破自己身份，只能欲言又止。双方的这种思想基础，为两个人的相认提供了波澜。

师：分析得很好。人的思想决定了人的行为。下面我们根据班上的组别，按照顺序来说说相认中的波折。要求是，结合原文，紧扣相认，突出波折，第一组先来。

生：周朴园随口吩咐女佣"跟太太说"，找出自己那件旧雨衣。这既是情节推动的发展，又暗含着雷雨即将来临。侍萍答应了却不走，周朴园这才发现眼前的人不认识，便责备她"走错屋子了"。侍萍却还不肯走，搭讪着问："老爷没有事了？"从这里可以看出侍萍的内心，她是想周朴园能认出自己来的，并且看看他对自己究竟是什么态度。

周朴园这才又注意到窗子被打开了，发出责问。侍萍"很自然地走到窗前，关上窗户，慢慢地走向中门"。似曾相识的动作，使周朴园情不自禁地要侍萍"你站一站"，接着进行了一番观察——"相认"的机会来了，这时我们都屏气凝神。但周朴园并没有冲口而出"你是侍萍！"而是中间一顿，"你—你贵姓？"侍萍见他还是没有认出自己，心中不免失望，便答以夫姓："我姓鲁"。既然姓氏不对，当然就不可能是侍萍了，第一次相认就这样夭折了。

师：分析得很好。在第一次相认的波折中，还巧妙地透露出三十年前"旧雨衣""关窗"等信息。几次波折下来，三十年的很多散的点就连成线了，而且还是后面情节发展的伏笔。这就是曹禺构思巧妙的地方。这一点特别需要注意。

生：第二次相认的波折是由侍萍的口音引起。周朴园由侍萍的口音，知道她是无锡人，于是谈起了三十年前发生在无锡一件轰动的事。当然，为了粉饰自己的罪恶，周朴园把侍萍说成是"梅家的一个年轻小姐，很贤惠，也很规矩"。侍萍见提起自己的伤心事，内心中掀起了波澜，当初的怨恨一起涌上心头。于是，针锋相对地回敬"她不是小姐，她也不贤惠，并且听说是不大规矩的。"侍萍如此过激的语言，除了内心的愤怒，也不排除引起周朴园的注意。只要一追问，真相就会大白。读者的心再次悬起，但此时周朴园一下子沉浸在往事中了，只是心不在焉地，含糊其词地说："也许，也许你弄错了"。相认又一次夭折。

师：好，第三组继续。

生：周朴园虽然说"也许，也许你弄错了。"但毕竟自己说了谎话。于是，让侍萍"不妨说说看"。在愤怒和悲愤中，侍萍倾诉起当年被赶出周家的遭遇。大年三十的午夜，大雪纷飞，自己抱着孩子无路可走，最终投河自尽。因为罪恶被揭露，周朴园由"苦痛"，而至于"汗涔涔地"。侍萍步步进逼，道出了"梅小姐"的身份和姓名"她是无锡周公馆梅妈的女儿，她叫侍萍"。"侍萍"，这念念不忘的名字，使得周朴园一下子"抬起头来"，读者的心也再一次收紧，终于要相认了！但是，眼前老妈子与当年侍萍差别实在太大，更何况这么多年，周朴园一直认为侍萍早已死了，而且周朴园也绝不相信，如果侍萍活着会不来找自己。于是，周朴园只是又一次问"你姓什么?"侍萍见他仍然没有认出自己，失望透顶，仍然回答"我姓鲁，老爷"。这是"相认"中的第三次波折。

师：至此为止，侍萍基本上处于守势，既想周朴园认出自己，又害怕被认出，这是一种极其复杂的心理。但一旦过去被勾起，怒火熊熊燃烧，侍萍开始主动进攻了。第四组同学继续。

生：为了使周朴园能认出她，针对周朴园要为侍萍修坟，侍萍主动进攻，明白告诉周朴园，侍萍"还活着"，"一个人在外乡活着"，那个小孩"也活着"。这个惊天消息使周朴园大为"惊愕"，终于"忽然立起"。活着，自然就能相见，而眼前女人面对这些内幕，如数家珍，莫不就是侍萍? 但多年的历练，使得周朴园沉稳、老练，不动声色，只是问"你是谁?"由前面问"你姓什么?"到问"你是谁?"侍萍失望到了极点，但仍不道破，只是变换言辞"我是这儿四风的妈"。该相认而没有相认。第四次相认又半途夭折。

师：这里是侍萍的第一次主动进攻，相认还是失败了。继续。

生：侍萍继续进攻，讲起"梅小姐"现在的处境"嫁给一个下等人，又生了一个女孩"，"就在此地"！下等人对应着奴才鲁贵，女孩对应着鲁贵的女儿四凤，就在此地，就在周家，所有一切都吻合起来了。这个时候，读者认为，现在总该相认了吧? 但，周朴园宁可信其无，绝不信其是，因为侍萍的活着，威胁到了周朴园现实的利益。

所以，周朴园随口"哦"了一声。侍萍接着追问"老爷，您想见一见她么?"得到的答复竟是一迭连声地“不，不，不用”。这时候，周朴园已经慌了。这时候，不仅侍萍失望到了极点，读者也随之失望到了极点。这是相认中的第五次波折。

师：第六组继续分析，看看侍萍还有什么法子。要知道周朴园可是说过，侍萍是很聪明的。

生：侍萍仍不甘心，继续进攻。但是换了策略，讲起了自己悲惨的经历“又嫁过两次”，“都是很下等的人”。这既是倾诉自己的辛酸，让周朴园有恻隐之心。同时，也是刺激周朴园，是控诉，是适度的发泄。最后，侍萍问“老爷想帮一帮她么”？在侍萍的眼里，就算周朴园不愿意见她，总归想着要帮帮她吧。那么，这个时候，侍萍就会拒绝周朴园的帮助，表明自己的身份。但侍萍万万没有想到，周朴园竟然说“好，你先下去吧！”侍萍的失望变成了绝望，“望着朴园，泪要涌出”，凄切地问道“老爷，没有事了？”这时候的侍萍，已经控制不了自己的情绪，但相认的愿望还是破灭了。这是第六次夭折。

师：这一次夭折，让我们也绝望了。就在我们都认为相认无期时，突然间峰回路转。第七组继续。

生：当周朴园要侍萍告诉四凤找旧雨衣、旧衬衣，这些过去相爱的信物，再也让侍萍无法保持矜持了，她不失时机地通过衬衣的件数、窟窿绣成的梅花、花边的萍字，亮出了自己的身份，逼得周朴园不得不与她当场相认。两个三十年前的恋人终于相认。

师：再见就是不见，相认就是分手。接下去就是转机和高潮。更为激烈的戏剧冲突就将到来了。一个相认的场面，在曹禺笔下，竟设置了六次起伏，既在意料之外，又在情理之中，层层推进，曲折引人。很好地显示了人物的生活经历，同时揭示了人物的性格。而人物性格塑造应该是戏剧的一大任务。下面，我们就转入对人物性格的分析中。

生：在相认的这幕戏中，侍萍的性格得到了全方位的展示。她聪明美丽，正直善良，但却备受凌辱和压迫。大年三十的晚上，被周家扫地出门，她走投无路，痛不欲生，跳河自杀。遇救以后，侍萍一直挣扎在社会最底层，嫁了两个没出息的男人，含悲忍辱地生活了三十年。残酷的生活磨炼了她。三十后与周朴园不期而遇，她深刻地认识到周朴园的自私虚伪的本质，撕掉了周朴园给的支票。这表现了她对残酷现实的清醒认识。她用自己的骨气，用自己的轻蔑和愤恨体现了一个女人的尊严、骨气。

生：我有一些不同的看法。侍萍的认识没有达到那么高的层次。实际上她对周朴园还有幻想。毕竟他们曾经有过那么一段美好的生活。在鲁大海要去寻仇的时候，侍萍说，“不管你伤害了周家的老爷、少爷中任何一个，我就永远不能原谅你。”从这里可以看出，侍萍对周朴园的情感还在，是爱与怨的交织。在相认的过程中，她也有软弱，彷徨，眼泪。最后撕毁支票，既是对周朴园的批判，也是她对自己纯洁感情的维护。爱，不能用金钱来衡量；恨，也不能用金钱抵消。

（热烈的掌声）

师：观点有补充，是好事。还有对侍萍性格丰富的吗？

生：侍萍还很倔强、坚强，被赶出周公馆之后，侍萍投河自尽，获救之后，为了生计，她带着孩子流落他乡，尝尽了世间冷暖，但却始终坚强对面。三十年，无论怎么辛苦，哪怕活不下去，也没有寻找周朴园，寻求援助。这一点连周朴园也无法相信，只能认为侍萍已经不在人世了。她的唯一的要求就是“见见我的萍儿。”表现出她那纯洁、崇高的母爱。

师：这样理解侍萍就比较全面了。谁来说说侍萍年轻的时候。

生：年轻的侍萍，美丽温婉，贤良聪慧，有一个细节，把侍萍写活了。侍萍把周朴园衣服上的小洞，绣了一朵梅花和一个萍字，可谓意味深长。梅花既是自己，是否还期待着周朴园也要有凌霜傲雪的骨气？“萍”字一语双关，既是自己，也是周萍，是否在提醒周朴园，就算忘记自己，也不要忘记两个人爱的结晶？

师：侍萍应该是梅的化身，细节很好地映照出她的性格。在微妙的动作和行为之下，性格和心理投影出来。年轻的侍萍、中年的侍萍展现在我们面前了。而周朴园是一切矛盾的焦点，谁来说说周朴园。周朴园对鲁侍萍不见时怀恋，相见时又绝情，周朴园到底爱不爱鲁侍萍呢？他对侍萍的情感，究竟是怎样的？

生：我认为周朴园对侍萍是一片真情。他问过许多人，派人打听过梅小姐的情况，要修坟纪念。住房内保留着侍萍“顶喜欢”的家具，记着侍萍的生日，保留着她在的习惯。要知道是三十年啊，为了自己心爱的人，周朴园吃了三十年的素，念了三十年的经；三十年来，他很少说话，三十年来，他还穿着当年的衣服，三十年来，在一个个闷热的夏天，他为了早已离去的她不开窗子，三十年来，他东挪挪西搬，但无论搬到哪里，他都带要带着侍萍当年用过的家具，三十年来，有多少个不眠的夜晚，他伴着侍萍的相片……人生有多少个三十年可以用来等待？三十年，无论多么不可饶恕的罪过都值得让人同情了。这种自我的折磨，铁证如山，证明了周朴园对侍萍的情感。

生：我认为周朴园对侍萍没有真情。当他得知侍萍还活着“（惊愕）什么?”当侍萍问是否想见时，他“（连忙）不，不，不用。”周朴园为了维护自己的“尊严”，为了维护社会上的好名声，为了给孩子“做榜样”，害怕欺辱侍萍的卑劣行径张扬出去，有损门第。这表明了周朴园的伪善和丑恶。

生：我也认为没有感情。因为周朴园最后对侍萍这样说“你终于还是找来了，痛痛快快地！现在你要多少钱?”可见，他一直害怕侍萍的出现，只有一个死的侍萍，没有威胁的侍萍，才是周朴园真怀念的“物件”。特别是周朴园用钱来兑换感情，并且认为理所当然，只能说明这种感情的廉价。所以，周朴园对侍萍没有感情，或者这种感情比较廉价。

师：还有不同意见吗?

生：我认为还是有真情。因为从后文来看，周朴园赶走侍萍一家之后，马上又让账房给她寄钱。假如没有感情，对于一个唯利是图的资本家来说，尤其是对于一个淹死那么多小工，获取资本的资本家来说，真的很难理解。

生：我认为还是周朴园不放心，因为“鲁贵，好像不是个老实的人。”因为侍萍没有接受自己的支票，他还是要堵住侍萍的嘴。就算不是为了堵她的嘴，难道就一定能证明是为了感情？也许仅仅是赎罪，安抚自己罪恶的灵魂呢？他自己就曾说过“你以为一个人做了亏心事，他的心里会好过吗?”我以为这个应该是心里话。

生：我也认为没有感情。当他得知侍萍就是眼前的鲁妈时，周朴园说了以下的话（忽然严厉地）“你来干什么?”“谁指使你来的?”（冷冷地）“三十年的功夫你还是找到这儿来了。”“从前的旧恩怨，过了几十年，又何必再提呢?”“好！痛痛快快的！你现在要多少钱?”。先是声色俱变地责问，接着试图以“你我都是有子女的人”为由，企图稳住侍萍，使其不再提旧事；口口声声表白不忘旧情，以期逃避侍萍的谴责；最后凶相毕露，辞退四凤和鲁贵，开除鲁大海，只能证明他的冷酷和凶残。

生：我认为毫无疑义是真情。但这种感情是有限的，是可变的。三十年前二十几岁的周朴园，就相当于现在的周冲，可能比周冲要多一些理性。他对年轻美貌、温柔善良的侍萍产生恋情，是自然的，也是真实的。如果仅仅是玩弄她的感情，就不可能和她生了两个孩子。后来，因为门第，更因为家庭的压力。

师：等一等，你怎么知道是家庭的压力？

生：侍萍自己说“你们把我赶出家门。”注意这里的“你们”。赶走侍萍，娶一个有钱的小姐，不是，或者不仅是周朴园的选择，保不定周朴园还抗争过。后来，周朴园两次婚姻都不美满，更加深了他对侍萍的怀念。初恋总是美好的，失去的也总是美好的。当侍萍奇迹般地站在他的面前时，周朴园之所以害怕、恼怒、赶她走，只是觉得侍萍的出现会危及到他的名誉、地位、家庭。危急到他“家庭的最美满，最有秩序”。

生：我也同情周朴园，他既是一切悲剧的制造者，也是悲剧的承受者。曹禺本人的观点是“周朴园的感情是真实的，绝对是真实的。”但我们也要看到周朴园的性格是变化的，是矛盾的，也是多元的。年轻时的周朴园是一个有理想，受过西方文化熏陶，敢于追求独立，能够自由追求爱情的富家公子。

后来，在封建礼教下压迫之下，周朴园逐渐沦为一个冷血的、始乱终弃的“老爷”，在封建的家庭中，独断专行，充满暴力和专制。再后来他逐渐习惯了资本家的不择手段，骗取名誉、金钱、地位，乃至为了攫取钱财，还做下了断子绝孙的昧心事。最终成了一个虚伪、狡猾、凶残的资本家。

师：我觉得从各种各样的身份，特别是从性格发展上来认识周朴园，比较科学地把握了周朴园的性格特征。当然，你们还可以继续争论，因为周朴园的性格本来就是复杂的，矛盾的，纠缠的。这个人物最大的魅力也就在这里。

生：老师，我还有一个补充，周朴园对梅侍萍的感情是真的，但对鲁妈的感情却是假的。周朴园因为自己感情生活的不如意，沉浸在过去的美好回忆中，侍萍的温柔漂亮，是他的虚幻中的安慰。在这种安慰中，又可以借此来压制蘩漪，教育周萍和周冲，为自己赢得好名声。当鲁妈出现在眼前，那个被供奉了那么久的相片，突然间倒塌了。周朴园的精神世界垮塌了，更何况这个鲁妈还对自己产生威胁。于是，怀念变成了恐吓，收买，多情变成了无情，绝情。总之，一句话，周朴园对侍萍的所有一切，不是从侍萍的角度出发，哪怕是对她的纪念，也不是悼念一个美丽姑娘的失去，而只是平息自己犯罪的灵魂，弥补自己感情生活的贫瘠。他何曾为侍萍想过。

师：肯定周朴园怀念是真的，但探究他怀念的本质，他的潜意识，这是一个很好的角度。在老师的眼里，周朴园是屠夫、医生和搬运工。作为屠夫，他杀死了自己的感情，杀死了两千多小工，杀死了蘩漪的感情等，只有面对自己的初恋情人侍萍，周朴园还有一些忏悔意识和灵魂的罪感。第二他是医生，他很好的医治了自己杀死侍萍的“亏心事”，把一个赤裸裸的始乱终弃、致人跳水自尽的人间惨剧，变成了一个温情脉脉的浪漫爱情剧。同时，在他的眼里，蘩漪、周萍、周冲都有病，都需要医治。实际上所谓的病，都是他这个医生所限定的。不符合他的秩序，不符合他的规范，就是有病，就要喝药。同时，周朴园还是一个搬运工，戏剧中有一个细节，他不停搬家，从南边搬到北边，以这种方式来抵抗命运。这是我眼里的周朴园。当然我们都互相欣赏，你们也可以保留自己的看法，欢迎同学们课后和我一同研讨。其他人物我们也来关注一下。可以稍简单一些。

生：鲁贵很脏，他是一个小人。他总是在刺探人家的隐私，连自己的女儿也不放过。

师：很脏，这个评价很生动。鲁贵是一个偷窥者形象，他始终在偷看，在窥探，而不仅是在猎奇，他的目的在于把柄。有了把柄，就可以坐稳奴隶，甚至能够获得更多的好处。这就是他的人生哲学。他是雷雨到来的前兆，是静静的杀机，是起承转合的刹那闪电……就是很难看出他是一个“人”，有着正常的人性。

生：蘩漪是雷雨。她突然爆发，歇斯底里，终于，导致一切都毁灭了。但她又是软弱的，屈辱的，她自己就在雷雨的沉闷中，透不过气来。

生：我觉得蘩漪也不好，无论如何，她总不该乱伦啊。

师：蘩漪为什么要乱伦，我们一定要探究原因。

生：因为她成了活死人，像一具僵尸。周萍到来了，而且勾引她了，她终于有了一点活气。但周萍又不要她了，她被两代人侮辱，所以，她是《雷雨》中最可怜的人。

师：蘩漪，最可悲的还在于，在周朴园的眼里，她是疯子。有病，她是疾病的隐喻。人们会把思想和言论离经叛道的人，很随意地描述为疯子，疯子的病理学意义是指精神失常，它的隐喻意义就是应该被放逐出正常人世界的人，疯子的话是不可信的，因此正常人就可以剥夺他们的社会地位和话语权。

在周朴园眼中，妻子和孩子家仆一样，都要听他的话，不能任性。他把蘩漪像物品一样搁置在楼上，无视她感情意志的存在。但这一切在他看来都是最正常的也是最合理的，也是最“健全”的，每一个人包括他自己都应该向社会道德规则皈依，应该“听话”，不“听话”就是有“病”。

蘩漪不想落入周朴园的圈套中，她要挣扎逃命，她大声回击周朴园说“谁说我的神经失常？你们为什么这样咒我？我没有病，我没有病，我告诉你，我没有病！”周朴园却用他的话语逻辑告诉她“（冷酷地）你当着人这样胡喊乱闹，你自己有病，偏偏要讳病忌医，不肯叫医生治，这不就是神经上的病态么？”在周朴园的话语权威笼罩之下，蘩漪甚至无法正常表达自己，她若说自己没病，就会被认为是“讳疾忌医”，是病上加病的疯子，她若乖乖地“听话”吃药，就会让人们觉得她真是个需要治疗的神经病。

在这种不可能解决的两难选择中，从希望到绝望的蘩漪，终于反戈一击。而疯子是无拘无束无所顾忌的，她就要无所顾忌地摧毁周家虚伪的体面道德。她雷雨一般歇斯底里地喊出了她非人的处境、她生命的痛苦“（对周冲）你不要以为我是你母亲，你的母亲早死了，早就被你父亲压死了，闷死了。现在我不是你的母亲。她是见着周萍又活了的女人……我没有孩子，我没有丈夫，我没有家，我什么都没有，我只要你说：我——我是你的。”

蘩漪的价值就在于她的“活不下去了”的负痛的绝叫，振聋发聩地引发了人们对于女性备受压抑的生存状态的关注和思考。

师：四凤谁来说说？

生：四凤是《雷雨》中的清新空气。

师：这个比喻好。但雷雨终究还是到来，清新的空气也被污染了。

生：四凤是一个纯美的符号，对当年的侍萍是一个补充。她是雷雨中最没有罪孽的一个人，但她却最先为罪孽死去，为什么？

生：四凤真爱周萍吗？侍萍真爱周朴园吗？为什么下人那么容易爱上少爷？

师：这个疑问非常有力量！很有价值。直到今天，侍萍和四凤还有现实意义。有多少女孩子，希望嫁进豪门，改变自己的人生！

生：如果说周朴园是始乱终弃，那周萍也是始乱终弃。周朴园是将来的周萍，周萍是过去的周朴园。

师：我觉得这个不好。毕竟周朴园的爱情和周萍的爱情还是有差别的。周萍毕竟是乱伦。

生：我觉得周萍是先乱后正。周朴园是先乱后不正。

师：我倒觉得周萍只是比周朴园多走了一点弯路，到了四凤，周萍才像周朴园追梅侍萍。在我眼里，周萍是乱伦的象征。但同时，他又被社会格式化了。和他父亲被社会格式化一样。

生：周冲是一个小孩子。充满梦想，很傻很天真。

师：有意思。周冲是春天的梦，但因为夏天来了，雷雨到了，梦想自然也破灭了。不仅是爱情的梦想破灭了，生活的梦想也破灭了。真实是梦想的天敌。

江苏省苏州中学　尊经阁

生：这样一来，鲁大海应该是脆弱的现实。他脚踏实地，和资本家斗争，但却毛手毛脚，不堪一击。所以说，他是现实的，能认清资本家的丑恶，并且起来斗争，但又是脆弱的。

师：我完全同意你的比附，真精彩啊。下面，我们根据人物的性格和命运，来分析《雷雨》悲剧原因。

3. 从人物性格入手，分析悲剧原因

师：戏剧的悲剧原因，有命运悲剧、性格悲剧、社会悲剧，当然还有几种悲剧原因的相互渗透。

生： 我觉得《雷雨》是命运悲剧。曹禺先生在《雷雨·序》里，曾多次提到宇宙人生的残酷性“宇宙正像一口残酷的井，落在里面，怎样呼喊也难以逃脱这黑暗的坑。”他还说，《雷雨》所显示的，正是“宇宙里斗争的‘残忍’与‘残酷’”。在这“黑暗的坑”中“斗争的‘残忍’与‘残酷’”，这个黑暗的坑，我的理解就是命运。

生： 我觉得也是命运悲剧。鲁侍萍不断申诉，“是命，不公平的命指使我来的。”从剧本的情节来看，也是如此。多年前，鲁侍萍爱上周朴园，演出了一幕悲欢离合的惨剧，而现在她的女儿同样爱上了周朴园的儿子，这不是宿命，又是什么？

生： 我也赞成命运悲剧。因为中间充满了太多的巧合，这些巧合只能用命运来解释。当周萍和四凤相恋时，他们不知道彼此是同母异父的兄妹关系；当周萍在客厅中呵斥鲁妈，俨然是在责骂一个仆人时，他也不知晓鲁妈就是他的亲生母亲；当鲁大海因劳资纠纷同周朴园产生冲突时，他们俨然是一对不共戴天的仇人，可实际上他们却有着亲生父子的代际关系；当周萍为维护父亲的“尊严”而同鲁大海打斗之际，他们也并不明白二人是一对亲兄弟的关系。同样，当鲁侍萍踏进周公馆时，她做梦也没有想到会遇见十几年前的冤家——周朴园，重新燃起她的旧恨新仇，她更没有想到四凤会重蹈她的覆辙，因为她也在逃离，也在规避着这样的结局，以至她自然而然地想到“报应”两个字，这一切在现实生活中都是不应该发生的，或很少可能发生的。可在曹禺的《雷雨》中它却一幕幕的真实地上演着，显然这不是人力所能掌控的，在这些巧合后面有一只看不见的手在操纵、在主宰，那就是命运。在强大的命运面前，人是那样的渺小，所有的挣扎和努力都是徒劳，最后都以悲剧而告终。

师： 能够结合作品条分缕析很好。命运悲剧最著名的代表作品是《俄狄浦斯王》，古希腊的悲剧依托着神话传说，始终带有宗教色彩。悲剧的英雄俄狄浦斯在残酷的命运之中，坚强的抗争，顽强的挣扎，但仍然被命运捉弄，他的一切努力都无法改变其命运注定的生活道路。之所以会这样，主要原因在于，俄狄浦斯的英勇奋斗始终操纵在“神”的手中。神能翻云覆雨，神会反复无常，喜怒哀乐间便制造了俄狄浦斯这位悲剧英雄。你们觉得这个命运悲剧，与古希腊的命运悲剧有没有区别。

生： 我觉得鲁侍萍所说的命运，还是和上述“神的操纵”有很大区别。我觉得应该是人性的矛盾和冲突，是迫于生存而走向毁灭的一种不甘心。也就是说，侍萍所说的“命”只是中国民间的一种习惯性的口头禅，是对悲剧现实无法解释又无法摆脱而发出的一种并无确指的无可奈何的呼喊。所以，严格地来说，这不是命运悲剧。

师：那你认为是什么悲剧？

生：我认为还是性格悲剧。蘩漪爱起来像一把火，恨起来像一把刀，正是她的雷雨性格突然间爆发，才使得周家大厦突然间轰然崩塌。

生：我也倾向于性格悲剧。如果周朴园当初不是因为自己的软弱，而是坚持自己的选择，不始乱终弃，那么，何至于后来会有这样的悲剧诞生？

生：鲁侍萍身上也可以看出性格悲剧。除客观现实对她的影响之外，主观上她也有不可克服的悲剧性格，表现为爱与恨、展露与掩盖、软弱与坚强的性格矛盾。正是这些矛盾性格，推动着悲剧的产生和发展。

师：性格悲剧的产生有其历史背景。文艺复兴时期，人文主义以“人”为本，强调和颂扬人的价值，人的尊严，人的力量，提倡人性，反对神性，提倡人权，反对神权，人的地位大大提高了。人开始自己主宰自己，因而，人不再孜孜以求外在的悲剧源头，悲剧的根源也就自然地转向了人本身，这就出现了“性格悲剧”。

生：我觉得可能还是社会悲剧。因为人的性格都是经历社会的压抑而形成。人不是孤立的人，而是社会的人。比如周朴园，如果不是门第观念，不是家庭的逼迫，也许他就不会抛弃鲁侍萍，这样一来，悲剧就不会发生。

师：但曹禺似乎并不同意社会悲剧。他在给《雷雨》的导演的一封信里，这样写道——“我写的是一首诗，一首叙事诗，这诗不一定是美丽的，但是必须给读诗的一个不断的新的感觉。这固然有些实际的东西在内（如罢工等），但绝非一个社会问题剧。”这又作何解释？

生：老师，你不是说过，作家死了。当一部作品诞生的时候，作家就死了。怎么解读是读者的事吗？

师：对，说得很好，我们读者可以在中间加入自己的理解，建构自己的判断和意义。就是曹禺自己，在《雷雨》诞生后的这些年里，他的看法也不断改变。文本的阅读，还有一种时代性。我觉得同学们说得都有道理，换句话来说，我觉得这些原因都有，这些悲剧都杂糅在一起。是否是这些共有因素，导致了悲剧的产生。还有人提出是一种超越了命运悲剧和性格悲剧的生存悲剧。

生：或多或少这些悲剧因素都存在。《雷雨》的伟大就在这里。生存悲剧，感觉也有道理。所有的人，只要生存就陷入困境，就无路可走。类似于佛教中的“活着就是受苦”。侍萍是屈辱之苦，周朴园则是忏悔之苦，周萍是乱伦之苦，蘩漪是压抑之苦，四凤是前途未卜、命运不能自主之苦，周冲是幻梦破灭之苦，鲁大海是被出卖、被抛弃之苦。他们都在生存的泥潭中挣扎。

师：难怪曹禺把他笔下的这些人物比作“蠕动着的生物”，说他们在“盲目地争执着，泥鳅似的在情感的火坑里打着昏迷的滚，用尽心力在拯救自己”，他们一个抓住一个，揪成一团，但是无论怎样挣扎，最终也不免失败，在《雷雨》里，无论是蘩漪、侍萍、周扑园，还是鲁大海、周萍、周冲都挣扎着，力图摆脱自己的生存困境。

生：为了摆脱生存的困境。周朴园用赎罪来自救，摆脱犯罪心理；周萍用四凤来移情，摆脱乱伦困境；蘩漪为摆脱无爱婚姻，紧抓住周萍救“爱”稻草；四凤为改变卑下的使女身份，想和周萍结合；鲁侍萍为躲避宿命，安于守贫，带着女儿逃避周家。但所有的人最终都失败了。即使性格最明朗的鲁大海也陷入生存的困境而无法自拔。我们看到鲁大海曾以工人代表的身份理直气壮地斥骂周朴园“姓周的，你发的是断子绝孙的昧心财”，他并不知道这一声诅咒把自己置于一个无法挣脱的悖论中——咒语的实现以自我毁灭为前提。生存的困境不可改变。

师：几乎所有的人都走入困境，但摆脱困境的方式耐人寻味。周萍抓住了四凤不放手，想由一个新的灵魂来洗涤自己；侍萍也抓住四凤不放手，希望她不要重走自己当年走过的路，以永远地摆脱发生在昨天，今日又被唤起的梦；甚至天真的周冲，也在抓住四凤，想依靠她的帮助，走入理想的境界。作家的这种构思，多么精致，这是不言之言。让一个所有的内心冲突都化为一声“天啊”的四凤，来摆脱生存困境。这本身就是一种荒谬，当然，也宣示了这种摆脱的不可能。下面，我们就从悲剧原因入手，来探讨《雷雨》的主题。

4. 从悲剧原因入手，看主题表达

生：我还是坚持我的观点，《雷雨》是一部命运悲剧。它的主题重在表现命运对人的捉弄和人的生存困境。曹禺在《雷雨·序》中这样写道“我是个贫穷的人，但我请了看戏的宾客升到上帝的座，来怜悯地俯视着这堆在下面蠕动的生物。他们怎样盲目地争执着，泥鳅似地在情感的火坑里打着昏迷的滚，用尽心力来拯救自己，而不知千万仞的深渊在眼前张着巨大的口。他们正如一匹跌在泽沼里的羸马，愈挣扎，愈深沉地陷落在死亡的泥沼里。”周萍悔改了以往的罪恶，他抓住了四凤不放手，想由一个新的灵魂来洗涤自己。但这样不自知地犯了更可怕的罪恶。蘩漪是个最让人怜悯的女人。她不悔改，她如一匹执拗的马，毫不犹疑地踏着艰难的老道，她抓住了周萍不放手，想重拾起一堆破碎的梦而救出自己，但这条路也引到死亡。周朴园不断搬家，结果还是没有挣脱自己给别人带来的悲剧，当然也给自己带来的悲剧。

师：就是说，你认为《雷雨》首先揭示了人的生存困境，然后是人在生存困境中的努力挣扎，而最终还是遭受命运的捉弄，船沉海底。

生：我认为不一定是命运。在《雷雨·序》中曹禺说"《雷雨》对我是个诱惑，与《雷雨》俱来的情绪蕴成我对宇宙间许多神秘的事物一种不可言喻的憧憬。"所以，我认为《雷雨》的主题是对神秘事物的不可言喻的憧憬。这种憧憬，曹禺又没有能力来揭示真相。所以，只能借助戏剧的形式，为这种命运找现实的承担者。

生：我也赞成主题是"对宇宙间许多神秘的事物一种不可言喻的憧憬"。曹禺说"《雷雨》象征着一种渺茫不可知的神秘"，剧中的雷鸣电闪，直接给剧作笼了一层神秘的面纱，给观众以压抑与恐怖。同样，剧中还有对电线走火的多次提示，更加渲染了这种神秘不可知的色彩。从头至尾作者在剧本中努力营造着一种"苦夏"的背景。剧本中不断出现的郁闷，蛙噪，雷响，构成了雷雨欲来大祸将至的紧张氛围，一种原始的神秘感，让人喘不过气来。几乎每一个人物一出场，都高喊着"热"，忍受着外在的"热"，更煎熬着内心的"热"，烦躁，不安，又蕴含着一种渴求，以及渴求中的兴奋与恐惧。外界大自然的变化与室内人物的心绪紧密相牵，甚至外界气象的变幻万千正是人物神秘莫测的无常命运的象征，也暗示着人物可能的不幸结局。

师：《雷雨》的神秘诱惑，包含了三个命题，那就是害怕命运的恐惧感，反抗命运的生存力，超越命运的理想性。也许正是这种来自对神秘事物的憧憬，这种对人本身、人性、人的生命存在的追索，才造就了《雷雨》的伟大。

生：我觉得主题是人生的荒诞。很多时候，我们用时代的眼光，阶级的观点来解读《雷雨》，却没有意识到《雷雨》的创作者，当年只是一个乳臭未干的小伙子啊。我觉得《雷雨》就是写人生的荒诞。理由是，最不该死的周冲、四凤最先死了。蘩漪和侍萍都疯了，而最该死的周朴园却没有死，而是孤独地活着。诅咒周朴园断子绝孙的人，竟然是周朴园自己的儿子。认为自己家庭最有秩序、最圆满的父亲，一个儿子却是自己不共戴天的仇人，一个儿子给自己"戴绿帽子"。世界有多奇特，人生就有多么荒诞。

生：人生的荒诞这个主题有道理。我补充一个证据。曹禺曾经说过，《雷雨》还表现了"天地间的残忍"。《雷雨》让人感受到恐惧。剧中，侍萍一直试图忘却曾经遭受的磨难，为此她还不让自己的女儿去公馆做事，她只想保持一点眼前的平静，可现实是残酷的，她的女儿还是重蹈覆辙，她在女儿身上又看到了自己命运的投影。四凤不为自己卑下的地位所束缚，努力的追求属于自己的爱情和生活，可捉弄人的命运却让她和自己的同母哥哥相爱，在得知真相后，四凤精神恍惚，触电而死。蘩漪这个“最‘雷雨’”的女人在那个坟墓般令人窒息的家庭中活的人不像人，鬼不像鬼，与自己的继子发生了畸形的恋爱关系，并将这一点爱看作使摆脱绝望环境的全部希望。她不顾一切地要抓住这最后一根稻草，怕周萍离她而去，“想重拾一堆破碎的梦而救出自己，但这条道路也引到死亡。”周萍厌恶自己的生活环境，尤其是与继母之间的那种畸形关系，并为自己欺骗了父亲而深深的悔恨，在极度痛苦中，他与管家的女儿，美丽单纯的四凤产生了感情。他希望能借此摆脱身边的一切，甚至决定离开这个家，和四凤开始他们新的生活。然而，他和四凤之间兄妹关系的发现，熄灭了他对生活的希望，最终选择了自杀以求解脱。周冲，一个十七岁的年轻人，一个单纯善良、充满幻想的孩子，带着梦幻和热情爱上了四凤。却苦于父亲的专制而不敢言明，自己的母亲对他也不与支持。心存着对家长权威的恐惧，他追求着不可能的爱情。残酷的现实使他最终成了一出惊心动魄的悲剧的牺牲品，一个年轻的生命在瞬间就被毁灭了。《雷雨》中的一个个“蠕动的生物”就是一直处于这种对外界的恐惧中进行抗争，最终陷入绝望。

师：天地间的残忍，人生的荒诞。《雷雨》不仅表现了世界的偶然和人生的悲惨，而且探求了世界发展的真相，使人强烈感受到了终极的神秘，还有让人无法摆脱的天地残忍。

生：从性格悲剧来看，我认为这部剧的主题还可以是周朴园的“原罪意识和忏悔意识”。《雷雨》中除了揭露周朴园的冷酷、自私，凶残、狡诈，专制、蛮横之外，还展示了周朴园由于对命运的恐惧、对人生命运变化无常的感喟而产生的忏悔的、原罪的、尚具人性的另一面。他对侍萍不无思念，他保留了她的照片，牢记着四月十八日是她的生辰，客厅的摆设仍保持着三十年前的老样子。这不是虚伪，而有着他对初恋的真诚怀念。在回答周朴园对鲁侍萍的感情是不是虚伪这一问题时，曹禺就曾毫不犹豫地回答“是真实的，绝对真实的。”在整个“序幕”和“尾声”中都弥漫着一种基督教的忏悔意识，连十恶不赦的周朴园也心存向善，他把周公馆卖给教堂作为救治病人的医院，他老态龙钟、步履蹒跚地来探望侍萍和蘩漪，让读者在对他憎恶的同时也有一丝悲悯和同情。

师：这是从周朴园作为聚焦人物来看待的结果。这种认识尊重了人性的丰富性，摆脱了社会的阶级的论断。还有没有？

生：既然可以把《雷雨》看成社会悲剧，那么，再往下看，这个剧也可以看成是家庭悲剧。而这个家庭又是具有封建性的资本家的家庭，因此，《雷雨》的主题可以看作反封建，揭露资本家的罪恶。

师：说得不错，逻辑性很好。曹禺后来说，“有些评论家的解释我可以追认，比如暴露大家庭的罪恶。”“可以追认”，可见他的本意并不是讽刺或攻击什么。但并不影响我们读者的认识。

五、追究典故的意象之美

——《永遇乐·京口北固亭怀古》课堂实录

教学主张：中国的文学具有意象之美。

叙述类文本中富有情感的“物象”，诗歌中的“意象”，包括议论类文本中的材料，也具有意象的某种特征。那么，何妨把典故也看成意象。把握典故涉及的人物及其关系，理解典故背后的情感和潜台词，根据对比和类比，找出它们和现实中的烛照，有助于我们更深入地把握诗歌。

师：看到同学们的青春年华，我突然想起了我的高中时代。同学们，你们在高中时，有没有干过什么傻事？我反正干过，那就是帮人家写情书。（学生笑）不要笑，告诉你们，写情书对写作文帮助很大。（学生大笑）事情是这样的。高中时，我的同桌很喜欢一个女生，但那个女孩骄傲得一塌糊涂，文学才华极高。同桌于是向我求救，帮助他写情书。而且还有写作要求，一要表达出爱慕之心，二要不被人家抓住把柄。

我花了一个晚上写了一封情书。因为典故用得太多，过于含蓄，怕女孩子看不出。于是，在最后，我别出心裁的留了陶渊明的一句诗——此中有真意。

当天晚上，女生就把信退回来了。只在后面加了一句——欲辨已忘言。

我们看了，气不打一处来。更加想难倒她。于是我又撰写了一个谜语：

“×……，÷……。（唐诗）”意为“曾经沧海难为水，除却巫山不为云”。

可爱的女生很快又回信了。也是一个谜语：“人……，月……。（宋词）”同桌看了欣喜若狂，以为“人约黄昏后，月上柳梢头。”我忍不住狂笑，因为她写的是：“人有悲欢离合，月有阴晴圆缺。”隐含意思为下一句——此事古难全。

我们从此不敢再追她，只把她看成天空里的星星。很多年之后，老同学聚会，说起这样的往事，女生说，“你们为什么就不写了，我之所以拒绝，是因为这样玩典故的游戏很好玩，我喜欢。”

（学生欢呼）

同学们，刚才这段往事，之所以好玩，是因为它用了很多好玩的典故，今天我们上的这首《永遇乐·京口北固亭怀古》，也是以典故出名的一首词。

那么，古人写词，还有我写情书，为什么要用典故？谁来说说看看。

生：我觉得用典故，非常典雅，有文化气息。

师：真好，典故，来源于很久之前，被时间长久蕴藉和淘洗，具有一种浓厚的文化味。还有吗？

生：我觉得用典故，可以含蓄一点，意在言外。比如此中有真意。至于什么“真意”，就让女孩子去意会了。

师：嗯，有道理。

生：我也是说意在言外。甚至可以说在形式之外。比如说“人有悲欢离合，月有阴晴圆缺。”这句话本身含义不大，关键隐含下一句——此事古难全。

师：就是说典故还有一种隐含性的意思。

生：用典还能运用它的多义性，一语双关，甚至一语多关。

师：说得不错。综合起来。差不多就是典故运用所有的妙处了。我们看看前人是怎么说的？

清人赵翼在《瓯北诗话》中指出“诗写性情，原不专恃数典，然古事已成典故，则一典已自有一意，作诗者借彼之意，写我之情，自然倍觉深厚，此后代诗人不得不用书卷也。”

就是说用典有很多好处，可以丰富诗歌内容，扩大诗歌意境，使诗句辞约而意丰，含蓄蕴藉。和同学们说得差不多。但是用典也有要求。张炎在《词源》中指出“用事不为事所使。”如果不恰当地滥用典故，一味逞学炫才，以堆砌典故来掩饰内容的贫瘠，常常会造成诗歌语言的艰涩晦暗，令人生厌。

关于《永遇乐》的用典，究竟是否"为事所使"，争吵了上千年，甚至有两个老教授因为观点相左，老死不相往来。

褒者认为"运典虽多，却一片感慨，故不嫌堆垛。"明代杨慎甚至誉之为"稼轩词第一首"。贬者则认为他是"时时掉书袋，要是一癖。"岳飞的孙子岳珂，更是直言不讳地批评《永遇乐》一词"觉用事多。"更奇怪的是，稼轩还因此大喜，酌酒而谓坐中曰"夫君实中余痼。"

于是，辛弃疾想方设法修改，每天都修改几十遍，几个月下来，终于——一个字都没有改。

（学生惊呼）

以辛弃疾之如椽巨笔，竟至于累月而不能动一语，最终一字不易拿出来，这里面究竟蕴含着什么？辛弃疾在这首词中的用典到底如何，请同学们和我一同走进这首词，细细探究。今天我们给它一个结论，给它画一个句号。

请同学们自由吟诵，同时思考第一个问题——岳珂说"觉用事多"，《永遇乐》用了几个"事"（典故）？对象分别是谁？

生：用了六个典故。对象分别是孙权、寄奴、刘义隆、霍去病、佛狸和廉颇。

师：啊，六个典故。典故中套用典故的不算在内，有几个典故。

生：那就有五个，霍去病套用在刘义隆的典故中。上阕用了两个典故，下阕用了三个典故。

师：太好了。可是有同学说，填词太简单了。字不够，典故凑。于是，三分钟不到，就帮辛弃疾把《永遇乐·京口北固亭怀古》修改得面目全非，还自鸣得意。请看：

> 千古江山，英雄无觅赵子龙处。长坂坡前，风流已被雨打风吹去。斜阳草树，隆中茅屋，人道诸葛曾住。想当年，东风巧借，烧毁樯橹无数。
>
> 玄德草草，弟仇心切，赢得仓皇北顾。九百多年，望中犹记，烽火夷陵路。可堪回首，白帝城下，到处群鸦乱舞！凭谁问：黄忠老矣，尚能战否？

他说赵子龙不比孙权厉害？诸葛亮不比刘裕更加智慧？还有一大堆歪理，你们觉得他写得怎么样?

生: 写得好，又不好。

师: 什么意思，具体说说。

生: 说写得好，就是它很有创意。用的全是三国中的人物，而且既符合历史史实，又符合人物性格。说它不好是因为这些与京口北固亭无关，与辛弃疾当时的北伐大业无关，不符合怀古诗的特点。

江苏省苏州第一中学　紫藤园

师: 嗯，不符合怀古诗的特点。这位同学说得很到位。他帮我们解决了两个问题。第一，这是首怀古诗，而且是在京口北固亭的怀古，必须要和京口北固亭相关。第二，典故的运用一定要切合诗人眼前的形势，所谓言为心声，诗以言志。需要借古讽今。

关于怀古诗的一些特点，我们也来看看前人是怎么说的。

沈德潜在《说诗晬语》中说："怀古必切时地。"

清人袁枚在《随园诗话》说："怀古诗乃一时兴会所触。"

元代方若虚："怀古者，见古迹，思古人。其事无他，兴亡贤愚而已。"

这就有了第二个问题：怀古"必切时地"，这些典故与京口何关？"一时兴会所触"，触发点是什么？"一片感慨、兴亡贤愚"，作者用典的意图何在？

我们先看上阕。

谁先来把上阕的内容串联一下，我们再深入研讨。

生： 大好江山永久地存在着，（但是）无处去找孙权那样的英雄了。当年的歌舞楼台，繁华景象，英雄业绩都被历史的风雨吹打得烟消云散了。（如今）夕阳照着那草木杂乱、偏僻荒凉的普通街巷，人们说这里就是当年寄奴居住过的地方。回想当时，刘裕率兵北伐，气势如同猛虎一样，一下子就收复了洛阳和长安。

师： 串联得不错，要关注一个要点。就是"当年的歌舞楼台，繁华景象，英雄业绩都被历史的风雨吹打得烟消云散了。"既是孙权英雄不再的烘托，也是寄奴"草木杂乱、偏僻荒凉的普通街巷"的一种映衬。

很多人都说，辛弃疾有孙权情结。比如在差不多同一时间的《南乡子·登京口北固亭有怀》中，他也写到孙权。

> 何处望神州？满眼风光北固楼。千古兴亡多少事？悠悠！不尽长江滚滚流。
> 年少万兜鍪，坐断东南战未休。天下英雄谁敌手？曹刘！生子当如孙仲谋。

不妨结合词作，探究一下辛弃疾为何有孙权情结？

生： 我从地点来看，辛弃疾当时担任京口知府，也就是镇江知府，而当年孙权也是在京口起家。

生： 二人都面临来自北方的入侵。孙权是最坚定的主战派。辛弃疾也是南宋历史上的主战派。自然对孙权产生好感。

师： 这一点我有感触。孙权不容易啊。我记得《资治通鉴》上记载了孙权的一段话："吾不能举全吴十万之众，受制于人。"也就是说，东吴加上妇孺老幼在内，不过十万人罢了。而曹操却号称八十三万大军。孙权确实是以卵击石；但他依然奋力抗曹。这不能不让辛弃疾钦佩。

生：孙权赤壁之战之所以取得胜利，还在于他重视人才。

师：你太厉害了。这一点你都看得出来。当时孙权正是因为重用了周瑜和鲁肃等人才，尤其重用了这些主战派的人才，才让他取得了最终的胜利。想想看，孙权对周瑜重用到了什么地步。孙权的哥哥孙策娶了大乔，周瑜娶了小乔。孙权还常说，外托君臣之义，内有骨肉之亲。这一点连苏轼也是歆慕不已啊。

生：从结果来看，孙权最终击退强敌，建功立业。这对作者是一个极大的鼓励。

师：嗯，探究得不错，深入到文本的内核中去了。但是，辛弃疾既有孙权情结，为何又把刘裕放在后面重点来写？这两人究竟有什么异同？

生：孙权在京口，凭借长江天险，抗击北方侵略者曹操。奠定了三国鼎立局面，称雄一方。连曹操也赞叹，生子当如孙仲谋。刘裕则从京口起兵，北伐中原，收复洛阳、长安。

两人的共同点不难看出。

第一，他们都是主战派；第二，他们的事业都在京口起步；第三，都是建功立业的英雄。

不同点在于功业不同。孙权仅仅击退强敌而已；而刘裕却挥师北伐，收复故土。

形势也不同。辛弃疾担任镇江知府期间，已经不是主战和主和的矛盾冲突，而是如何贯彻北伐大业的问题。

师：还有两大原因。从两人的出身来看，孙权是孙坚之子，“小霸王”孙策之弟。承继父兄基业，外事不决问周瑜，内事不决问张昭。而刘裕却出身贫贱，卖过草鞋，假称是刘邦弟弟刘成之后。但一样能建功立业，更表现了“事在人为”的道理。这与辛弃疾“归正人”的身份相近，更能给辛弃疾激励。

还有一个原因就是侧重点不同。孙权重用人才，刘裕精于战略。辛弃疾对刘裕的歌颂不仅是向往他的英雄业绩，还隐含有“如果碰到刘裕这样的国君，自己的正确战略意图就能被采用”的意思。

上阕的两个典故中“一片感慨、兴亡贤愚”，作者用典的意图何在？请同学们根据对象分析法，结合孙权和刘裕的隐含信息说一说。

生：可以从对比和类比两个角度分析。

对自己，力主抗金和北伐中原的宏大抱负，建功立业的人生理想。渴望得到国君的重用，渴望自己的战略意图得到采纳。

对主战派，则是一种激励，一种期望，一种呼吁。

对国君，则借孙权刘裕来影射南宋统治者昏庸无能，屈辱求和，偏安一隅。表达了对当权者安于现状、不思雪耻的深切不满。还有前人事业后继无人的惋惜。

师：作者有没有骂人？

（学生惊讶）

我提供信息，大家推断。

“天下英雄谁敌手？曹刘！生子当如孙仲谋。”这里也运用了典故。曹操在赤壁之战前，看到孙权勇敢抗击自己，并且军容威武。曹操感叹一声说“生子当如孙仲谋，刘景升之子如豚犬耳！”

那么现在，作者说“英雄无觅孙仲谋处”，是什么意思呢？

生：那就是说，再也找不到孙仲谋那样的英雄了，只剩下刘景升之子如豚犬一样的人。这里有对当权将领昏庸无能的讽刺，对前人事业后继无人的惋惜。确实是骂人了。

师：非常棒。上阕再简化一下，那就是抗击北方侵略和挥师北伐取得成功的两位牛人。原因在于两点，第一重用人才，第二是精于战略。只有如此才能北伐成功。

下阕就从反面写北伐不成功的原因，以史为鉴。词中涉及北伐的有几次。

生：有四次，包含上阕中的刘裕北伐，下阕中的刘义隆北伐，还有南宋的两次北伐，一次是张浚北伐，一次是韩侂胄北伐，即开禧北伐。

师：《随园诗话》说“怀古诗乃一时兴会所触。”就是说，既然是怀古诗，诗人的抒怀的情感必须有一个触发点。怀古诗中一般都会出现一处让诗人产生联想的“点”。这些“点”既可以是某处遗迹，也可以是遗迹旁的景或物，还可以是由遗迹联想起的历史事件，还可以是某个历史人物。这样看来，在京口地点谋划北伐大业，就成了这首诗的“触发点”为何先写刘义隆北伐？

生：刘义隆是刘裕的儿子，也是在京口，而且父子相承，结果迥异，正好作对比。

宋文帝元嘉年间，刘义隆听信王玄谟的话，产生了霍去病一样的“封狼居胥意”，于是“草草”北伐，结果遭到惨败。比照刘裕和孙权的成功经验，刘义隆所犯的错误在于用人不当，谋略不当，准备不足。

师：书上说，引用刘义隆北伐失败的惨重教训，是对韩侂胄为建功立业而轻率北伐的中肯批评，反映了辛弃疾对韩侂胄轻敌冒进行动的忡忡忧心。准备不足，那就要准备充足，而准备充足是需要时间的，那是否表明北伐要从长计议。这个观点先放在这里，存疑。

再看下阕的第二个典故。谁来说说。

生：第二个典故是佛狸。佛狸，即北魏太武帝拓跋焘的小名。这个典故，承刘义隆北伐失败而来。刘义隆“赢得仓皇北顾”之后，北魏拓跋焘追击王玄谟的军队，一直追到长江边。在长江北岸瓜步山建造了一座行宫。这座行宫后来叫作佛狸祠。

师：我插问一下。这个佛狸祠是刘义隆北伐失败的结果，但与京口何干呢？

生：第一，刘义隆北伐的起点是在京口；第二，佛狸追赶王玄谟正好追到了京口的对岸。

师：你怎么知道的。

生：下面的望中犹记的“望”字，将眼前之景与隔江之景连接起来，将历史的回顾与现实的沉思融合在一起。还有，就是王安石所的“京口瓜洲一水间”，可作一个例证。

师：太好了。你继续说。这个典故还有哪些含义。刘义隆北伐和南宋北伐有何关系？

生：注释上有这样的内容。张浚北伐，出师不利，导致金主完颜亮大举南侵，一直打到长江边。也曾在瓜步山的行宫休憩。这样，一千多年前的元魏入侵者和当前金人的入侵联系起来。

师：就是说，一切近代史都是当代史。所有的故事都是同一个故事。在诗词中辛弃疾多次把金主完颜亮比作佛狸，这样的联想简直一气呵成，天衣无缝。那么，写佛狸祠一片神鸦社鼓的场景，作者的心情是怎样的？

生：作者的心情是沉重的，非常忧虑。人民才不管祭奠的是谁，供奉的是谁，反正有庙，他们就祭祀，就祈福。江北沦陷已久，人民已经逐步被同化。如果不迅速谋求恢复，人民就安于异族统治，忘记了自己是宋室臣民，忘记了国恨家仇。

师：就是说，“人民不知亡国恨，隔江犹唱社日歌。”就是说，北伐不能一拖再拖，时不我待。是这个意思吧？

生：对，就是这个意思。

师：那么，问题来了。前面的存疑说的是，北伐准备不足，应该从长计议。现在，又说北伐时不我待，这不是自相矛盾吗？辛弃疾到底想表达什么？

生：我觉得不是从长计议，而是北伐时不我待。作为主战派的辛弃疾不大可能反对北伐，就算是轻率北伐，他也不大可能反对。

生：辛弃疾说准备不足，不能草率从事。所谓的准备不足，就是人才准备不足，实质上是自我推荐。

师：也就是说，辛弃疾不是反对立即用兵，而是重用什么样人才来用兵。辛弃疾主张要重用老臣，实质上就是要求重用自己。站在这样的角度上来看，我们就恍然明白了唯一与京口无关的典故——廉颇。谁来说说。

生：廉颇的年老、忠诚、被人排挤，辛弃疾与他“同病相怜”。

师：作者和廉颇相比如何？

生：还不如廉颇。廉颇壮志难酬，尚且还有人询问，自己却连询问之人都没有，自己比廉颇还要凄苦。辛弃疾满腔悲愤，一涌而出，自己虽有远大抱负，却始终得不到朝廷重用，以致壮志未酬，年岁老去。

师：说得真好。你看看，历史就是这样荒唐。

刘义隆傻乎乎的，笨歪歪的，重用王玄谟，难怪事情就“玄”了，军队就“谟”了。用人不当是刘义隆失败的主要原因。人家汉武帝大胆重用奴隶之子霍去病。结果，二十一岁的霍去病挥师北伐，封狼居胥，一直打到现在的贝加尔湖。使得匈奴哀叹“失我祁连山，使我六畜不蕃息；失我燕支山，使我嫁妇无颜色。”汉武大帝多年来的匈奴心“病”，一下子就“去”了。现在统治者倒好，放着一个辛弃疾，却生生不用。

女真之“疾”，如何能“弃”啊？

一个是霍去病，一个是辛弃疾。两者构成了绝对。一个被重用，匈奴之“病”，骤然可“去”；一个不被重用，女真之“疾”，依然难“弃”。

我这样说，并非空穴来风。辛弃疾的人生偶像就是北伐建功立业的霍去病。霍去病小时候多病，家里给他取名霍去病，字幼安。有趣的是辛弃疾立志北伐，收复故土之后，也把自己鞑夫之字改为幼安。就是向霍去病致敬，表达自己封狼居胥，收复失地的理想。

我们总结一下。

《永遇乐》是一首登临怀古词。怀古就是缅怀历史人物、历史事件，就免不了要用典。词所引人物孙权、刘裕是与京口密切相关的古人；元嘉北伐既与刘裕北伐相承，又与南宋北伐（张浚北伐、韩侂胄北伐）相类；“佛狸祠”则是元嘉北伐失败的标志，既影射南宋张浚北伐失败，还是对韩侂胄北伐的警醒。典故紧扣所处之地、所见之景、所思之事，围绕题旨，联想自然。表现了作者抗金救国、恢复失地的抱负，对英雄业绩的无限向往和理想不能实现的苦闷；也表现了对南宋统治者屈辱求和、苟且偏安的讽刺和不满，以及对韩侂胄的不能重用人才的愤懑，最后借廉颇将词人报国无门、壮志难酬的悲愤推向高潮。

同学们，还记得我们起初的问题吗？辛弃疾知道典故太多不好，为何最终一字不动？

生：怀古诗的特点，决定了辛弃疾要用典。

生：辛弃疾“归正人”的身份，不便直抒胸臆，也要用典。

师：辛弃疾是从北方起义过来的人，他在金国统治内出生和长大，这个尴尬的身份就是归正人。这也是他不得重用的一个原因。

生：辛弃疾个人风格，喜欢用典。

师：可能因为归正人，一开始不得不含蓄，但时间长了，就成了习惯，进而形成了辛氏的风格。

生：典故太精当，不刊之论。

师：我非常赞成。尽管典故确实用得太多，但确实每一个典故又太恰当了。以致浑然一体，无法去除。这就叫作“文章本天成，妙手偶得之”。辛弃疾确实也去除不了。

最后，老师昨晚用辛弃疾词中的典故，模拟辛弃疾的掉书袋的毛病，也掉了一把书袋，向辛弃疾致敬。

满江红·咏辛弃疾

王开东

千古江山，北固楼，最难将息。几人念，孙权寄奴，旧时英烈？
坐断东南赤壁火，马作的卢焉支血。仰天啸，往事堪回首，山河缺！

栏杆拍，情何切？壮士心，犹未灭！曾记否，挑灯看剑，几多激烈？
可怜万字平戎策，东家种树音尘绝。平生憾，君王事未了，发如雪。

（热烈掌声）

六、口头作文：作文教学一种可能的突围(三则)

第一则　在玩具中堕落

学生的自主命题是《玩具》。同学们尚在积极思考，我心下疑惑，不知道这个题目学生的研讨和交流的效果怎么样。有时候，教师总会低估学生。

很快，第一个学生说，玩具中寄托着我们的童年。

我说，从喜欢玩具的时间入手，比较质朴。能不能详细说说。

学生说："很偶然的，暑假里收拾房间的时候，我检视了一个个玩具，一个一个地玩过去，玩了很久。每一个玩具，都是童年快乐生活的映照。童年走了，永远不回来了，但童年的玩具还在。玩具提醒我们，要永远保留一颗童心和真纯。"

我评价说，不错。鲁迅先生说，玩具是孩子的天使。因为玩具的存在，让我们再次回到天使时代。这个构思充满着怀旧的气息，很容易打动人。

第二个学生说，玩具中散发着亲情。

我说，还是打亲情牌，详细谈谈。

学生说："我在想，玩具怎么来的？玩具都是父母给我们精心挑选的，寄托着爸爸妈妈的爱。看到了玩具，我就想到了父母，想到了他们对我的呵护和无微不至的爱。我的内心充满着感恩。我怎么会，怎么能忘记有玩具的岁月，有爸爸妈妈宠着的岁月？"

我说，你是从玩具来源的角度，爸爸妈妈给了我们玩具，这个行为的背后，是爸爸妈妈给了我们太多的爱。我们要有感恩之心。这个感恩之心，因玩具而来，可以。

第三个学生说，要正确对待玩具，不能玩物丧志。

他分析说："凡事都有弊有利，对待玩具也是如此，我们在玩具中获得快乐，也在玩具中获得启迪。但人是有主动性的，我们不能被玩具左右。一旦被玩具左右，就不是我们在玩玩具，而是玩具在玩我们了。"

孩子们哈哈大笑，我补充说"钓胜于鱼"。人在钓鱼的时候，时间是不是也被鱼钓走了，鱼也在钓我们。《东坡说墨》上记载："石昌言蓄廷珪墨，不许人磨。或戏之云：'子不磨墨，墨当磨子。'今昌言墓木拱矣，而墨故无恙，可以为好事者之戒。"

第四个学生得到启发说，我在想，"我们这一代学生，是不是也是玩具？"

我的心头一震。谁说不是，很多时候，我们不能自主，犹如一个玩偶，被别人牵着线。我鼓励她说下去。

学生说："我们有头脑，不能思考；有眼睛，不会观看；有耳朵，不能谛听。在不断地实验和改革中，我们甚至连玩具也谈不上。玩具能给人带来快乐，我们只给人带来沉重。现代学生充其量只能说是工具，机械做题的工具而已。"

我说："尽管大环境不太好，但是，人还是有主观能动性的。比如在我们的课堂上，你们还有有飞翔的自由。就像我们不能决定我们生命的长度，但我们可能决定我们生命的宽度、厚度、质度。"

一个瘦瘦的小姑娘站起来说："我们在父母的玩具里静静长大，其实，我们也是父母的玩具，给父母带去快乐。更重要的是，有一天父母们老了，在炉火旁打盹，我希望我们也要给父母玩具，给父母带去快乐。"

我说："这就是说，我们要反馈。都说，老小孩。老人越来越孩子化，到那个时候更需要我们的关心和呵护。像当初他们疼爱我们一样。"

当然，最精彩的还是陈裔宁，也就是在这节课中，我重新认识了这个戴着眼镜的男孩。

他说："我们对待玩具的过程，可以看出我们的创造力是怎么丢失的。"

这个观点让人眼前一亮。我挑衅地追问："理由何在？"

他说："我们小时候，最初的玩具是积木。几块小小的木块，可以造出房子，大桥，火车，恐龙，飞机，长城……我们随心所欲，我们无所不能，我们的心有多宽，创造力就有多大。

后来，我们的玩具是航模。我们有了固定的图纸，我们知道了玩具最终的样子是什么，玩具失去了无限的可能性。我们根据步骤一步一步完成。我们的创造力开始萎缩，我们只是在拼凑。

再后来，玩具更进步了，都是遥控装置。所有的遥控玩具，还有一个好听的名字叫傻瓜玩具，玩傻瓜玩具创造不动脑筋的孩子。我们只是一个操控者，而不再是一个创造者了。

而现在，我们的玩具基本都是游戏。每一个游戏都有固定的规则，我们在规则中画地为牢，自得其乐。我们其实是被游戏，被玩具，玩具堕落了，我们也堕落了，我们终于被改造成没有想象力的孩子。”

我哈哈大笑说：“玩具堕落了，但你没有堕落。相反，你非常清醒，尽管做一个清醒者，有时候会更加痛苦，但我们选择痛苦。我无话可说了，陈裔宁，你说得太精彩了。”

那一刻，掌声四起。

下课的时候，我对学生说，我喜欢今天的课堂，好的课堂，总有一种味道。

教育是农业，不是工业

第二则　缘来缘去缘如水

今天，轮到蔡慧灵，她出的题目是“缘”。

这段时间，学生很喜欢一个字题目。限制越少，解释力越强，空间越大。

最先回答的是龚启善。这段时间，龚启善的表现不错。今天一开口，他就上了一个层次。

他说，所谓的“缘”，实际上就是世上万物之间的一种关系。这种关系不能局限在人与人之间，还存在于人和万物之间。能够并存在一个世界之中，这就是缘分，人要珍惜这种缘分，所以，要亲近自然，敬畏自然。

我说，龚启善起手不凡。记得结构主义有一句很有名的话：“世界不是由物组成的，而是由物与物之间的关系组成的。”缘就是这种关系的一种表现，这是龚启善的发现。这种发现还充满着浓浓的人文色彩。

陆馨彤说：“人不断地在追求缘，有人刻意地寻找缘，殊不知我们每天遇见的都是缘。从前人们住在一起热热闹闹，现在连对门的人从身边走过，也不知道姓甚名谁。这就与人的求缘相悖了。”

我说，陆馨彤说得真好啊。缘，不是天外来物，人拼命去求缘，却放弃身边的缘。人有时候就是这样叶公好龙。

施家裕说：“缘是个神奇的东西，它无处不在，但却把捏不着。既然是缘分，就不要去追寻，否则何以叫缘分呢？有道是‘有缘千里来相会’，一切随缘就好。比如说，坐在我前面的吴悠同学，她本是镇江人，但此时此刻我们欢聚一堂，这就是缘分吧。”

他举了吴悠的例子，学生忍不住都笑了。

我说，能够追到的就不是缘了，不存在追缘，只存在求缘。所以席慕蓉说，求佛让我们结一段尘缘。我欣赏你的是，能够举身边的例子，这样很真切，很温暖。

顾一石说：“缘是一个不能想的东西。”

我提醒说，顾一石有一个特别突出的优点，他的回答总有一个核心观点，然后，再生动阐释。

顾一石继续说：“缘是个剪不断、理还乱的问题，古人早已经明白。但偏偏现在却有人拼命去寻找，剖析，弄清，又怎么能弄清呢？最后的结果，自然是失望。缘分本来就是空的，是人赋予了它神秘感，最后又在人的‘想象’中荡然无存。佛家讲缘，缘分到了，时机就到了。在适当的时间做适当的事，就是缘。缘不可想。缘，神秘、虚幻、现实、真实，一切都说不清，千万别去想。换了佛家的话，叫‘戒痴念’，不然，就与我佛无缘了。”

顾一石发言，每次都要一鸣惊人，唯陈言之务去。我笑着说：“顾一石的观点和施家裕差不多，缘分不但不要追，甚至也不要去想。时机到了，缘分就来了。”

黄靖媛，一个文静的小女生，不慌不忙地说：“从陌生人成为同学是一种缘分，从陌生人成为师生是一种缘分，从陌生人成为亲人更是一种缘分，‘你召唤我成为儿子，我追随你成为父亲。’这是北岛在《给父亲》中的一句话。

我们能够成为父母的孩子也是一种缘分，对这种缘分我们不但要珍惜，更要以一种崇敬的目光去看待。前世五百次的回眸，才换来今生的相遇。那么，我们与父母的相守又需要多少次的回眸？所以，珍惜吧，这来之不易的缘。”

我评价说：“黄靖媛给缘分赋予了情感色彩，尤其是北岛诗歌的引用很有力量。这辈子能够做家人，是多么有缘、幸福、浪漫的事，所以，要好好珍惜。这样的文章，能够触动人最柔软的东西，所以，更能够打动人。”

李佳园说：“缘有几层意思。其中有‘缘分’和‘沿着’的意思。‘沿着’‘缘分’一路走下去，就能收获最美好的真情。缘无需追逐，它一直都在你的身后。”

我说，李佳园这个构思的妙处在于：先解释“缘”的几个意思，又把这几个意思串联起来，表达自己对缘的想法，收放自如。太好了。

王嘉琪说：“缘是人愿意相信但实际却不存在的精神寄托与牵连。这种东西说有就有，说没有就没有了，就像王菲唱的那样‘思念是一种很玄的东西，如影随形。’缘是精神的休憩地，但至多也只是精神的寄托，却不是精神的支柱。缘给生活以浪漫与安慰，却不能参与生命本质的意义。”

我的眼前一亮，很多时候，学生都不能从本质上揭示意义。所幸王嘉琪就是这样的学生。我说：“王嘉琪总能给我们带来惊喜。《周渔的火车》有一句经典的台词——‘心里有就有，心里没有就没有了！’缘也是如此。”

叶思韵说：“缘故，缘故，有缘就有故。说明事出有因。成功时，我们常常说，我们也没怎么费力，随随便便就成功了。其实这很虚伪，风雨过后才见彩虹，人应该大胆承认自己的付出。失败时，我们又常常将其归结为小错误，却不去追究自己犯错的原因。世界上没有无缘无故的成功，也没有无缘无故的失败，每件事情的结果都是有原因的，只要找出‘缘’，才能解决‘故’。人应该正视原因，正确处理结果。”

我说，叶思韵说得很好。她从缘故入手，有故必有缘，有缘必有故。但中国人却不愿意正视自己的“缘”，所以往往要出问题。我们是一个最缺少自省的民族。

成力说："缘是万分之一的几率，中国人做事最讲求缘分二字。结婚论姻缘，拜佛论佛缘。'嘿，我们是不是有过一面之缘?'这句话似乎更是搭讪的黄金名言；但与其说中国人相信缘分，不如说是中国人骨子里对人情人心的怀疑。他们宁可相信万分之一的概率，也不相信一万的人心，不知这是不是一种悲哀?"

我说，太经典了。那么，相信冥冥之中的缘分，是不是也是否定现实中的人情呢?

孙佳丽说："缘的左边是个'丝'，这就很让人想起某种千丝万缕的关系。'剪不断，理还乱'，似乎就在说明'缘'的捉摸不定。以前的我们，像是生活在一万平方米巨大的蜘蛛网里。

用《小王子》的话说是，我们互相驯养，而'缘'就是这一切的根本；但现在的人们，却竭力在把这种关系理清楚，即使剪不断，却继续剪，即使理不清，还要固执地理。不知道这是人类的进步，还是人类的悲哀。我们一出生就预示了我们是在'缘'的包围下成长，又何必费尽心思去剪破那道屏障呢? 倒不如织好自己的那片网，让整个人类都互相依存，那不是很好吗?"

我说，再回到原来，缘是一种关系。这种关系，就是一种驯养。我们彼此流过汗、流过泪、挣扎过、努力过、失望过、疼痛过、依存过、经历过，这些就够了。这就成了我们独一无二和不可或缺。所以，我们就这样互相依存，不要剪，不要理。就如生物学中所说的"共生"。我们是一体的，因为结成一体而美丽。

最后，我们隆重请蔡慧灵来总结一下。

蔡慧灵说，前段时间读了纳兰容若的《蝶恋花》，非常喜欢。我来读一下：

> 辛苦最怜天上月。一昔如环，昔昔都成玦。
> 若似月轮终皎洁，不辞冰雪为卿热。
> 无那尘缘容易绝。燕子依然，软踏帘钩说。
> 唱罢秋坟愁未歇，春丛认取双栖蝶。

我从中得出一个"缘"字。我拿"缘"组词，组成"缘分"和"人缘"。关于"缘分"，我写了一首短词；关于"人缘"，我写了一点感想。我的短词可能没有纳兰容若精彩。

我说，这个，我们可以理解。

哈哈，同学们大笑起来。蔡慧灵太幽默了。

蔡慧灵开始朗诵自己的作品。应该说，充满了感情，看来她读懂了纳兰的那首词。

缘

一千年前，你不是现在的你，我不是现在的我
一千年后，你不记得当年的你，我不记得当年的我
因为有缘，所以相逢
因为有缘，所以相知

缘分将彼此相连
缘分让彼此靠近
紧紧握住你的手
让缘分不再溜走
冥冥中，你我注定有缘

读完了之后，蔡慧灵赶紧补充：这里的你不是确指某个人，这里的我也不是我。

学生们更加大笑。我说，这个我们明白。诗歌中的“我”叫抒情主人公。

关于人缘，蔡慧灵写了这样一段话。

“人缘俗称是人际关系。在当今社会，这是比铁饭碗还要铁的无形资产。人缘好，说明你比较受欢迎，赢得了他人认可，这样一来，你们的成功也就不远了。但是，荣华富贵过后，一切都烟消云散，你还能保住你的人缘吗？所以，此人缘非彼人缘也。我觉得，真正的人缘，并不是有意去栽培的，而是在平时一点一滴累积起来的。需要的时候，它第一个跳出来帮助你；不需要的时候，它就在你的旁边默默陪着你，关心你。”

我说，蔡慧灵所说的人缘，应该属于情商。人的成功，智商只占百分之十五，情商却要占百分之八十五，难怪拥有人缘和情商的人，更容易成功。但蔡慧灵的亮点在于后面，好的人缘不是有意栽培的，那样就变味了，这是对功利性人缘的摒弃。

真正的好人缘应该自然而然，是从灵魂里散发出来的，并闪耀着人性的光芒。

正如周国平所说："孤独是人的宿命，它基于这样一个事实——我们每个人都是这世界上一个旋生旋灭的偶然存在，从无中来，又要回到无中去，没有任何人任何事情能够改变我们的这个命运。"

缘之珍贵，可能即来源于此。但要记住，珍惜即是缘，永远不要做缘的奴隶。

第三则　生命的代价是死亡

陈晨这次命的题是——代价。

脑海里，第一时间跳出的竟是张艾嘉的《爱的代价》。岂止是爱，人世间一切不都是有代价的，有的计算代价，有的忽略不计，如此而已。代价的背后，有没有功利的思想在其中？且听学生如何生发。

一分钟之后，王嘉琪开始回答。嘉琪犹如孔门的子路，总会"率尔"而对；与夫子不同，我很喜欢他的这种果敢。

王嘉琪说："听到代价，我脑海里马上跳出一句话——成功必须付出代价；但盲目的付出代价，只会离成功越来越远。"

我说："王嘉琪已经形成了一种风格，总会用一句富有哲理的话，串联全文，这就是古人说的'立片言以居要，乃一篇之警策。'你能否详细说说？"

王嘉琪犹豫了一下："余下的还没有想好。"

我说："很好，先把最好的思维展示给我们，激发我们的思考，再慢慢补充。其他同学继续。"

顾一石左顾右盼，确信没有人之后，他才站起来，这是他的特点。

一石很有深度，最擅长打比方，而且是连续比喻。

一直以来，我都认为比喻论证是好方法。譬如苏洵论证"后来居上"，后来者何以居上？凭什么居上？这个道理很难讲清。但苏洵只用一个比喻，就说得明明白白。老先生说："譬如积薪，后来者居上。"言简意赅，简直妙不可言。

一石开始发言了，他说："生命的代价就是死亡。不管人或世间万物，都承载着各自的生命。就如我手里的这支笔，也可以将它视为一个生命。从生命的一开始，它就在书写，但总有一天它会耗尽油墨，那时，它就迎来了死亡。正因为它的生，便有了它的死。所以，生命的代价即是死亡。"

我心里一震，从生命的角度来思考人生的价值，多好啊。

我说："一石，有没有发现，正是因为生命地不断书写，不断地死，所以，它的死，也就成了一种生。这样，肉体生命不在了，精神生命却永存。臧克家写鲁迅，'有的人活着，但已经死了。有的人死了，但却还活着。'道理就在这里。"

徐珺蓉说："代价是一种约束。它能使我们惩罚鲁莽，制衡冲动，使生命不至于在无价中流逝。"这个纤弱的小姑娘，非常有个性，连书写也充满着夸张。

李佳园接着说，老师，我不同意刚才王嘉琪的观点。

印象中，李佳园和袁梦，是回答问题最多的两个女生。女生天生对语言有一种敏感，一种领悟，一种灵性。

李佳园说："所有的代价都是值得的，都是有意义的，没有盲目的代价。在付出代价的同时，我们不断修正，不断收获，这正是生命成长的必须。"

一些同学显出了诧异之色，我于是给了一个例证。

我说："爱迪生试验灯丝，又一次失败了。不少人都跑过来安慰他。爱迪生说，'我哪里失败了，我又成功了一次，因为我发现这种东西不可以做灯丝。'只要换一种眼光，任何代价都是值得的。"

可能是受到了这种思维的鼓励，成力要求发言。

我第一次接手这个班级，成力就给我留下最深刻的印象。那时候，还是暑假，正式上课还没有开始。有一天晚上，我放电影给学生看，放的是《爱在战火蔓延时》，我最喜欢的一部影片。

回头来的时候，我看到了她，这个叫成力的女孩子，居然坐在女厕所的门口，看书。那个剪影，凝结成一幅最美的画。一个女生在喧闹的电影之外，在昏黄的女厕灯光下，静静地阅读。整个世界都停下来了。安静，听书说话。这简直就是魏晋人士，六朝作风。成力，是一个最好的阅读者。

成力说："生命的代价就是死亡。就像烟花绚烂后便湮灭成灰，但我们不可以否认它曾经灿烂过。如果烟花不燃烧，它就失去了存在的价值，即便以死亡为代价，我们也要在生命里灿烂一回，哪怕是一瞬。"

我说："太好了。烟花的美，其一在于它生命的短暂；其二，在于它用短暂的生命划出最耀眼的光芒，装点了世界的美丽。巴金说，寒冷的寂寞的生，不如轰轰烈烈的死，这是一种生命的姿态。"

后来居上的龚启善说："世间万物都有代价，不论有形或无形，物质或精神。一个人要想获得成功，必须付出代价。勤奋、刻苦自不可少；一个人要养成良好的习惯，也一定要花时间去培养。但也有人这样想，我不用去获得成功，所以我不用付出代价。这个观点是大错特错。无论你在做什么或不做什么，时间都是向前奔流的，它不会回头。这些人付出的代价，就是自己的时间，自己的生命，自己未经打磨的人生。"

我说："龚启善的后一点说得尤其精彩。当我们什么也不为，以为享受了人生，但却是浪费了生命，因而付出了更高的代价。还有两个发言机会，谁还来说说。"

孙佳丽说："我们所能获得的一切都有代价，父母为我们操劳，老师为我们指导学业，清洁工人打扫卫生。而我们认为这一切都是理所当然。但是，一直保持着这样的态度，总有一天，我们所付出的代价，也会被认为是理所当然的。这一点非常可怕。"

我心中一喜，点评说："孙佳丽从另一个角度帮助我们开拓思维。我们总以为我们在付出代价，没想到别人也为我们付出了巨大的代价。当我们无视别人的代价，我们的所有付出，也将会被漠视。出来混，总是要还的。"

我想起了朱学勤翻译的《马丁神父的遗诗》

起初他们追杀共产主义者，
我不是共产主义者，我不说话；
接着他们追杀犹太人，
我不是犹太人，我不说话；
后来他们追杀工会成员，
我不是工会成员，我继续不说话；
此后他们追杀天主教徒，
我不是天主教徒，我还是不说话；
最后，他们奔我而来，
再也没有人站起来为我说话了。

毛薇说："人生就像一盘棋，每一步都会付出相应的代价和风险，有时付出小的代价，获得全局的胜利；有时付出了大代价，反而满盘皆输。所以，要懂得取舍，懂得权衡，才能获得更好的棋局，赢得更精彩的人生。”

毛薇是我们班级笔记做得最好的同学，也是最认真的同学。上次考试 129 分俱乐部成员，可不是吹的。学习更需要付出代价。

最后，我请本次口头作文的设计师陈晨，总结本次作文活动。

陈晨说：“这个题目是我睡在床上想起来的。凡事都要付出代价，所以人生每一步都要小心去走。王侯将相宁有种乎？不可否认的是，每个人的家世、背景、经历都有不同，每个人的天资也有差异。在追逐别人、追逐梦想、追逐幸福的过程中，我们不得不通过付出代价来弥补这种差距。每个人的一生，仿佛都是与上帝的一次博弈，我们拥有的最大赌注便是生命。生命的珍贵在于它只有一次，而且失去了永不回再来。所以，我们努力珍惜我们手中所拥有的，争取以最少的代价获取最大的收获。”

代价是很有感染力的语词，谁的代价，什么代价，为什么付出代价，付出了怎么样，不付出又会如何。这些深层的考虑，就是陈晨所说的博弈，博弈是一种智慧，更是一种能力。只是在博弈的时候，要知道自己的内心，我为何付出。

正如周国平先生所言：“生命害怕单调甚于害怕死亡，仅此就足以保证它不可战胜了。它为了逃避单调必须丰富自己，不在乎结局是否徒劳。”

七、为君谈笑净胡沙

——评李元洪老师的《古典诗歌的双重价值透视》

朱自清先生说：经典的价值不在实用，而在于价值。

今天这三堂课都是经典课堂，不仅实用，更有价值。借用陈凤娟老师课堂中所引用的顾城的三句诗——

> 宋淑芳老师的课是：在生命停止的地方，灵魂前进了。
> 李元洪老师的课是：在语言停止的地方，诗歌前进了。
> 陈凤娟老师的课是：在玫瑰停止的地方，芬芳前进了。

李元洪老师所授课题是《古典诗歌的双重价值透视》。其课堂程序如下。

1. 呈现一首诗歌

闺意献张水部

朱庆馀

洞房昨夜停红烛，
待晓堂前拜舅姑。
妆罢低声问夫婿，
画眉深浅入时无？

2. 带领学生攀登第一座山峰，探讨这首诗歌的审美价值中的表层叙事价值

概述：时、地、人、事

新婚之夜，洞房里，新娘很早就梳妆打扮为天亮后拜见公婆做准备。

艺术特色：

运用对话、细节、心理等描写方法，刻画出洞房花烛之夜新娘子的羞涩形象和战战兢兢，如履薄冰的紧张心理，生动形象，细腻传神。

3. 带领学生攀登第二座山峰，探究审美价值中深层的隐喻价值

艺术特点：

通篇运用比喻，借新媳妇拜见公婆前的心情，形象地表现了诗人考前紧张忐忑的心理，委婉含蓄地表达了求助的心愿。构思极为精巧，可谓“不着一字，尽得风流”。

4. 带领学生深入一步，着眼于诗歌“史”的性质，探究诗歌的认识价值

(1)新婚礼仪——女子地位——恭谨心态

(2)行卷风气——人际交往——人文风尚

(3)学优则仕——人生追求——文化心理

5. 问题延续

古人云：来而不往非礼也。朱庆馀写了干谒诗，张籍是不是也应该回一封信呢？他的信会不会也是一首诗呢？他的这首诗会不会也用类似的比喻的方法？他们还写过哪些诗呢？那个时代是不是有很多人用诗来写信呢？他们诗的风格是怎样的呢？他们的诗风的形成与那个时代存在着怎样的联系呢？这样，一步一步地走下去，你便走进了历史，你便融进了文化！

好课堂总有一种味道

6. 现场点评

李老师的这堂课不仅具有强大的实用性，更具有极大的价值意义。某种程度上他捍卫了我们语文课的尊严，保留了语文课专业素养和价值理性。当我们都用一条腿走路的时候，李老师却用两条腿走路，健步如飞，把我们远远抛在身后，让我们望洋兴叹，叹为观止。

好的课堂，应该要“精选一粒种子——长成一棵大树——伸开几根分枝——长出片片绿叶”。

所谓一粒种子，就是一堂课的逻辑起点，也就是课堂具体的教学内容，明确的教学指向；一棵大树，就是由逻辑起点延伸出去的一条清晰的教学主线；几根分枝，既指主要教学环节的不同层次，也指在紧扣围绕教学起点、突出教学主线的同时，不拘泥于“点”和“线”，根据具体教学情景和教学需要“旁逸斜出”的“节外生枝”；片片绿叶，是指无论是主干还是分支，都必须追求鲜活的教学生成和教学细节。

首先，李老师精选了一粒好的种子，《闺意献张水部》堪为经典，能够完美演绎李老师对古代诗歌双重价值的透视。

其次，长成一棵大树。从《闺意献张水部》这颗种子出发，延伸出一条清晰地教学主线。就是四个层次的不断登高。第一层，审美价值中的表层空间，主要是叙事功能；第二层，审美价值的深层寄托，主要是隐喻功能。这两者交融合一，相映生趣；第三层，探究诗歌的认识价值，层次也极为清楚。因为借助新媳妇见公婆，势必介入古代的婚俗文化；借助于丑媳妇要见公婆的乡村俚语，又自然切入古代学子的行卷之风。那么，读书人本自清高，为何如此干谒？这又挖掘出了当时的社会文化层次——万般皆下品，唯有读书高。由这种社会文化的浸染，自然顺势导出一个社会普遍的社会心理：读书人学而优则仕，汲汲于功名。

再次，李老师课堂中有几处神来之笔。比如婚俗文化，行卷之风等，旁逸斜出，妙趣横生。这可以看成是伸开几根分枝；而长出片片绿叶，整堂课比比皆是，鲜活的教学生成，含意无穷的教学细节，举重若轻，润物无声。

最后，从课堂达成来看，学生从审美价值入手，辨析了诗歌的表层空间与深层境界之间的联系，学习到了该诗在艺术表现上的特点。就认识价值而言，学生又从叙事的表层了解到一千二百年前的婚俗情况、妇女的社会地位以及文化心理；从情感寄托的深层了解到古代科举的行卷之风以及读书人的理想追求以及这种追求背后的文化背景。

举一反三，学生势必会在将来的诗歌学习中，学会对诗歌进行双重价值透视。所以，这堂课本身就是一首诗，意象是《闺意献张水部》，意象背后的指向却是诗歌解读的一种武器——古典诗歌的双重价值透视。也就是说，这堂课不仅深入解读了一首诗，而且探索了古典诗歌的一种解读的办法，巧妙地传达给学生一种人文追求，让学生视野更加开阔，思考更加多维，认知更加全面，收获更加丰厚。

一堂优秀的课，很多时候是一座完美的坟墓。下课了，课堂死了，大幕落下，尘归尘，土归土。但李老师这堂课不同，下课了，真正的学习才刚刚开始。

比如张籍如何回信，会不会也用这种比喻的手法，其他人有没有这种癖好，行卷之风对整个诗歌有没有产生一些影响等。

正是在这个角度上，我推崇李老师的这堂课，他的课堂完美再现了他自己的教学追求：

语文老师要有点学术素养；

语文课堂要有点研究元素；

公开课要有点新东西。

跳出考试学诗歌，才能学好诗歌，才能真正考好试，向德高望重的李老师致敬。可以想象，循着李老师别开生面的教学路径，诗歌教学就能避免直接沦为考试的工具，就能让学生在浮躁的学习中，能够有一点诗情，一些画意，能够诗意地栖居在大地上。

八、优质课有怎样的面孔

——评刘洪伟老师的《念奴娇·赤壁怀古》

有幸去江苏省沭阳中学参加江苏省高中语文优质课大赛活动，听到了很多震撼人心的好课。尤其是江苏省优课一等奖获得者刘洪伟的课，让人印象深刻。于是，根据现场听课情况，整理如下，并做点评，从中探究优质课究竟应有怎样的面孔。

老师出场，先活跃气氛，拉近师生距离。因为沭阳中学的学生刚刚跑操回来。刘老师顺势引导他们高呼跑操的口号，调动现场的气氛。

（王按：这个环节很好。不仅是课堂气氛的调节。关键是能给下面的豪放诗预热。）

但老师却没有把上课的课题、文本事先呈现给学生。临时分发课文，反面朝上。老师说，所有的学生什么都不需要，需要的是和老师共同来一场精神之旅。

（王按：学生总是好奇的。这里的设计打破常规，让学生有一种新奇感。但我觉得老师的想法不仅在这里，他还在事实上指向评委。他的诉求是我不让学生做任何准备。那么，最后我的课堂前后学生的落差，就是我的教学效率。）

一切准备就绪。老师开始导入课文。这是迄今为止我看到最好的导入。

老师说，中国著名作家林语堂曾经评价过一个人。我们今天就上他的作品，猜猜他是谁？

他是一个无可救药的乐天派

一个伟大的人道主义者

一个百姓的朋友

一个大文豪

一个大书法家

一个创新的画家
一个造酒试验家
一个工程师
一个憎恨清教徒主义的人
一位瑜伽修行者佛教徒
一个巨儒政治家
一个皇帝的秘书
一个酒仙
一个厚道的法官
一位在政治上专唱反调的人。
一个月夜徘徊者
一个诗人
一个小丑。
他是谁?

学生不断修正，最后异口同声地高呼——苏东坡。

老师说，对，苏东坡，今天我们就来上苏东坡的经典名作——《念奴娇·赤壁怀古》。

（王按：这个导语，精彩至极。它可不仅仅是以一种有趣的形式导入文本，还有效帮助学生评价了苏东坡，内心中有了无限的敬仰之情，学好文本的冲动油然而生。这个导语的成功，一半也要归功于林语堂，写得太精彩了。最后的缺憾是，如果课文再回到这个导语，推荐学生课后阅读林语堂的《苏东坡传》，则锦上添花。）

音乐随之响起，好像有金戈铁马之声。老师激情吟诵。

大江东去，浪淘尽，千古风流人物。
故垒西边，人道是，三国周郎赤壁。
乱石穿空，惊涛拍岸，卷起千堆雪。
江山如画，一时多少豪杰.
遥想公瑾当年，小乔初嫁了，雄姿英发。
羽扇纶巾，谈笑间、樯橹灰飞烟灭。

故国神游，多情应笑我，早生华发。
人生如梦，一尊还酹江月。

波澜壮阔矣，气壮山河矣，不逊色于濮存昕。吟诵罢，全场掌声雷动，如醉如痴。然后，老师引导学生诵读。

（王按：刘老师的朗诵水平一流。因材施教，也要因老师之材而施教。写到这里，先鄙视一下自己。我的普通话一点也不普通。接着老师趁热打铁，让学生在初步感知的基础上，模拟老师的诵读。这里既是指导诵读，也是初步熟悉文本。）

在熟悉文本的基础上，老师开始切入诗歌。先问《念奴娇·赤壁怀古》哪个是题目。学生说是“赤壁怀古”。老师追问这是什么体裁的诗歌？学生语焉不详。老师明确“赤壁怀古”自然是怀古诗。老师告诉学生怀古诗的特点，常常是“观眼前之景，写历史之事，抒一己之怀”。

（王按：至此，本课下面的脉络已经一目了然，紧抓怀古诗的写法特征教学，把诗词的鉴赏分成三部分，简洁、明了，切中肯綮，而且教授了鉴赏的方法。但也剥夺了学生探究怀古诗的过程。但这是公开课公开的缺陷，可说是瑕不掩瑜。）

山东章丘中学讲学

1. 观眼前之景

要求学生用一个短语概括。学生回答是“江山如画”。老师问最具有画面感的句子是？学生回答“乱石穿空，惊涛拍岸，卷起千堆雪。”

“穿、拍、卷”几个动词用得有声有色。老师带领学生鉴赏了这几个词。

这些动词是诗人写诗时的推敲揣摩，我们读诗也要咬文嚼字。下面我们就来尝试。

比较苏东坡版的“惊涛拍岸”和黄庭坚抄录版的“惊涛裂岸”。

学生自主学习，小组交流。有人认为：“‘裂’好，理由是能显示动作气势。”有人认为“‘拍’好，因为用了修辞。”还有人认为“裂好，能和上面的惊照应。”老师点评时把回答的角度界定为“动作的表意，修辞，上下文的关联。”老师自己也提出看法，用“拍”好，因为还能体现出震耳欲聋的声音。

接着老师问，这里的景色怎么样？学生说“美”，老师要求在美前面增添一个修饰语。学生回答是壮美。老师板书：“壮美之景”。

（王按：这是“观眼前之景”的学习，可谓乏善可陈，最多只能说是中规中矩。因为只抓住景物这几句，未能充分体现苏轼的豪放风格。起首的“大江东去，浪淘尽，千古风流人物。故垒西边，人道是，三国周郎赤壁。”更为精彩，这是唯有苏轼能驾驭的大开大阖之典型。“大江东去”，可见空间之阔大，“千古”可见时间之浩远，“千古风流人物”可见人物之众多。如此起笔，世所罕见，但苏轼挥起如椽巨笔，只轻轻一句，“人道是，三国周郎赤壁”，空间之阔大只聚焦于“赤壁”，时间之悠远只聚焦于“三国”，人物之众多只聚焦于“周郎”。没有这么一层铺垫，下面的景物就是空中楼阁，水中花，镜中月。所谓“观眼前之景”，只是一般怀古诗的鉴赏起步而已。苏轼又岂是一般人可比？两个版本的比较，实际上老师的目的在于诗歌炼字的赏析，遗憾的是老师没有告诉学生，没有单纯的“字”用得好不好的问题，只有用的合适不合适的问题，最好的字都是对思想感情表达最合适的字。但角度的归纳是好的。我猜想这些归纳的方法下面还会有迁移，事实也证明了我的看法。）

2. 思历史之事

老师说忆历史上的赤壁之战，联想到了周瑜。那么，周瑜有什么特点？学生归纳：英俊潇洒，文武双全，年轻有为，镇定自若。

这里依旧比较了苏版和黄版，“谈笑间，强虏灰飞烟灭”和“谈笑间，樯橹灰飞烟灭”。正好用上了上文引导的方法。

此后，老师突然提出一个问题，“一时多少豪杰”的“一时”是指哪一时？学生回答是三国时。老师让学生一个个列举三国人物。一个人列举一个，一直往后列举。三国人物众多，自然信手拈来。老师要的就是这个效果。

果然老师的问题来了。既然有那么多人物。比如孙权，生子当如孙仲谋。比如神机妙算的孔明。比如曹操，现代的流行歌手还在唱《曹操》的歌。接着老师和同学们还共同唱了《曹操》这首歌。

既然有这么多的风流人物，为什么苏轼想到的却是周瑜？学生众说纷纭，莫衷一是。

老师说，为了让同学们更清楚看清，我帮你们列了一个表格，看看周瑜有着怎样的特点。你们填一填。

人物	周瑜
年龄	34 岁
生活	幸福美满(小乔初嫁)
外表	英俊潇洒
职位	东吴大都督
成就	功成名就

那么，苏轼和周瑜有哪些人生的关联？老师出示苏轼的生平。

苏轼因与王安石政见不合，反对推行新法，自请外任，出为杭州通判。迁知密州，移知徐州。元丰二年，罹“乌台诗案”，责授黄州团练副使，本州安置，不得签书公文。元祐八年哲宗亲政，被远贬惠州，再贬儋州。徽宗即位，遇赦北归，建中靖国元年卒于常州，年六十六，葬于汝州郏城县。

苏轼晚年对自己的一生总结为：问汝平生功业，黄州、惠州、儋州。

学生再填表格，豁然开朗。苏轼原来是用周瑜之酒杯，浇自己之块垒。

人物	周瑜	苏轼
年龄	34 岁	47 岁
生活	幸福美满(小乔初嫁)	贫困潦倒(妻子早逝)
外表	英俊潇洒	早生华发
职位	东吴大都督	黄州团练副使
成就	功成名就	一事无成

老师觉得还不够，在此又拟了一副对联来强化两个人的人生况味的比照。周瑜是“情场、官场、战场，场场得意”，苏轼是“黄州、惠州、儋州，州州潦倒”。第二部分至此圆满完成。

（王按：此段最为精彩，为什么写的是周郎？这个问题提得好。这是咏史诗的重中之重。刘老师的铺垫也好，唱《曹操》流行歌曲，实际上还能起到对三国这段历史的介绍。最经典的是两次用表格，先填周瑜，再巧妙地介绍苏轼，最后两相对比，一目了然，直观地揭示出了苏轼隐秘的内心世界。）

老师板书：“风流之人”。

3. 述一己之怀

解读文本，突出了苏轼的释怀、旷达、乐观。最后选择旷达。

老师板书为：“旷达之心”。

最后，师生合作朗诵诗歌结束。

（王按：由于时间关系，最后的结束有点草率。这个时候，除了板书揭示，还有必要对怀古诗的鉴赏有所归纳。最要命的是在这个时候，老师还犯了一个不应有的错误。有个学生回答，周瑜“神游故国”应笑我多情。老师马上稍带嘲讽地给这个学生纠正，怎么是周瑜？这个时候的周瑜在哪里？学生大笑。老师纠正说这是“苏轼神游故国”应笑自己多情。难道周瑜神游故国，就不能嘲笑苏轼吗？实际上究竟谁“神游故国”，文学史上至今还争论不休。老师既然前面引用了几个版本，告诉学生答案并不重要，但要有自己的理由和观点，此处又为何求全责备？这个地方，让我大跌眼镜。但纵观整个课堂，教学内容选择精当，教学手段运用恰当，教学活动组织适当，怀古诗的方法归纳妥当，确实是一堂高效优质的课，获得江苏省优质课一等奖第一名，也是实至名归。）

九、课堂精神的一种分野

——评朱治国老师的《怀念红狐》

前不久，在苏州十中听了朱治国博士的《怀念红狐》，耳目为之一新，精神为之一振，思想为之一亮。细细咀嚼朱博士的这堂课，有可能咂摸出未来课堂的一些走向。

先来看看朱博士的课堂流程。

先是教学导入，中规中矩。

继而梳理文本，提出三个要求：简要复述故事；一句话概括故事；讲述故事中最感动你的一个场景和理由。

再次是研究文本，分两个板块。第一板块：介绍一种工具——角色分析法。进而指出角色分析法，可以按照“角色定位”“文本还原”“角色期待”和“意义追问”四个环节进行。第二板块：组织学生分小组讨论，对“红狐偷鸡”“遭遇红狐”“抓获狐崽”“红狐求子”进行场景分析。

最后，文本再探。通过三组对立元素，分析“荒野与乡村”“白天与黑夜”“我和朋友”，深入分析怀念红狐的真正立意。

细想朱博士的此堂课，有几大感受。

1. 一种解决问题的工具被探索和发现

课堂，是真理呈现之处；教学，是知识散发魅力之时。在静态的教材中，蕴藏着人类最伟大的奥秘：发现宇宙与人类，书写宇宙与人类的整个过程。课堂教学，既是这一发现与书写的重温，又是这一发现与书写的延续。

因此，课堂的中心，应该是一个问题提出、理解及解决的过程，是作为问题解决工具的知识被探索、被发现的过程。

针对这篇文不甚深、言不甚俗的文章，朱博士浅言深教，创造性地提出了角色分析法。利用角色分析法来解读文本，这个过程中，不仅文本知识被深入剖析，而且作为解读文本工具的"角色分析法"的知识不断被刺激，被强化，被接纳。阅读的过程，不仅成了文本知识的探索过程，也成了工具理性的探索过程。形象一点来说，就是既得之于鱼，又获之于筌。

何为角色分析法？

朱博士这样介绍：莎士比亚说过，一个人一生中会扮演很多角色。社会学认为，不同的情境和特定的地位人们会表现出不同的角色行为，而这些角色行为总是在相互关系中表现出来。角色分析，就是从人的社会角色属性解释人的社会心理和行为的产生、变化等价值取向。

用角色分析法，可以按照"角色定位""文本还原""角色期待"和"意义追问"四个环节进行。

(1)关于"红狐偷鸡"的场景分析

角色定位：

红狐——偷鸡贼；"我"们一家——受害者。

文本复原(略)

角色期待：

红狐偷鸡的期待是养活孩子、延续生命；而失去老母鸡，对于我家则意味着我少了上学的学费，可能面临着失学。

意义追问：

一只母鸡缘何如此重要？意味着在当时状况下，人和动物都面临着生存困境。红狐与我们一家的冲突，深层的意义是"两个困顿家庭的冲突"——生存困境。

(2)关于"遭遇红狐"的场景分析

角色定位：

红狐——聪明的母亲；父亲——老练的猎手；我——满怀怒气的孩童。

文本复原(略)

角色期待：

红狐的目的，是千方百计尽一个母亲的义务，希望能以自己的智慧、勇气来保护自己的孩子。父亲是千方百计尽一个父亲的责任，最终用自己的经验获得了成功，为养家糊口，解决孩子上学费用的难题。

意义追问：

在这场“聪明的母亲与老练的猎手”之间的较量中，透视出来的意义是什么？红狐的智慧、父亲的老练，是双方在长期的较量中锻炼出来的角色属性。一方是为了保护自己，不断地伪装、千方百计与人类周旋；一方为了获取利益，不断地琢磨、反复地实践、不顾一切的攫取。透视这个场景，其深层的意义其实是人与动物之间形成了彼此的不信任与敌视，双方存在着巨大的隔膜。

(3)关于“抓获狐崽”的场景分析：

角色定位：

红狐——失去孩子的母亲　父亲和“我”——抢夺者。

文本复原(略)

角色期待：

在这场“失去孩子的母亲与抢夺者”的对峙中，红狐在尽着最大的努力，想要回自己的孩子；而“我”和父亲为着眼前的利益，当然还夹杂着“我”对“偷鸡贼”的愤怒，罔顾红狐的哀求，并充满着报复的快感。

意义追问：

“我”和父亲为什么能公然端了红狐的“窝”？为什么罔顾红狐的一路哀求？除了眼前的利益，发泄私愤之外，更深层的原因是对生命的漠视。

(4)关于“红狐求子”的场景分析：

角色定位：

红狐——失去孩子的母亲　“我”们一家——同情者。

文本复原(略)

角色期待：

红狐不惜一切代价，要讨回孩子，这是一个母亲的责任，也是母性的伟大。而“我”们一家，这个有父母、有孩子的家庭，在母爱上达成了高度的默契，并最终放回狐崽。

意义追问：

执着地想找回自己孩子的母亲与同情心尚存的“我”们一家，在那一刻相融合了(寻找自己孩子的母亲与同情者相融)。这表明人心向善的本性并没有失去。

小组讨论中，朱老师选择第一个场景进行分析，实质上是新知识运用的一种示范。接着让学生小组讨论，自由选择一个场景或者多个场景进行分析。在至少四个回合的"重锤敲打"之下，学生不仅深入理解了文本，而且逐渐熟悉了角色分析法，越来越熟练，越来越自如。

对于真正的教学而言，如果没有将"问题—知识—真理"作为课堂教学的核心，没有问题解决的工具被完整的探索和发现，教学也就没有真正发生。

2. 一种清晰的学习思维被暴露和纠正

我们不妨解读一下朱博士的课堂流程。

先是教学导入：有人说他是中国西部散文作家的代表人物之一，以独特的生命体验展示天高地远的大漠边地。有人说他的散文，更像是21世纪神秘的寓言，以精致的叙述传递人类共有的精深思想和博大情感。有人说他是"不惜歌者苦"，以作家的虔诚，执着地表现关于城市、乡村和流浪者的心灵。

这里引用其他人对刘志成的高度评价，直接激发学生阅读文章、探究刘志成的兴趣。

继而梳理文本，提出三个问题：简要复述故事；一句话概括故事；讲述故事中最感动你的一个场景和理由。

虽说是简单的三个问题，其实也很有考究。

复述故事是第一步，是粗线条的，谁都能信口说上一些，老师能很好地把握学情，并及时点拨补正。

第二步上升了一个层次，在整体把握故事内容的基础上，让学生用一句话概括故事，这里势必出现人物，为下一步场景中的角色分析做好铺垫。

最后一步讲述故事中最感动你的场景和理由。这里出现了场景，也为下个环节做铺垫。更重要的是，理性分析之前，必须是感性的，热烈的，粗犷的，在冷静之后，才能怀揣着感情深入细致地理性分析。

我在听课的时候，曾经一度对这个环节感到疑惑，甚至认为可以由角色分析直接切入，但想来想去，还是觉得这样有道理。

在语文学习中，直奔主题的学习，也许是有效的方法，但未必是好方法。

我们可以引用怀特海的教育节奏说来说明这个问题。

怀特海认为，一个完整的学习循环包含三个阶段：浪漫阶段，精确阶段和综合运用阶段。浪漫阶段，是学生的发现阶段，是理解的初始阶段；精确阶段，广度让位于精度，是"对事实的详细分析"，使第一阶段的认识具体化、系统化；综合运用阶段，这是每个学习循环的终点，同时也是下个新循环的起点。新获得的知识，把它们运用到更为广阔的新环境中去，迎接新刺激的挑战，这样便可获得新的见解、新的观点。

引入角色分析法之前，应该是学习的浪漫阶段，“从接触单纯的事实，到开始认识事实间未经探索的关系的重要意义，这种转变会引起某种兴奋，而浪漫的情感本质上就属于这样一种兴奋。”因此，这个阶段的学习过程不容低估。它有助于激发学生的兴趣和好奇心，把学习引向深入。这个阶段的核心在于一个“广”字，这一步是粗浅的，但也是丰富的。

交给角色分析法之后，小组对各个场景下的角色定位，场景还原，角色期待的分析，则从浪漫阶段走向精确阶段。怀特海反复强调，没有先前的浪漫阶段就没有精确阶段。而精确阶段使浪漫阶段掌握的内容更为精确，更为细致，更为系统化。在这个阶段，学生把浪漫阶段对文本的零散的、零星的、直觉的认识，上升到精确层面的完整、清晰的认识。这中间的巨大落差，就是教育的效果。

尽管最后一步的综合阶段，即“脱离那种被训练的比较被动的状态，进入主动应用知识的自由状态”，在本课中没有得到呈现，但是我们完全可以预期，学生在将来会运用这种角色分析法，在关系中体认角色的期待和意义。

最后的一步是文本再探，这是对文章主旨的深入探究。

其载体是三组关系的分析，延续了角色分析法，不同对象在关系中呈现角色的期待和意义。

三组对立元素中，我觉得“荒野与乡村”“我和朋友”的对立分析非常有价值和意义。

但“荒野和乡村”的部分分析，我不能完全认同。

“荒野——红狐等动物的栖居地，乡村——人类的居住场所。村庄的势力在不断地扩张，荒野在压缩，作为自然之源的荒野以及栖居在荒野上的生命受到严重的威胁。”

此段分析中，我有一些疑问：红狐的栖息地是否只能存在于荒野之中？人类保存大量的荒野是否就能和红狐最好相处？换句话来说，保存荒野是不是人与狐相处最好的方式？既然红狐执着于荒野，为什么还要不远二十多里来村庄里偷鸡？

其实，我觉得“我”和父亲到二十多里外的荒野中去开荒，向荒野外扩展，只是说明我们家的贫穷，为后面一只老母鸡是唯一的学费来源佐证。而红狐不远二十多里来偷鸡，不过是一个母亲冒着生命危险也要给孩子寻觅营养的决绝。荒野和村庄只是狐与人正常的生活场所，未必有更深的含义。

“白天与黑夜”的分析，也显得有点牵强，更重要的是，这种分析对文章主旨理解的意义并不大。

朱博士认为：“白天——人与动物共同生活的时间；黑夜——动物谋生或者与人类交流的尴尬时刻。”“红狐为什么选择在月夜进入村子，因为这是它相对安全的时间。”

江苏省苏州第一中学　俊镛楼

黑夜，难道不是人与动物共同的生活时间？白天，也许更加是动物与人类交流的尴尬时刻。红狐为什么在月夜进入村子，除了这是一个相对安全的时间，还因为这是“偷”，而偷是见不得人的。

最核心的应该是“我与朋友”，为什么“我”总也不能忘记，却要说给朋友们听，而朋友们却很漠然？为什么作者要感喟，一种最美好的东西失去了，也许再也不能回来了。其中包含着哪些最深的含义？

站在这样的层面上，“这既是作者对生命终极关怀的表达，也是对漠视生命、流失感动的批判，更是对自然和谐回归的一种期待，这是作者‘怀念红狐’的真正命意。”这样的分析，因为没有找到真正的落脚点，可能还显得相对缺乏力量。

3. 文本的核心价值背后还有什么

前几天我刚刚梳理了课堂的重新建构：视点—质点—远点。

“工具论”主张语文教学以语言知识训练为中心，其结果是导致语文教学越来越技术化，语文负载越来越窄化，语文形销骨立；“人文性”作为对“工具性”的反驳，主张语文教学中要注重人文精神和人文思想的熏陶，其结果是语文逐渐被泛化，原先的咬文嚼字，文本解读和品味涵泳，逐渐被丢弃，语文成了空中楼阁。

两种错误倾向导致了两种错误走向的课堂，而且大量的优质课也不例外。

一种是工具性的信守者，认为语文就是纯粹的语文，不负载其他的追求，注重双基的夯实，语文应用能力的培养；一种是人文性的拥趸，注重作品的人文性、思想性，认为语文不过是一个人文涵养的载体，文本的价值被轻视，逐渐沦入架空分析的泥潭。

朱博士的课很好地解决了“视点”问题，用角色分析法深入切入文本，举轻若重，举重若轻。在深入探究文本的过程中，巧妙地习得了文本解读的一种方法和工具。

视点解决的是如何走入的问题，而“质点”要解决的则是文本的核心语文价值，解决的是最终要到哪里去的问题。在文本再探中，朱博士通过三个对立关系的分析，尤其是在四大场景的解析中，学生很自然地得出了“怀念红狐”不过是一个幌子，红狐不过是一个意象，怀念的是寄托在红狐身上的那一种美好情感。

但恰恰在这里，如同诸多优秀的课堂一样，课堂断裂了，戛然而止。

也就是说，通过精巧的‘视点’，到达了‘质点’之后，我们还必须探究文本的“远点”。王安石说：“世之奇伟瑰怪非常之观，常在于险远，故非有志者不能至也。”

譬如，在朱博士的三层对比中，我们还必须追问：过去的“我”和现在的“我”的对比。

作者就曾感叹：“后来，我在小学语文课本中学到了俄国作家屠格涅夫的《麻雀》里的一段文字。当我读到老麻雀为了救护小麻雀，在庞大的猎狗面前奋不顾身时，我不禁眼泪滑落双颊，混着鼻涕一起淌下了嘴角。是不是因为遭遇了红狐，在童稚的无忧无虑中辨别了一种特殊的味道……”

但是这种味道却明显的未能被“城里人”所明白。

“我曾经试着将那份感动讲给一些城市的朋友分享，但他们一脸漠然，我知道一种东西在生活中已经走了，它再也不会回来了……”

为什么选择城里的人？作者有没有和乡下人说过？乡下人有什么样的感觉？乡下人哪里去了？城里人的漠然说明了什么？能不能责怪这些城里人？这种漠然背后最深层的根源是什么？土壤是什么？文化是什么？意识和集体无意识是什么？

沈从文也说过，那个人也许明天回来，也许永远不回来了。沈老用的是“也许”；但我们的作者却为什么、凭什么断言：“那一种特殊的味道”“一种东西已经走了，它再也不会回来了……”？

搞清楚这些背后深刻的寄托，是我们语文老师的使命。

叶圣陶老先生说，课文无非是一个例子，这话说得真好。但课本仅仅是一个例子吗？如果所有的课本都是例子，那么，什么不是例子呢？我们语文真正的习得又在哪里呢？

研究朱博士这样的课堂，可能会给我们一个很好的答案。

十、行人更在春山外

——评韩建飞老师的《金岳霖先生》

韩老师《金岳霖先生》的课堂设计，简洁质朴，朴拙大气。其设计好在三个方面。

第一是“有趣”贯穿全课，由浅入深。

“有趣”是学生的阅读初感，教师因势利导，“让学生说说先生的有趣之处，以梳理先生行事。”紧接着老师追问：金先生还有哪些事是不能用“有趣”来概括的？这是对金岳霖先生性格的拾遗补缺；最精彩的则是研读时老师的质疑：看看“有趣”的事例是否真的有趣，除了“有趣”，还能读出什么。带领学生抓住语言品味，深入金先生灵魂深处。

第二是连类而及，用互文阅读来释疑。

引入陈宇《暮年金岳霖重谈林徽因》中的一段话，以金先生的爱情观来解读金先生的爱情，可谓持论公允。“今天是徽因的生日。”这句貌似平淡的话，也因此分明起来，炽烈起来。

而“扪虱而谈”典故的引入，则很好地说明了金先生的名士风度，确如冯友兰所说：“金岳霖的风度很像魏晋大玄学家嵇康。”但嵇康是“越名教而任自然”。而晚年的金先生只能是让人一声叹息。

第三是闲笔不闲，探究言外之意。

深读部分，韩老师利用闲笔翻出了新的境界。最后一个闲笔借金先生窥一斑而见全豹，为西南联大张本，进而得出西南联大的氛围成就了一个个个性鲜明、学问精深的大师。

《教师博览》重点作者苏州见面会

但任何课堂设计都不可能是完美的，也无需完美，故而仍有两点建议。

第一，“有趣”的串联，既是去弊，也是遮蔽。对“有趣”背后还有什么的追问，固然精彩，但无形之中把拾遗补缺的那一块排除在外了。因此，可以继续抓“有趣”，但把“有趣”之“趣”细微化，扣住金先生的童趣、风趣、雅趣和士趣，表现金先生独特的个性和人品。由“认识金岳霖先生”开始，再到“发现金岳霖身边的教授们”，最后再“探究西南联大的教授精神”，深入挖掘作者汪曾祺的言外之意。

第二，既然出现了闲笔，那也可以用“直笔、闲笔、曲笔”结构课堂。比如文章开始写金先生是自己老师的好朋友，因而笔下灌注了情感，很多描述评论都是直笔。还有就是闲笔。比如“联大是没有点名册的。”反映联大对学生“自由之精神、独立之思想”的培养。再比如汪曾祺送给王浩的那一幅画，明显也是名士风度的做派，而这一切不就是来自于其师，来自于西南联大诸多教授的滋养？可谓闲笔不闲。

但我认为更重要的还是曲笔，把不能说、不好说的委婉地曲折地说出来，这才是此文更深的用意所在。如此才能更全面地把握金先生，才能更深入地了解一个“文化大革命”走出来的老人对西南联大的追怀和想念。

十一、“倒嚼甘蔗”嚼出的课堂三味

——评徐昌才老师的《文与可画筼筜谷偃竹记》

有幸拜读徐昌才老师的《文与可画筼筜谷偃竹记》，感悟颇多。

徐老师是知名作家教师。从教师身份来看，徐老师不过是在上课文；从潜在作家身份来看，徐老师的上课亦是创作。由此看来，徐老师选择“倒嚼甘蔗法”的创新教学设计，不是一种偶然的选择，而是一种必然的追求。

初读：倒嚼甘蔗之妙。

所谓倒嚼甘蔗法，是教学处理的灵活变通，从精彩处、高潮处、矛盾处或结尾处入手，设疑诱导，反向溯源，以破解循规蹈矩之弊。

先看徐老师大体的教学脉络。

重点研读最后一段，体会苏轼的写作缘由。

再由作者和文与可交往的趣事追溯第二段，剖析趣事之趣。

最后以一二段能否颠倒顺序为诱导过渡到第一段，得出文与可第二段画竹的实践来自于第一段的理论引导。

这个反向的脉络非常清晰，学生很容易接受，最后以文与可的画竹理论收束也相当有力。

但我以为，妙处不在于此。我们常常说，认识课文的例子固然重要，但更重要的还是认识破译例子的武器。也就是说，苏轼痛悼文与可之死的缘由、叙说与评价的过程固然重要，但远远没有“倒嚼甘蔗法”作为问题解决工具的知识被探索运用和被发现的过程重要。

利用“倒嚼甘蔗法”来解读文本，不仅文本知识被深入剖析，而且作为解读文本工具的“倒嚼甘蔗法”的知识不断被刺激，被强化，被接纳。

也就是说，阅读的过程，不仅成了文本知识的探索过程，也成了工具理性的探索过程。这种全新的阅读方法如果与苏轼的精彩创作形成互文性阅读，相互比照，当可让学生获得双倍的阅读启迪。

再读：倒嚼甘蔗之弊。

海德格尔说，去弊就是遮蔽。顾名思义，倒嚼甘蔗，起先会寡然无味，但越往后越滋味浓烈。原文中，苏轼力避悼亡，文题《文与可画筼筜谷偃竹记》不露端倪。文章先评述文与可画竹理论，何其高妙！再叙写两人画竹唱和，何其有趣！最后睹偃竹而痛哭失声，何其伤痛！至此，与可理论的深得我心，和与可唱和的互相打趣，不过都是苏轼"车过腹痛"的缘由，向来旷达豪放的诗人最终不由得"废卷痛哭失声"。于无声处听惊雷，这正是苏轼文章的高妙之处。

徐老师倒嚼甘蔗，好处是文章一下子豁然开朗，下面的研讨也是脉络清晰，如风行水上；坏处是，由于最甜的地方已经嚼过，主题先行，导致后面的学习不过是对结论的一种求证，而不是对未知的一种探究，故而有乏力之感。

三读：倒嚼甘蔗如何去弊存真。

倒嚼甘蔗法的去弊存真，其出路有二：一是聚焦一个点，牵出一个面；二是文本的深入挖掘，在"倒嚼"的过程中不断嚼出真味，持续给学生发现的冲动和刺激。

比如，我们先倒嚼"予在湖州曝书画，见此竹废卷而哭失声。"

抓住一个点——"也无风雨也无晴"的苏轼居然"废卷而哭"，而且"哭而失声"，何也？

深圳外国语学校讲学

其一，与湖州有关。文与可是在改知湖州的途中所殁，而苏轼现在却在湖州。

其二，是曝晒文与可赠送的书画，有物是人非之感。

其三，是自然回忆起当初表兄弟书画酬答的种种趣事。

其四，是文与可成竹在胸，而其所赠的“偃竹”，如同文与可“清贫”潦倒的人生。

其五，苏轼最深层的痛苦，乃是因为文与可重大的理论建树。他当然为表兄弟的亲情而哭，但更为失去一代画竹大家，尤其是失去艺术上的知音和导师而哭。

不妨再从文与可“偃竹”自况的潦倒清贫，往前溯源，给学生持续发现的快乐。

面对“四方之人持缣素而请者”，与可所骂是“吾将以为袜材。”缣素可做袜材，虽是笑骂，但也必过其心，其苦一也。

下文“然二百五十匹，吾将买田而归老焉。”区区二百五十匹布，就足以让与可生出归老之心，其苦二也。

“料得清贫馋太守，渭滨千亩在胸中。”既幽默暗示与可成竹在胸的理论，又切中与可生活清苦的窘状，使得他们夫妻喷饭满案。其苦三也。

如此“清贫”，但面对纷至沓来的求画者，“与可厌之，投诸地而骂”，足见与可淡泊名利，蔑视权贵的情怀和骨气。

这恐怕又是苏轼为之痛哭失声的另一个原因。

社会反响

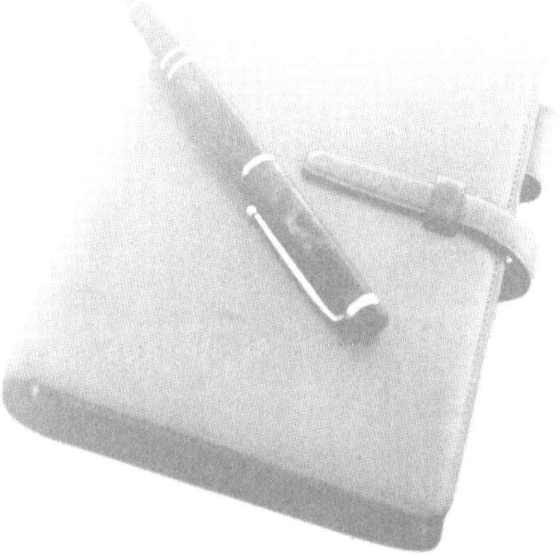

非常老师的非常课堂

朱永新

我很少主动为别人的书作序。但是，王开东的这本新书，是我主动提出要写序言的。开东是名副其实的“新苏州人”，一年前刚刚从安徽来到我们的张家港外国语学校工作。

认识他，是因为他发表在教育在线网站的一篇自传性质的文章《斜风细雨不须归》。在这篇文章中，我不仅看到了一个年轻教师的艰难的成长历程，而且看到了他那颗透明而执着的心。这个1995年毕业于巢湖师专的年轻人，先是在一个农村小镇的中学教书，见习期刚满就参加了县里的教学评比，并且在　万多名教师中脱颖而出，被评为“无为首届教坛新星”；后来又被无为人民政府授予“十佳师德标兵”光荣称号。

九年农村学校的工作经历让他看得很多也想得很多，来到苏州，其实是他无奈的选择。一个从事教学时间并不是特别长的年轻教师，能够不断获奖并且发表许多高质量的文章，能够拥有属于自己的非常课堂，一个重要的原因是他对于课堂有非常的情感和非常的投入。他提出了“三有五让”式的课堂教学方式：有情，有理；目标让学生清楚，疑问让学生讨论，过程让学生经历，结论让学生得出，方法让学生总结，练习让学生自选。目的就是要把课堂真正还给学生，真正着眼于学生的终身发展。

为了创造理想的课堂，他首先打倒了师道尊严。他喜欢近距离地和学生交心，他的开心、愤怒、悲伤，都要拿来和学生分享，而学生也乐意和他交流。这样，他就很自然地走入学生的心灵，懂得了很多教育之道。开东对我说过一句让我非常感动的话："对那些脸若冰霜、高高在上的老师，我打心眼里觉得他们可怜，他们很劳累，但却失去了最宝贵的教育快乐。"

为了创造理想的课堂，他还主张鼓励学生犯错误。他把"畏惧错误就是毁灭进步"，贴在教室的最前方。他认为鼓励学生错误，最终的目的是想让学生摆脱怕错心理，主动参与教学。学生每次回答问题，他都及时给予鼓励。他把自己的班级打造成一个人人争着说、个个抢着说的活跃课堂，让所有的听课的老师都觉得是奇迹。

为了创造理想课堂，他创造了认识、怀疑、批判、吸收的文本认识观。课堂上，他与学生一起讨论，谈自己的阅读体验、阅读收获、阅读困惑，然后怀疑、批判，争论吸收。他与学生没有大小，没有尊卑，也没有权威，只有自由自在。陶渊明的"奇文共欣赏，疑义相与析"，在开东的课堂里变成了现实。所以，我们在这本书中看到的课堂，是一个活的课堂，一个真实的课堂，一个平等的课堂。本来这应该是我们课堂的本色，但是由于考试与分数的压迫，许多课堂都扭曲了，而开东的课堂反而成为"非常课堂"。

现在，开东已经加入我们的团队，成为教育在线的版主，成为"新教育"的一员。他对于未来也有了新的筹划。他在最近给我的信中这样描绘他的未来愿景：我梦想着有一天，我能够用理想的新教育来实现中国教育的理想，并且天真地以为最理想的教育就是"用心寻找春天与快乐，用爱编织秋天和自由"！我祝愿开东的梦想早日成真！

王开东深度语文的深度智慧

窦桂梅

1.“深度”表现在课程理解之深

何谓深度语文？就王开东老师而言，“深度”表现在课程理解之深，文本剖析之透，课堂把握之精到。

王老师的深度语文追求淋漓尽致地体现在各种文体之中。阅读本书，你会在小说的教学情境中“经过与穿越”，品味祥林嫂命运的悲苦、蛮子大妈战争的辛酸，还有宝黛爱情的铭心刻骨；在散文教学的散淡与跳跃中，你会思索“眼泪为谁而飞”，美丽竟然是愁人的，而生命也必然如“铸铁一样站立”；在诗歌文本的课堂中，你又能涵泳“浪漫与精确”，体验“万里写入胸怀间”的自由和畅达；而在戏剧教学中，当你感受“当爱已成往事”的冲击之时，未尝没有一种恐惧与战栗；在文言文教学中，你又能穿越历史的烟云和沧桑，领悟归有光的“至情语言”，当然，在王老师的作文教学中，你也必然会体悟到“山的沉稳，水的灵动”。

细细品读王老师的课，你还会发现，王老师的深度，是具有“文化深度”和“认识高度”问题驱动下的学生的情感、思维的有效激活，是师生合作碰撞的拔节提高。由于读者反映的介入，原先的文本在师生的对话中生成为一个新的立体的文本，一个经过师生创造性感知后赋予了新意义的文本。作者、学生、教师成了文本意义的生成者和创造者，课堂因此走向了多元主题、多元视界的解读和生成，成了知识的重新经历和复活，成了师生精神生命又一次苏醒。正如我校胡兰老师读后感言：“慧敏睿觉，勇开风气之先；敦柔宽厚，不失先贤情致！其课如长风浩荡，裹挟千里，猎猎商商；其人若酣泉佳茗，甘洌馥郁，与之神交，每有进益，不觉使人忘俗！”

读王老师的课，我会万分认同这样的观点——语文学习不是懂不懂的问题，而是好不好、美不美、深不深的问题！

我曾提出主题教学的课堂应当有三个维度：温度，恒定性；广度，开放性；深度，发展性。任何时候，追求高度与深度都是一种学习的姿态。从王老师的课，我们看到，高度与深度并不是问题，关键就看你能否深入浅出。

在王老师的教学中，我们也必将感受到，老师不是在增加知识数量与难度的高深玄妙，更不是脱离文本的任意拓展和拔高——而是在“最近发展区”(学生自主学习和师生合作学习所能达到的收益之间的落差)内着力，寻找最佳的一个“度”，进行智力挑战和思维训练。

也可以这样说，这种深度是基于年段特点、体裁特点、课时特点上的适度把握。深度不是难度，深度甚至只是揭示文本内在逻辑的一种智慧。很多时候文本的内在结构是恒定的，很少变化，变化的是外在的。那种内在的心理和文化密码是不变的，而深度就是要把这种密码无意识地揭示出来。

2. 深度课堂对生活高度的认识

王开东的人生被一种执着包围着，他是审美的、灵性的、热情的、智慧的。每个人将工作做到极致，就会获得丰盈的快乐，自己也随之光彩起来。开东善于积累生活中的点滴，并巧妙地化作教学的重要资源，他让学生留心广告词、商店名、春联等，所有这些鲜活的语言和创意，使得他的课堂充满了源头活水。学生喜欢他的课，不仅是深度上的智力挑战，还有永远散发阳光的审美体验。

教育工作是一个让人灵魂容易结茧的工作。相当多的人把教学当成了一种苦役，在机械地周而复始中，一天天、一年年地熬着，寸寸挪动，挨向可怜的退休工资。

开东却坚持从生活中来，向生命里去，他的课堂构成了对生活高度的认识，并不断获得一种高峰体验。

因为张家港外国语学校和清华附小的联谊活动，王老师多次听过我和我校年轻老师的课。我们曾就很多课一起探讨过、争论过。每一次听课之后，他都“虚怀若谷”地给我们进行点评——江南才子的儒雅，又不失高度的指点，给我们留下了太多美好的印象，让你心悦诚服地接受，又不至于让你觉得突兀而不可逾越。

想起王老师在《人民教育》读到我的《牛郎织女》实录，激动地给我发来的短信，那份鼓励，让我更加坚定了自己主题教学的深度走向。《三打白骨精》中，王老师提供了他写的《猪八戒评优材料》，让学生们对猪八戒的人物形象有了丰满客观的认识。安徒生原文《丑小鸭》中的两个“藏”，多个“啄”的细节发现，都让我们的课锦上添花。《卖火柴的小女孩》中的“隐忍”也是在和王老师探讨中获得的共识……

3.《合欢树》课后的升华

《合欢树》课后，我曾写出了以下读后感：

我觉得合欢树的意向应该是一种象征，也不仅仅就是指母亲这个人，应该是生命的象征，体现人之为人的一种对生命意义的追寻。就好比合欢树一样，虽然第一年没有发芽，但是，第二年却长出枝叶，而且后来竟然开花、长高。年年开花——那棵生命的大树已经是精神意义的树。整堂课是否只围绕“合欢树”进行？例如读题目：这棵合欢树与谁有关？学生读书后就会说出母亲、“我”、邻居、小孩。于是，问题就来了：谈谈母亲与合欢树有什么关系。这个时候，我们研究母亲的形象，母亲就是一棵合欢树！母亲的离去，合欢树的开花与生长，就是母亲生命的延续！

接下来再讨论“我”与合欢树的关系。我延续了母亲的生活，我延续了母亲对生活的向往——所有的一切，都是因为合欢树！我怎么能忘记这棵合欢树？再延续下去，可以说，如今的“我”也成了这棵合欢树！于是，生命必须升华，“悲伤也是享受”！

邻居孩子心中的树：孩子望着影子，想着什么？这是生命的一种好奇与渴望，也是生命本身。邻居说着合欢树，自然而然，没有一点奇怪——这就是生命本身！

最后，回到“我们与合欢树”。读了文章，你心中的合欢树究竟是什么？他们(指书上的人物)、你们(指同学们)，连起来，就是我们。那么我们心中应该种上怎样一棵合欢树？

我想，母亲于我，天下父母于孩子，将来也会成为父亲母亲的孩子们，心中种下的一定是今天你理解的合欢树！因此，史铁生的这篇文章，已经不仅仅写给自己、自己的母亲，而是写给天下所有的人。因此，合欢树才是真正在心中长成一棵参天的、生命的、精神的树！愿天下的人心中永远拥有这棵树！这样，从开头的题目入手，最后再回到题目！朋友啊，愿我们都是这棵合欢树！

王老师很感动我评点的细致，很是鼓励了我一番。当这堂课的实录呈现之后，我也一一进行了认真的学习和点评。

我知道，王老师一直在朝着心中明亮的地方一步一步艰难而诗意地攀登。我坚信，他必将在语文课堂上收获春天，也必将迎来自己事业的巅峰。

“相遇”激发“去蔽”

——点评王开东《何妨吟啸且徐行》

程红兵

编辑来电，让我点评王开东老师的成长故事，确实有些为难，主要是没有听过王老师的课，也没有和他合作过。一旦下笔，容易流于概念，缺乏细节，人物

活不起来，甚至于一不小心可能失真。但推荐优秀青年教师，总是一份责任，推卸不得。

从王老师的文字中我感受最真切的是他身上有一种不少语文教师或缺的东西，那就是思想。不断地思考，不断地质疑，不断地否定，用他自己的话说就是“不断遮蔽、去蔽、再遮蔽”，我再加上一句就是“再去蔽”。这是一种极其难能可贵的教师品质。我常常说，一个语文老师任教六年之后，基本可以成为合格教师；但是，六年之后，很多教师几乎停滞不前了，究其根本原因就在于他不再去蔽，更可怕的是他不知蔽在何处，也不想知道是否有蔽，连挑战现实、挑战自我的意愿都没有，这是十分糟糕的事情。

王老师不然，他的可贵之处在于，他不断地打破自己昨天的平衡。“与一本书相遇”，他由徘徊于语文教学门外走进语文教学内里。“与一个故事相遇”，他由立足于教师的教走向立足于学生的学，由教师潇洒地说转变为学生主动地学。“与一个人的相遇”，认真地纠正一下其实是“和几个人相遇”，朱永新、干国祥、魏智渊，这些人都给王老师带来了深度冲击，他由一般化教学走向深度语文，由语言文字走向诗、走向哲学，由教语文走向用语文立人。“与一个团队相遇”，使王老师“从视点进入，达到质点，并努力探求文本的远点”，抓住文本的核心价值，探究民族的文化心理。

如此清晰的脉络梳理，让我们看到了“相遇”的重要，借助外力，借助他者，冲击自我，激活自我，否定昨天的自我，从而获得新的发展和提升，这应该就是教师成长的关键因素之一。同时我们也十分明确地看到，王老师的这一系列“相遇”都是主动求之。主动读书，就与书相遇；主动读人，就与故事相遇；主动跳跃，就与人相遇；主动寻找，就与团队相遇。这一系列的主动就是教师成长的内在动力。舍此，则一切外力将几无所用。

虽然我并不能完全同意王老师的所有观点，比如我以为不能简单地得出“我们的战争没有让孩子走开”这种“今天的结论”，看待历史的问题一定要有“情境认知”。但我还是欣赏那种锐意求新、勇于质疑的求真个性。

遗憾的是，我还没有读到王老师和学生的相遇。但我认为，一个优秀教师的成长一定是和学生一起相伴相随的。所以，我相信王老师一定是有的。

附：

何妨吟啸且徐行

——语文教学的几个相遇

教育，就是一场相遇。

与学生相遇，与一本书、一个人、一个文本、一种解读、一种情感、一种思想忽然相遇。

无数的故事，都会在相遇后产生，相遇比小说还要精彩。在无限不可知的相遇背后，小说家望洋兴叹。

1. 与一本书相遇

1995 年我毕业回乡，来到长江边一所学校执教。

鬼使神差的，我在书店遇见了我最爱的一本书：《中国特级教师思想录》。书很厚，很贵。犹豫了很久，我最终还是拿下了。印象最深的是，每一个特级教师的照片，居然都是手工粘上的。

很多个寒夜，我读着于漪老师的情感教育，魏书生老师的六步教学法，钱梦龙老师的导读法，蔡澄清老师的点拨教学法。这些大家的教育情怀，慰藉了我孤寂的心。

但这一阶段，我还是在教课文，着眼点是分数。我只是关注名家课堂的“术”，而不是“道”，而且，还养成了一个“炫技”的坏毛病。特别是 1998 年，我刚毕业两年，就在全县一万多人的教学大比武中脱颖而出，被命名为“无为首届教坛新星”，我简直忘乎所以。

我独创了“舌战群儒课”。每天课上，我都与全班同学展开辩论，我穿梭在学生中间，指点江山，旁征博引，所有的人都辩不倒我。课堂气氛非常活，教学效果也不错；但每天下课，学生都像斗败了的公鸡……有时，我的心里也闪过一丝不安，但遥遥领先的分数和课堂上卖弄博学的快感一次次占了上风。

2. 与一个故事相遇

2002 年，我偶然读到了唐江澎老师的故事。可以说，这个故事成了源头的石头，改变了我河流的走向。

唐江澎是当地的高考状元，但因为身体原因，没有被高校录取。因为他学习太好了，他的落榜同学都找他补课。唐江澎点石成金，把他的同学一个个都送进了名牌大学，唐江澎因此名声大震。当地的教委不拘一格，录用唐江澎去执教高中。结果，唐江澎执教的班级所向披靡，无人能敌。唐老师说，他的方法很简单，那就是学生视角：我怎么学的，我就怎么教。

我豁然开朗！我的炫技多么可笑。课堂真正的主角是学生，课堂是学生的演练场，而不是老师的 T 台。

从此，我的课堂教学转入第二个阶段。用学生的视角教语文，着眼于人才培养。

我开始回忆我的学生时代，尽量把自己还原成一个学生。我喜欢什么样的老师，我们的兴趣点在哪里，我反对什么样的课堂，支持什么样学习方式，在乎什么样的交流形式……

在此基础上，我主动打倒师道尊严，把“我和他”变成了“我和你”；我鼓励学生大胆犯错，并命名为错误成长法……我的课堂成了人人有话说，个个抢着说的民主课堂。

但这就是我们课堂的终极目标吗？当我们落实了教学大纲的培养目标，学生就能成为真正人才了吗？我苦苦思索。

3. 与一个人相遇

2004 年，我邂逅了朱永新老师的“新教育”，在一种理想主义的激励之下，我打碎铁饭碗，出走苏州。

2005 年，我与《教师之友》编辑干国祥老师相遇，这次相遇彻底改变了我的教育人生。干国祥打碎了我过往的一切，他说一切阅读史都是误读史；课堂上的共识只是临时性共识；去弊就是遮蔽……

我开始反思自己的教学，并进行道德长跑——教育写作。迄今，我出版了八部教育专著，发表了四百多篇文章。与干国祥结识，我认识了一种大气，一种浑厚，一种精神，一种宿命！

后来，我又结识了魏智渊。针对语文教学的肤浅化，我们提出了“深度语文”，我们把存在主义哲学引进语文课堂，强调径由“思”抵达“诗”，在教学中不断遮蔽、去蔽、再遮蔽，从而使文本的存在意义不断涌现。

深度语文是我语文教学的第三个阶段。这一阶段我用语文教育人，着眼点是立人教育。我在《河南教育》"开东视界"专栏撰文——《反思"人的教育"和培养人才》，提出要用活泼泼的人的教育代替工具化的人才培养，引起社会广泛关注，并被河南大学学报《教育文摘》头版转载。

2009 年，我的《深度语文》一书出版，并一举获得江苏省首届基础教育成果一等奖。

4. 与一个团队相遇

2010 年，我加入了曹国庆特级教师工作室，蔡明苏州名师共同体，并成为黄厚江老师的弟子。在各位导师和工作室同仁的帮助下，我大胆提出重构语文课堂，提出了"视点—质点—远点"三点论。"视点"解决课堂切入；"质点"解决文本的核心价值；"远点"则深入文化民族心理，以及作家的意识和无意识。

这就是我课堂的第四个阶段，从视点进入，达到质点，并努力探求文本的远点。

2011 年，我在江苏省木渎中学执教《一个人的遭遇》，我以寻找文章的矛盾这个视点切入，铺设了三个台阶。

第一个台阶：战争对所有的普通人都构成伤害。第二个台阶：战争构成的心灵伤害，永远无法愈合。第三个台阶：纵然伤痕累累，依然要给战争中的孩子筑起人道主义大厦。

三个台阶之后，课堂学习达成了质点。索科洛夫绝望中有希望、眼泪中有坚强、谎言中有大爱、苦难中有人道主义光辉。但我继续深入，探究文本的远点，把索科洛夫的行为和思想扎根于俄罗斯民族深厚的民族土壤中。但我觉得还不够，进而在俄罗斯文化和中国文化的比较中，反思中华文化的缺陷。

我说：战争也给我们民族带来了深重的灾难，我们失去了三千多万优秀儿女，但是，我们有没有认真反思过战争，有没有一部堪称伟大的战争作品，有没有塑造出一个堪称典型的战争形象。我们战争作品少了一些人道主义关怀，尤其是对待孩子。我们的儿童不叫儿童，而叫儿童团，我们有王二小、海娃，还有小兵张嘎，我们的战争没有让孩子走开……

在上课之前，我征求黄厚江老师的意见。黄老师热情鼓励我，他认为课堂的冲击力就在这里。这不只是对战争的反思，也是对文化的反思。

公开课在苏州获得巨大成功，尤其是远点探究，简直好评如潮。同样的课，我在"中国第四届名家人文高端论坛"执教时，一些老师却对我的"远点"提出批评，认为我脱离了主流价值观……

在一次次的课堂挣扎和突围中，我恍然明白，课程之外无好课，如果不能把课堂扎根在课程之中，任何的好课都是水月镜花，空中楼阁。

于是，我又走上了语文课程研究的漫漫之路。

这条路荆棘丛生，这条路瓜果飘香……

看名师语文的深度与理性

河南省济源市教研室　刘丽霞

《普通高中语文课程标准》(以下简称"课程标准")如是说："高中语文课程应进一步提高学生的语文素养，使学生具有较强的语文应用能力和一定的语文审美能力、探究能力，形成良好的思想道德素质和科学文化素质，为终身学习和有个性的发展奠定基础。"立德树人自不必言，"素养""应用""审美""探究"是语文的应有之义。反观现实的语文阅读教学，容易感知内容，难在拥有深度：审美、鉴赏、探究的深度。容易勾画思路，难在拥有意蕴：引领学生享受文本，享受阅读，"向青草更青处漫溯"；难在拥有理性：由认知而到审美，由审美而到审智。而王开东《深度语文》正展示出深度、美感与理性的魅力。

1. 深度课堂源于深度备课

这种深度着重体现为教师进行文本增容的厚度。

增容，其实就是将文本读厚。《深度语文》显示了王开东的"内读"或曰"素读"的功力。这种纯净的读，是以读者身份"陌生的眼光"静读文本，先不翻看任何工具书，不搜索任何与教材相关的资料，不和任何人交流看法，尤其屏蔽权威或传统的结论，把"作者文本"演化成了"读者文本"。

如《威尼斯商人》中的夏洛克，世界四大吝啬鬼之一，王开东却从历史惯性、经济偏见、政治地位缺失、宗教文化克制四个角度读出了商业资产阶级对夏洛克的精神侮辱和宗教剥夺；再如《和氏璧》中卞和悲剧的执着、玉文化背景下文人"有才不许补苍天"的失意史；《谏太宗十思疏》中良臣与忠臣的区别以及唐太宗一代明主成全了魏征一代良臣的独到解读；《丑小鸭》是整个人类的隐喻的论断……所有这些思考与感悟均由自己心中生发，捕捉到的是个性的灵光。

自然还有“外读”。《深度语文》中对经典文本的还原、补足可谓独树一帜。除教学用书外，可以看到教师找寻了许多相关文本。首先是原文本，课文是原文本，课文外删去的也是原文本，如《雷雨》原剧结尾十恶不赦的周朴园把周公馆卖给教堂作为救治病人的医院，他步履蹒跚地去看望疯了的侍萍和蘩漪的叙写；课文内提及的引用的也是原文本，如《米洛斯的维纳斯》中对卢浮宫的注解。王开东借《雷雨》剧尾周朴园的人性回归深化和丰富了对《雷雨》主题的多元解读，借“卢浮三宝”中《蒙娜丽莎》失窃后游客不减反增引出了“以虚补实，以无胜有”的艺术手法，给维纳斯断臂解密开了奇妙的切口。至于附录的窦桂梅老师的课例《丑小鸭》，则干脆将安徒生原本近七千字的小说与课文不到五百字的内容进行逐段对照，使苦难与梦想，诗意与高贵自然彰显，来读出童话语言的味道。他大量借用的还有互文本和超文本。互文本包含了课文所在的原文本，与课文内容相关、相类、相似的文篇或书本；超文本，则指与课文相关的系列文篇和书本，包含同一内容、同一主题、同一作者、同一写法的文本，包含名家的相关解读成果。比如《项脊轩志》中，引用与课文内容相关、手法相似的《先妣事略》原文片断，展示归母二十六岁早亡、十年生七子、对每个孩子都呵护备至的细节，印证母亲对归有光的疼爱；引用归有光童子试前模拟司马迁的议论，印证他为重振家族而读书的心声。再如教授《蛮子大妈》时，苏联经典小说《第四十一个》、美国影片《英国病人》与课文主题相近：战争让人性走开，由此从情节和主旨进行比较阅读。《雷雨》一课则除了依据曹禺自述《〈雷雨〉的诱惑》，还大量引用了钱理群《〈雷雨〉的多种阐释》、刘聪《名作欣赏·疾病的隐喻与策略》、陈军《再谈〈雷雨〉的主题》、网络上《曲折引人的相认场面——六次起伏动人心弦》等研究成果。占有并整合这些成果，将自身的读解体验转化为文本教学策略，厚积薄发，深入浅出，令课堂教学奇峰幽壑，佳境迭现。

2. 深度课堂源于学术视野

在课程标准“阅读与鉴赏”的要求中，八次提到“思”：“思想”“思路”“思考”“思维”“思辨”。思什么？“思文本”“思个人与国家、个人与社会、个人与自然关系”“思民族心理和时代精神”“思人类丰富的社会生活和情感世界”。怎么思？“把握文本”“从不同的角度和层面”。“思”标示出了文本理解的基座、路径和落点。如何诱之以“思”，引导“思”升华，对教师的要求已超越了技术的层面，而导向艺术和学术。王开东在《优秀教师的八种武器》中将“意识”列为教师的第八种武器，指出教师要上升到“研究”的层面，研究先进的教育理论，研究课程开发，研究学习心理，要具有开阔的视野、丰富的学识和卓越的教学胆略。

再看他的阅读史：哲学方面有《20 世纪西方哲学思想发展》《苏菲的世界》《哲学与宗教》等七本，文学理论方面有《诗经的文化阐释》《英美小说的叙事研究》《文学批评理论》等七本，教育理论方面有《破译教育的密码》《教育人类学》等七本，课程研究方面有《静悄悄的革命》《后现代课程观》《语文课程的当代视野》等六本，美学方面有《唐代的美学思潮》《人文通识讲演录》《艺术的法则》等，史学方面有《万历十五年》等，语文教学方面则有《语文教学优课论》《美国语文》《听王荣生教授评课》等。专题阅读方面，则有叶嘉莹说诗词七部系列，余映潮、钱梦龙、程翔等教学名家系列……香港电影、言情、武侠、经典名著都在他的知性阅读中，而且映照、丰润着他的语文课堂。

他的课堂现场呈现出的是语文与文学、哲学、美学、史学的交映生辉。教学定位语文味与哲学性兼备，教学走向审美与探究齐飞，教学评价引导与提升同在。如《蛮子大妈》的主题定为“战争让人性走开”，小说手法解析则从海明威的“冰山理论”切入，主问题“蛮子大妈转变的原因”立足于一种文学阐释：把人物打出正常轨道。师生分析时着重探究：人物静态的感觉、知觉受到冲击时发生怎样的动乱，人物心灵的秘密和深层结构怎样释放？《泪珠与珍珠》以冯友兰的人生四种境界为解析线索，《窗》的同题异构则秉承“阅读是一种对抗”的理念，大胆采用了“情节发展猜读法”，以学生逐节点评文本式进行分析，别开生面，烛照精微。在对学生回答进行评点时，既保护其话语权，又能伺机诱导，或导入下一环节，或作总结提升。如《窗》的教学中，学生品析“鸟瞰”和“俯瞰”后，教师肯定“好的，读书就要这样‘咬文嚼字’”，这是指导学法。在指导从“近窗的人”的角度概括情节后，评点：“概括得很好……事实上要注意概括的角度一致，角度一致了，就不会像教参上一样顾此失彼。”既有鼓励，也引导勇于质疑。学生回答作者不用“近窗的人”角度行文的理由后，评点：“我注意到了他的一个词——‘跌宕起伏’”，这个词用得神采飞扬。（很多老师点评时爱用“好，很好”，有点单调，还有点理由空洞、底气不足。相较此类定点明确，有理有据有文采的评价，优劣自明）只有跌宕起伏，小小说才充满悬念，而悬念正是小小说艺术上的灵魂。（这是从文学理论、鉴赏理论角度予以总结。）刚才我们一起熟悉了小说的情节。高尔基就曾经说过这样一句话："情节的发展史就是人物性格的发展史。"现在，我们一道在把握情节的基础上来分析人物的性格。（从情节把握过渡到性格分析，针线细密。引名家艺术理论导入下一环节，是提升和高标示范，教学实录中常见学生回答引经据典或运用创作理论阐释文本，应该是受了这种学习场的影响。）

3. 深度课堂源于学科立场

对于阅读教学而言，选择"教课文"还是"教语文"，是有无课程意识的分水岭。现行教材提供的是文本，"至于教什么，也就是课程内容，完全凭教师的个人经验和认识去选择，去琢磨，这样就不可避免地造成语文课程内容的随意、零散、无序和经验化。"（吴忠豪）相当一部分教师误将"教材内容"当成语文课的主要目标，课堂教学中大量时间花费在文本内容的梳理和思想情感的感悟方面，造成了语文课的低位滑行、效率不高。比如老舍的《想北平》，若着力概括每段内容、感悟思乡之情，这就侧重在思想内容的理解；若着力于揣摩文中"淡而有味"的语言，并创设情境运用这样的语言表达，这就侧重在语言的积累运用；当然也可着力于文章"大处着眼，小处落笔"的方法，并通过实践在阅读和写作中运用。第一种做法类似德育，是思想品德课的模式。后两种关注情感是怎么表达的，这才是落实语文课的核心价值。叶圣陶说："国文是语文学科，国文教学的重心在于语言文字。"语文姓"语"，坚守语文学科立场，就是要"用课文教语文"，用语文的方式教语文，着力于语言实践。

什么是语文的方式？在课程标准必修课程"阅读与鉴赏"的要求中，十七次提到"读"："阅读""朗读""精读""略读""速读"，"独立阅读""个性化阅读""探究性阅读""创造性阅读"。读什么？"文本"；读出什么？"文本内容""观点和感情""感受和体验""分析和评价"。五次提到"审美""鉴赏"，审什么？鉴什么？"揣摩语句含义"，"体会精彩语句的表现力"，"品味语言"，"涵养心灵"。

再看王开东的课堂，对细微之美有一种敏感、涵泳，点拨水到渠成。语文手法如下：第一，师生紧扣文体特点进行简析。比如《蛮子大妈》中抓住环境、人物、情节梳理概括内容，《雷雨》中从情节入手，分析几组矛盾冲突。第二，紧扣文本，揣摩重点语句，进行语言的品味。比如《想北平》中学生的"解字法"，抓住"我的北平""独自微笑或落泪"和"浸""啼"体味乡思；"比字法"，比较"辜负"与"对不起"，"安适"与"安闲"的词义区别及在句中位置的差别来赏析表达效果；抓住杜宇的意象和典故，品味老城墙和小蝌蚪、嫩蜻蜓等细事细景。还有"修辞赏析法"，文中把对北平的爱类比为对母亲的爱，细腻感人；“发现反常法”，题目是《想北平》，文中为什么反复强调“我的北平大概等于牛的一毛”？“细节赏析法”，《项脊轩志》中“娘以指叩门扉”的动作，“儿寒乎？欲食乎？”的追问，透露出的慈母情深。“文献拓境法”，学生质疑归母把归有光的姐姐交给乳母喂养是否重男轻女，老师引用《先妣事略》和她的悲剧之死佐证文中的“喜”与“悲”。在紧扣文本研读方面，《深度语文》有许多很好的课例，比如《蛮子大妈》的实录中，主问题有两个：蛮子大妈发生转变的原因和小说的主题分析，在据此整合的教学过程中，全都是以语言活动为主，而且紧紧扣住文本。如“蛮子”这个名字的由来，蛮子大妈的性格，蛮子大妈对儿子的爱，蛮子大妈与四个普鲁士士兵之间的关爱，蛮子大妈性格的分裂，都是“师出有名，言出有据”的，作者引导学生总会提到“从文章中哪些地方可以看出？”对动词“涌”和“抱”的品味以及小兔子、两张报丧信重合、放枪时的单响等细节的品析，既有独到的教学眼光，又由学生的疑问因势利导而来，并且与人物性格与文章主旨分析自然融合。尤其主旨理解部分，教学预设非常精彩：第一部分似乎游离于故事之外，所以有人说把这部分去掉更好，让学生讨论，处处扣紧原文，不蔓不枝，又能步步深入，文情并茂，堪称典范。抓住语言文字这个本体，读写并行，品出文字的声律，嚼出文字的滋味，让学生在获得言语智慧的同时，得到人文精神的滋养，从这个角度说，“深度语文”首先是“本色语文”。

4. 深度课堂源于生本教学

以学生为主体不仅是一种理念，《深度语文》在尊重学生主体性的基础上组织教学，“三有六让”教学法形成了“师生互动、生生互动、滚动发展”的精彩。王开东自述要“寻找作者心、教者心、学生心之间的情感点，狠抓调动点、制高点、增长点、延伸点，注重课堂的乐趣、情趣、理趣”。于是我们看到了课堂师生互为拓展，知识双向流通的拓展度，也看到了打开视野、拓宽思维的延展度。

营造氛围，知人论世，“不走寻常路”。《蛮子大妈》开头他介绍道：“他是世界短篇小说巨匠。他只活了四十三岁。他写了六部长篇，三百五十多篇中短篇。他是我们中学时代所选作品最多的外国作家。托尔斯泰认为他的小说具有‘形式的美感’和‘鲜明的爱憎’……他，就是法国一代文豪——莫泊桑。”可以看出这个课前导入作了精心设计，用数字说话，用名家推介，设足了悬念，引起学生强烈的求解欲，为学生亲近文本、深入阅读蓄足声势。《沁园春·长沙》则先从景物气度入手，讲到上阕结束、学情正酣之时，才与学生一起探讨毛泽东的少有壮志。他的诗性眼光，他的职业革命家的身份、当时风起云涌的革命形势，“知人”然后知他何以有秋日豪情。《项脊轩志》介绍作者则是在分析老妪哭泣、全文已讲完三分之二之时，历数归有光一生郁郁，使学生自然理解他在文中的“长号不自禁”。还有一点，就是王开东非常善于讲故事，如《开门见山第一课》中的一个故事引出一个建议，很像“托物起兴”的手法，张惠妹的“妹力四射”，贝多芬的怒斥公爵，圆珠笔的华丽转身，纷至沓来；如《米洛斯的维纳斯》中学生列述武则天的无名碑、北大的未名湖、黛玉的绝命语，则很像“赋”的铺陈渲染，直至真正理解“虚实相生”的理论。凡此种种，因文制宜，或抓情感点，或抓调动点，或抓制高点，都让学生视野为之开阔，理解更深一层，体现出对学情起点的准确把握，适时适度，章法井然，营造出良好的学习氛围。

再如教学主问题的生成。《沁园春·长沙》等是教师预设，《蛮子大妈》与《合欢树》的教学则是课前学生质疑，课初教师统计、梳理，变“你们的问题”为“我们的问题”，形成课堂的主问题。或着眼于主旨的“寻找紧要语”，或立足于结构的“发现关节眼”，或着力于手法的“比较新异处”，使课堂结构变得明晰单纯，课堂内容显得丰富而有层次。

再如课堂学生问题的生成。衡量教学成功与否主要看学生的得与思、积累与生发。教师备课时固然要杜绝浅问题、伪问题、错问题、无效问题、无价值问题，课堂上更要始终立足于学生的独立思考、深入体验，这种课堂的试金石就是：生成。讲《陈情表》，教师引用苏轼的话“读《陈情表》不堕泪者，其人必不孝。”学生质疑：全文读下来，没有一个学生堕泪，难道我们的学生都不孝吗？教师将话语权交给学生，学生的思维逻辑是：感动不全是为了别人，还因为它唤醒了我们内在的情感。苏轼的心灵体验与李密产生了共鸣，这才泣下沾襟，涕泪横流。再如《蛮子大妈》教学中，学生从蛮子大妈的丧子痛苦中看到四个士兵的母亲的挣扎与绝望，透视出小说“不写之写”的深刻。《人是一棵有思想的苇草》的教学，发言学生达三十九人，其中发言两次的有十三人，发言三次的一人，质量之高，理性之深，令人叹为观止。

学生成为课堂的主角，这种课堂不是生成答案，而是生成问题、生成思想，生成素养，正是语文课师生互动的最佳境界。

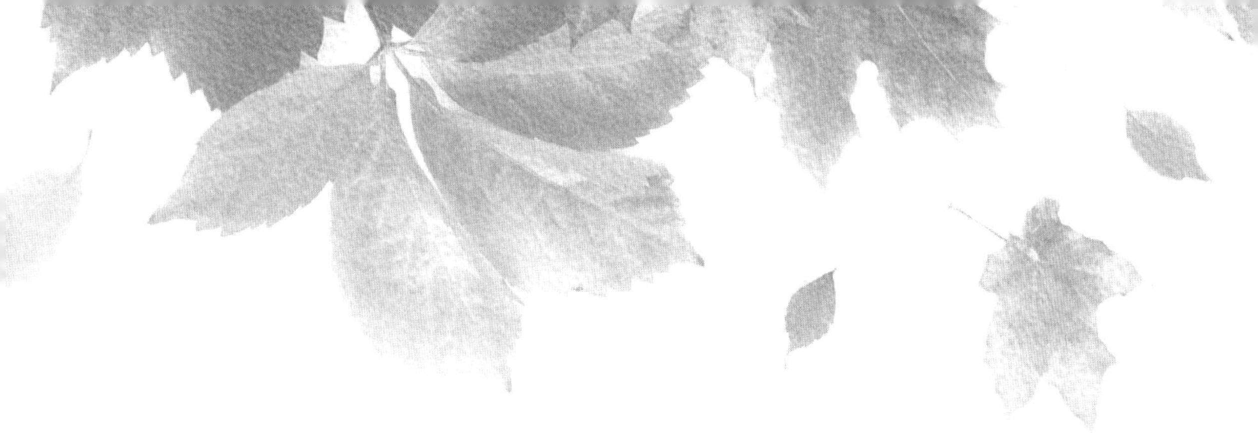

附　录

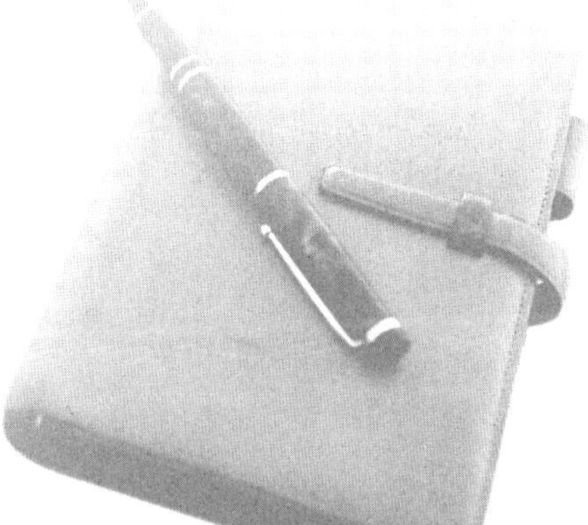

一、出版的图书及发表的论文

1.《非常语文课堂》，上海，华东师范大学出版社，2006。

2.《非常语文教学》，桂林，漓江出版社，2016。

3.《教育：突破重围》，福州，福建教育出版社，2007。

4.《深度语文》，桂林，漓江出版社，2015。

5.《教育：非常痛，非常爱》，桂林，漓江出版社，2015。

6.《教育：谈何容易》，北京，北京师范大学出版社，2011。

7.《高考不怕写作文》，北京，文化艺术出版社，2011。

8.《我行我素教语文》，北京，教育科学出版社，2012。

9.《中学语文电影课》，桂林，漓江出版社，2015。

10.《没有人天生会做爸爸》，桂林，漓江出版社，2015。

11.《最好的老师不教书》，上海，华东师范大学出版社，2015。

12.《教育为人生》，桂林，漓江出版社，2016。

13.《一个人的教育史——读干国祥〈破译教育的密码〉》，载《人民教育》，2006(6)。

14.《万里写入胸怀间——苏教版必修一第一专题备教策略》，载《语文教学通讯》，2009(10)。

15.《与清风舞，共明月醉——苏教版必修一第四专题备教策略》，载《语文教学通讯》，2010(10)。

16.《香消于风起雨后——读董一菲老师的〈采薇〉教学实录》，载《中学语文教学》，2010(11)。

17.《穿行在师生之间》，载《语文建设》，2010(3)。

18.《有时候，真理并非那么重要》，载《语文建设》，2010(4)。

19.《学生记得什么样的教育》，载《语文建设》，2010(6)。

20.《明朝散发弄扁舟——“渔父”解读》，载《中学语文教学》，2011(3)。

21.《人的孤独是不被拯救的——〈寒风吹彻〉教学设计》，载《中学语文教学》，2012(2)。

22.《教师写作对学生的意义》，载《语文教学与通讯》，2012(8)。

23.《以“教师”之眼看教材》，载《中学语文教学》，2012(5)。

24.《不是每一块砖都要去砌长城——谈教学的多样性兼答王俊鸣先生》，载《中学语文教学》，2012(7)。

25.《有一份黑夜需要忍受——解读〈威尼斯商人〉中的夏洛克》，载《中学语文教学》，2012(10)。

26.《行人更在春山外》，载《中学语文教学》，2013(11)。

27.《“砂子”的人道主义情怀——〈一个人的遭遇〉研究述评》，载《中学语文教学》，2013(2)。

28.《李镇西能为中小学教师带来什么？——读12卷本〈李镇西教育作品〉》，载《中小学管理》，2013(6)。

29.《何妨吟啸且徐行——我的语文教育的几次相遇》，载《中学语文教学》，2014(1)。

30.《每个人的村庄都在沦陷——破译〈今生今世的证据〉》，载《中学语文教学》，2014(4)。

31.《每个人的新装——解读〈皇帝的新装〉》，载《中学语文教学》，2014(10)。

32.《“倒嚼甘蔗”嚼出的课堂三味》，载《中学语文教学》，2015(6)。

33.《深度语文：重拾母语教育的尊严》，载《人民教育》，2015(6)。

34.《“老王”不过是杨绛的隐身衣》，载《中学语文教学》，2015(8)。

35.《不一样的“00后”，我们读懂了吗》，载《人民教育》，2016(10)。

36.《校园攀比为何屡禁不止》，载《人民教育》，2016(15)。

37.《救救老师》，载《上海教育科研》，2016(07)。

二、我的教学语录

1. 我提出“三有六让”课堂：有趣，有情，有理；目标让学生清楚，疑问让学生讨论，过程让学生经历，结论让学生得出，方法让学生总结，练习让学生自选。

2. 深度语文的“深度”体现在六个方面：深入的目标解读，深层的教学设计，深厚的语言习得，深切的情感体验，深刻的思维训练，深远的人文关怀。

3. 语文课堂应该追求三点式：视点—质点—远点。“视点”解决如何走进文本；“质点”解决文本的核心语文价值；“远点”则是文本背后的母题、结构、作家意识和集体无意识。

4. 未来的课堂模式应该是：话题—探险—对话—冲突—建构—绵延。空间的授课结束了，时间的课堂才刚刚开始，并绵延不绝。

5. 语文老师不阅读，是主动堕落，罪加一等；语文老师没有让孩子爱上阅读，是客观犯罪，贻害无穷。

6. 良好的语文教学过程，不仅是师生自我发现的过程，也是师生双向生命激发的过程。师生在相互关爱中共同成长，这就是我眼里的“教学相长”。

7. 尊重学生的阅读初感不等于迁就学生的阅读初感，阅读教学之所以存在，就在于阅读初感有缺陷，需要阅读教学来提升。

8. 园丁“可怕”，辛勤的园丁更“可怕”，因其“破坏力”更大。他挥舞着剪刀，勤勤恳恳，“毁”人不倦。

9. 滴水不漏的课不是好课。太圆满了，就会失去空间感和想象力。不能绵延，就只能死去。

10. 文本深处，就是灵魂深处；有争议的课，往往是好课。

11. 功利化教育的危害罄竹难书。总是追求有用，就会变得无趣。

12. 问题是思维的发动机，问题停止了，就是思维停止了；思维停止了，创造力就死去了。

13. 现有的教育生态，只能培养出鸟人，不能培养出鸟叔。应试提高了，世界熄灭了。

14. 理想的教育永远在彼岸，只能无限靠近，却永远不能抵达。所以，重要的是，我们时刻都要在路上。

15. 我眼里从来没有差生，只有差异生。学习是孩子与生俱来的一种权利，语文老师要捍卫孩子独立学习的权利。

16. 思想需要理解，但正是因为理解，使得思想具有了局限性。这是一个悖论。

17. 没有理想的人，是可怕的。内心堆满理想的人，则是可悲的。一旦理想遮蔽了面对的现实，理想就是障碍。

18. 在良好的课堂关系中，人不但能够学习其他，也能够学习自我。

19. 我从不寻找所谓的教育方法，因为教师本身就是方法。

20. 让孩子拥有文化的教养，社会的担当，独立的精神和自由的灵魂，能够独立给自己的人生赋予意义。这是我心目中的理想教育。